MARIA ESCHBACH
„Glauben heißt, der Liebe lauschen"

Maria Eschbach

„Glauben heißt, der Liebe lauschen“

Glaubenswege mit Gertrud von le Fort
und Hans Urs von Balthasar
Begegnungen und Briefwechsel

FERDINAND SCHÖNINGH

Umschlagabbildung:
Fra Angelico, *Die Madonna der Schatten* (Ausschnitte),
Fresco, St. Marco, Florenz.

Gertrud von le Fort, Hans Urs von Balthasar: Briefwechsel

Bibliografische Information der Deutschen Bibliothek
Die Deutsche Bibliothek verzeichnet diese Publikation in der Deutschen Nationalbibliografie; detaillierte bibliografische Daten sind im Internet über http://dnb.ddb.de abrufbar.

Umschlaggestaltung: Evelyn Ziegler, München

Gedruckt auf umweltfreundlichem, chlorfrei gebleichtem und alterungsbeständigem Papier ∞ ISO 9706

Printed in Germany.
Herstellung: Ferdinand Schöningh, Paderborn

ISBN 3-506-72974-8

Vorwort

Gerne habe ich der Erstpublikation der Briefe Gertrud von le Forts und Hans Urs von Balthasars an mich sowie der Veröffentlichung des Briefwechsels zwischen Gertrud von le Fort, Adrienne von Speyr und Hans Urs von Balthasar zugestimmt.

In fünfundzwanzig Erzählkapiteln versuche ich, meine Erinnerungen und die damit verbundenen Deutungsperspektiven zur Sprache zu bringen.

Nach so langer und fruchtbarer Erfahrung im Umgang mit drei Persönlichkeiten, die mit ihrer inspirierten Glaubensschau das 20. Jahrhundert entscheidend prägten, verdichten und vertiefen sich in so später Lebensstunde Glück und Dank.

Auf meine Weise durfte ich mitwirken, mir Geschenktes weiterzuschenken.

Allen, die zum Gelingen der Publikation beigetragen haben, sage ich herzlich Dank.

Bonn, am Fest der hl. Maria von Magdala
22. Juli 2005

Maria Eschbach

Inhalt

Beruf

Berufung

Zum Geleit

„Sieg der Gnade. Da bleibt nur eines: Danksagung." Das gab der ältere Bruder Josef kurz vor seinem Tod seiner Schwester Maria mit auf den Weg. Diese Worte kennzeichnen beide Geschwister, die zeitlebens eng verbunden waren. Die Rückschau auf ihre Glaubenswege, die Maria Eschbach im neunten Jahrzehnt ihres Lebens aufgezeichnet hat, ist ein bewegendes Zeugnis vom immer wieder neuen Sieg der Gnade, der unablässig zu neuer Danksagung führt. Wer den Wandlungs- und Reifungsweg von Maria Eschbach verfolgt, weiß sich mit der Autorin zum Dank verpflichtet. Auf ihre Weise verwirklicht sie, was sie bei Gertrud von le Fort wahrgenommen hat: Es geht bei ihren Aufzeichnungen um eine „Er-innerung im vollen Sinne des Wortes: ein vergangenes äußeres Leben wird inneres Leben im Leben der Seele, in die sich die Mysterien der Erlösung immer neu als goldene Saat einsenken."[1] So tritt mehrfach zu Tage, was wesentlich zum Glauben gehört. Er ist „der Sieg, der die Welt besiegt hat" (1 Joh 5,4). Das zeigt sich besonders angesichts der vielfältigen Bedrohungen im Dritten Reich, während des Krieges und in den Nöten der Nachkriegszeit, bis hinein in die subtilen Gefährdungen unserer Tage. Maria Eschbach hat von Jugend an die bittere Erfahrung machen müssen, die Gertrud von le Fort sagen ließ:

> „Wir sind verdurstet bei euren Quellen,
> wir sind verhungert bei eurer Speise,
> wir sind blind geworden bei euren Lampen …
> Ihr seid heute eurer Wahrheit Wiege,
> und morgen seid ihr auch ihr Grab!
> Wehe euch, die ihr uns mit Händen greifet:
> eine Seele kann man nur mit Gott fangen!"[2]

Dass Maria Eschbach trotz allem immer tiefer in den Glauben hineinwachsen konnte, verdankte sie zuerst ihrer Familie. In ihr erlebte sie die Hauskirche, die „Kirche im Kleinen". Hier konnte bereits das Kind im Lauschen auf die Liebe im Glauben leben. Liebe begegnete ihr in den Eltern und Geschwistern und darüber hinaus in den Engeln und Heiligen, mit denen sie sich verbunden wusste. Früh schon war es ihr gegeben, auf die innerste Stimme zu lauschen. Ihr geht die wunderbare Wahrheit auf:

> „GOTT ist es, der sich dir nähert,
> ER ist es, der zu dir kommt,
> und so kommst du zu dir selbst."[3]
> So ergibt sich das Gebet:
> „Fülle mich allein mit Dir,
> und bewahre mich in Dir,
> wenn Du in der Seele sprichst."[4]

Aus solchen Erfahrungen erwächst die Erkenntnis, die sie später mit aller Kraft weiterzugeben sucht: „Je tiefer der Mensch in sich hinein horchen und seinem inneren Anruf ge-horchen lernt, desto stimmiger findet er alle seine Kräfte und Fähigkeiten auf seinen Lebensgrund hin ein- und abgestimmt, bis er in letzter Feinabstimmung aus schöpferischer Urkraft ganz er selbst sein kann, sich bei seinem Namen gerufen, d.h. in der Ganzheit seines Wesens geliebt, heimgerufen erfährt."[5]

Eine entscheidende Hilfe auf dem Glaubensweg verdankt Maria Eschbach der Begegnung mit Gertrud von le Fort. Sie hat ihr gesamtes Leben und Wirken geprägt. Es war alles andere als selbstverständlich, dass sich eine junge deutsche Studentin in der Nazizeit daran wagte, eine Dissertation über deren „Hymnen an die Kirche" zu versuchen. Der Wiener Professor Josef Nadler, der die Anregung gab und die Arbeit betreute, hatte veranlasst, das dreiviertel fertige Manuskript der Dichterin zu schicken, die damals in Oberstdorf Zuflucht gefunden hatte. Trotz widriger Umstände war die Baronin zu einem Gespräch mit der Promovendin bereit. Aus den vorgesehenen „paar Stunden" wurden vier gesegnete Tage, mehr noch: Damals entstand ein bleibender Kontakt. Was seinerzeit angesprochen wurde und welche Auswirkungen es hatte, zeigen die auch im Alter noch mit Begeisterung festgehaltenen Erinnerungen. Maria Eschbach wurde zu einer authentischen Interpretin des le Fort'schen Werkes. Leidenschaftlich ist sie gegen das Vergessen wie das Verfälschen dieses kostbaren Erbes angegangen. Ihr eigenes dichterisches Schaffen wurde maßgeblich von der verehrten Dichterin geprägt. Maria Eschbach hat die Mahnung, die sie von ihr erhielt, beherzigt, die ihre Poesie und zugleich ihr Glaubensleben betraf: „Vor allem, scheint mir, müssen Sie lernen, der inneren Stimme zu Ende zu lauschen."[6]

Wie das Zusammenfinden der einundzwanzigjährigen Studentin mit der achtundsechzigjährigen Dichterin so hat die Begegnung der fünfunddreißigjährigen Oberstudienrätin mit dem auf der Höhe seines Schaffens stehenden dreiundfünfzigjährigen Theologen Hans Urs von Balthasar tief- und weitgehend Auswirkungen gehabt. Hinzu kamen die Kontakte mit Adrienne von Speyr. Das Miteinander von Theologie, Pastoral, Mystik und Poesie, das Maria Eschbach hier fand, hat ihren Glauben vertieft und gestärkt und ihr viele Impulse für das weitere Schaffen vermittelt. Aufs neue konnte sie den „Sieg der Gnade" erleben. Dabei spielt auch das Verhältnis zu Pater Erich Przywara SJ eine bedeutsame Rolle. Hans Urs von Balthasar verdankte ihm als seinem theologischen Lehrer viel. Gertrud von le Fort erlebte ihn als kundigen und hilfsbereiten Begleiter auf dem Weg zur Kirche. Maria Eschbach stand unter dem Eindruck der Wiener Predigten von Pater Przywara. Hans Urs von Balthasar hatte wiederum bereits als Student der Theologie mit Gertrud von le Fort Verbindung aufgenommen.

Was Maria Eschbach von der Dichterin und dem Theologen empfing, hat sie nach Kräften weitergegeben. Das geschah in der Überzeugung, dass diese begnadeten Vermittler der Christuswahrheit auch vielen anderen zu helfen vermögen. In ihren Erinnerungen lässt sie beide vor ihrer Leserschaft erstehen. Anschaulich schildert sie, was sie mit den Augen des Herzens wahrgenommen hat und vermittelt auf solche Weise Einblicke, die Licht auf deren Schaffen werfen. Besonders nah kommen uns beide durch die Korrespondenz mit ihr, die sie dankenswerterweise in ihrem Werk der Öffentlichkeit zugänglich macht. Hinzu kommt der Briefwechsel von Gertrud von le Fort und Hans Urs von Balthasar. Er beginnt 1935, ein Jahr nach der ersten Begegnung beider, und endet im März 1947. Anfangs ging es speziell um das Schaffen von Paul Claudel und eine eventuelle Zusammenarbeit bei der Übertragung seiner Oden. Zu seiner Priesterweihe widmete die Dichterin ihm die Worte: „Du bist gesegnet und Du sollst ein Segen sein.“[7] Dass wir auch von handfesten irdischen Sorgen, von gesundheitlichen Nöten und terminlichen Bedrängnissen erfahren, verleiht den Gestalten beider Erdhaftigkeit und Bodenhaftung. Zugleich erhöht es die Bewunderung, dass beide unter solchen Schwierigkeiten so Großes zu schaffen vermochten.

Beide vermitteln Maria Eschbach wesentliche Einsichten in das Miteinander von Wissenschaft und Dichtung. Dass sie auch davon ebenso sachkundig wie begeistert zu schreiben vermag, ist allen Dankes wert. Damit wird ein gemeinhin zu wenig beachteter Kontext des Glaubens ins rechte Licht gerückt. Maria Eschbach fand die Wurzeln dieser Verbundenheit bereits in ihrer Kindheit. Schon als Kind beschäftigte sie das genaue Erforschen eines Zusammenhangs mehr als alles andere. Dass sie in der Schule und an der Universität nur unzureichende Antworten auf die sich damit aufdrängenden Fragen fand, hat sie sehr enttäuscht. Später erkannte sie als ihre besondere Aufgabe, den im Menschen und in der Welt grundgelegten Zusammenhängen wissenschaftlich nachzuspüren und sie mit der Kraft der Sprache bewusst und fruchtbar zu machen. Typisch dafür ist, dass das Erlebnis eines Frühlingstages sie zu der Frage führt,

> „kann es sein, dass sich Licht und Wort verschwistern,
> dass die Erde Gott empfängt?“[8]

Sie erkennt als ihre Aufgabe, der Inflation der Wörter mit der Kraft des sinngeladenen Wortes entgegenzuwirken. Erschüttert vom Zerfall der Sprache kann sie schreiben:

> „Ich erschrak bis in das Mark.
> Auf dem Trostmarkt der Beredten
> lagen die entblößten Worte
> weinend auf den Händlertischen,
> rastlos durchgewühlte Fetzen
> zu herabgesetzten Preisen.
> Ich erschrak bis in das Mark
> vor dressierten Wortverkäufern
> bis in Predigt und Gesang,
> Abgesang der halben Wahrheit.
> Diese Worte sind verdorben,
> eingetrocknete Verhöhnung.
> Worte ohne Funken Liebe.“[9]

Hier ist die Dichtung gefragt. Sie kann durch das beseelte Wort therapeutisch wirken, sie kann Heil vermitteln. Begnadete Kunst kann und soll Instrument des göttlichen Gnadenwirkens werden. Das zu sagen, kostet Mut; darum im eigenen Schaffen zu ringen, fordert den Einsatz aller Kräfte. Maria Eschbach gebührt bleibender Dank dafür, dass sie in diesem Sinn gewirkt hat. Damit weist sie auf ein Element des Glaubens hin, das allzu oft übersehen wird: das freimütige Bekennen.

Beides will Gott: „Diese Worte, auf die ich euch heute verpflichte, sollen auf deinem Herzen geschrieben stehen" (Dtn 6,6). Göttliches Wort und menschliche Antwort sollen im persönlichen Inneren geborgen sein; aber ebenso gilt: „Sprich davon, wenn du in deinem Hause weilst und wenn du auf dem Wege bist, wenn du dich legst und wenn du aufstehst" (Dtn 6,7). Im Römerbrief nennt Paulus Glauben und Bekennen parallel: „Wenn du mit deinem Mund bekennst: ‚Jesus ist der Herr' und in deinem Herzen glaubst: ‚Gott hat ihn von den Toten auferweckt', so wirst du gerettet werden. Wer mit dem Herzen glaubt und mit dem Mund bekennt, wird Gerechtigkeit und Heil erlangen" (Röm 10,9 f.). Das Bekennen gehört zum Glauben, weil das Jawort, das wir Gott schulden, den ganzen Menschen umfassen soll, Herz und Mund, Innen und Außen. Bekennen und Glauben sind schließlich nicht zu trennen, weil das Wort, das Gott schenkt, nicht nur für das Schicksal des Einzelnen entscheidend ist, sondern für die ganze Welt. Wer es empfängt, ist verpflichtet, es weiterzugeben. Gott sagt denen, die ihn lieben:

> „Nimm mich zärtlich in dein Herz.
> Zeige mich der dunklen Welt."[10]

Maria Eschbach hat sich bemüht, in diesem Sinn zu wirken. Das ist in den unterschiedlichsten Lebensräumen geschehen. Die Glaubenswege, die sie schildert, führen uns in Schulen und Universitäten, in Kliniken und Sanatorien, in Büros und Konferenzräume. Überall ist das Zeugnis der Liebe gefragt; überall geht es um den „Glauben, der in der Liebe wirksam ist" (Gal 5,6). Was in hörender Liebe erlauscht wird, ist in gehorchender Liebe durch Wort und Tat zu bekunden. Immer wieder wusste sich Maria Eschbach dazu aufgerufen. Auch in dem vorliegenden Werk ist das ihr Ziel; auch hier geht es darum, den Sieg der Gnade zu feiern und in tätiger Liebe zu bezeugen. „Da bleibt nur eines: Dankbarkeit."

+ Paul-Werner Scheele
Bischof em.

---

1 M. Eschbach: *Die Bedeutung Gertrud von le Forts in unserer Zeit.* Warendorf. 1948, 25. Nachdruck 1995 und 2005
2 G. v. le Fort: *Hymnen an die Kirche.* München. 1948, 22.
3 M. Eschbach: *Sei du selbst I.* Bonn. 1981, 16.
4 A. a. O., 25.
5 A. a. O., 8.
6 Brief vom 8. Oktober 1944.
7 Brief vom 20. Juli 1936.
8 M. Eschbach: *Das weisse Kleid.* Einsiedeln. 1986, 63,
9 A. a. O., 17.
10 A. a. O., 22.

Ausbildung

I. Erste Begegnung mit Gertrud von le Fort

Als ich am Nachmittag des 19. April 1944 zur Oberstdorfer Wohnung der Dichterin Gertrud von le Fort im Landhaus Fischer, Freibergstraße 6 unterwegs war, um ihrer Einladung „zum Thee 16.30 Uhr" zu folgen, konnte die gerade 20jährige Wiener Studentin und Doktorandin, die ich damals war, nicht ahnen, in welche bedeutsame Schicksalsgemeinschaft sie mit der Erschließung der le Fort'schen *Hymnen an die Kirche* hineingerufen war. Genauerhin müsste man bereits den Herbst 1943 in den Zeitraum der merkwürdigen Ereignisse einbeziehen, als ich von heute auf morgen zur Fortsetzung des in Bonn begonnenen Studiums überstürzt nach Wien aufbrechen musste. Die zeit- und situationsbedingten Schwierigkeiten, in die meine Familie durch das Naziregime in Deutschland geraten war, wiesen diesen Weg gewissermaßen in die Obhut des Regensburger Verlagshauses Josef Habbel, das am Wiener Stefansplatz ein Auslieferungsgeschäft betrieb. Hier war bereits mein ältester, wegen Hochverrats gesuchter Bruder Josef, Roman-Autor im Verlag, als Angestellter „untergetaucht". Aus der Verbindung zwischen dem jungen Verleger Josef Habbel zu seinem Autor Eschbach hatte sich im gemeinsamen Kampf gegen die Nazis eine Freundschaft entwickelt.

Wenige Tage nach meiner Ankunft in Wien begegnete ich im Habbel-Geschäft dem bekannten Germanisten Professor Josef Nadler, meinem späteren Doktorvater. Die erste dreibändige Ausgabe seiner stammeskundlich orientierten Literaturgeschichte war bei Habbel erschienen und hatte ihm den Weg aus dem Gymnasium in die Universität gebahnt. Nadler bot mir bei der ersten Begegnung an, mit einer wissenschaftlichen Untersuchung des Hymnenwerkes der Gertrud von le Fort bei ihm zu promovieren. Erst später wurden mir die Zusammenhänge dieses Angebotes klar, das längst durch die erwähnte Verbindung zwischen dem Verleger Habbel und meinem Bruder Josef, der wie Nadler die Dichterin persönlich kannte, vorbesprochen war. Josef hatte Habbel wie Nadler mitgeteilt, dass er mich bereits als junges Mädchen – im gemeinsamen Elternhaus in Eschweiler – auf Gertrud von le Fort hingewiesen hatte. Ich war von früh an eine „Leseratte" und ständig auf der Suche nach interessantem „Stoff". Der sieben Jahre ältere Josef war für mich eine „Kapazität", zu der ich aufschaute, deren Vorschlägen ich folgte.

Er hatte auf unserem großen ausgebauten Speicher für die „Neudeutschen", die er führte, eine Leihbibliothek eingerichtet. Hier stellte ich mich häufig ein, wenn Buchausgabe war und hörte zu, wie er die ihm anvertrauten Gymnasiasten beriet. Hier hörte ich zum ersten Mal den Namen Gertrud von le Fort. Josef berichtete von ihrem Glaubensweg. Er konnte spannend erzählen. Diese Frau, dieser Weg von ihr interessierte mich von da an. Josef baute seinen „Unterricht" gut auf. Er ließ mich bestimmte Prosastücke, auch Gedichte, die er gezielt aussuchte, auswendig lernen.

Es bedurfte wohl des Anstiegs eines langen Lebens, um die Bedeutung einer so frühen und besonderen Vermittlung von Leben und Werk der Gertrud von le Fort zu ermessen. Josef hielt sie zeitlebens für die große, unübertroffene moderne Dichterin der Kirche mit einer von den Heutigen noch gar nicht erkannten Sendung. So interpretierte er sie in seinen literarischen Vorlesungen und verwies auf die künftige religiöse Erneuerung einer kranken Epoche. Es dauert, bis die Menschen wieder fähig geworden sind, die unverstellte christliche Botschaft in der Glaubensschau des Lebens zu erfahren und anzunehmen.

Josef ging bewusst dem Tode entgegen. Im Mai 1992 lag er im neuen, hochgelegenen Haus auf dem Sandberg, mitten in dem großen terrassenförmig aufsteigenden Garten. Die Flügeltüren nach draußen waren weit geöffnet. Blütenduft durchzog den Raum, in dem sein Bett stand, und Sonnenlicht flutete herein. In dieser Atmosphäre nahm ich etwas wie Verheißung wahr, etwas „Festliches". Wir wussten, dass der Abschied bevorstand. Er vollzog sich schlicht, jedoch auch ganz gesammelt. Ich dankte Josef für seine Führung. Er nickte zu meinen wenigen, aber herzlichen Worten, dann sagte er: „Das stimmt so, aber wir setzen auch sofort einen Punkt dahinter. Du erinnerst dich, wie kurz aber trefflich Gertrud von le Fort solche vorsehentlichen Lebensgeschenke, wie wir sie erhalten haben, überschrieb: *Sieg der Gnade*. Da bleibt nur eines: Danksagung."

Danach setzte er neu an: „Gib mir deine Hand." Ich reichte sie ihm. Er drückte sie fest. „Vergiss das nicht. Bald werde ich das nicht mehr können, aber es gilt." Josef hatte sich damit abgefunden, dass er mitten beim Schreiben seines letzten biographischen Werkes mit dem Titel „Umbrüche" von seiner unerwartet neu und heftig einbrechenden tödlichen Krankheit förmlich überrumpelt wurde. Er erlebte noch die Drucklegung des Buches, jedoch nicht mehr den Termin der bereits festgesetzten Lesung daraus. Am 16. Mai 1992 wurde er heimgerufen.

Josef war der geborene Jugendbildner mit immer neuen Einfällen, mit denen er die jungen Menschen begeisterte. Dazu muss man die zahlreichen Leser seiner spannenden Jugendromane erwähnen. Es hieß, es seien mehr als fünfzig gewesen, als er schließlich realisieren musste, nicht mehr „in" zu sein. Damit ging es ihm seit den 68er Jahren nicht anders als anderen christlichen Autoren, deren klare weltanschauliche Grundlinie „lästig" wurde, die man als nicht mehr zeitgemäß ins Abseits redete. Josefs Bücher verschwanden dann systematisch aus den Büchereien – auch aus den Borromäus-Büchereien – gerieten in Vergessenheit, leider auch seine bei Habbel erschienene Novelle „Die Gesichte des Johannes Bürling", in der er das Schicksal eines jungen Priesters gestaltet. In den „Stimmen der Zeit" war dieses Frühwerk von Josef sehr hervorgehoben worden.

Ich machte mich damals 1943 in Wien also in einer mir schon vertrauten Welt ans Werk. Ich brauchte allerdings zuerst etwas Zeit, um mich in dieser neuen, mich überraschenden Gegebenheit zurechtzufinden. Anfänglich traute ich es mir keineswegs zu, mich an eine solche, mir übergroß erscheinende Aufgabe heranzuwagen. Wozu überhaupt ein Doktorat? Soweit war ich damals trotz der drei Bonner Semester noch nicht von zu gleicher Zeit ganz anderen brennenden Wünschen entfernt. Ich träumte zu dieser Zeit z.B. noch immer davon, ein „sportliches Ass“ im Dauerschwimmen zu werden. Was sollte ein „Doktorhut“, wo ich schon das Abzeichen „Krone mit Totenkopf“ erworben hatte, das ich voller Stolz für „Zwei-Stunden-Schwimmen“ rechts unten auf dem schwarzen Badeanzug trug? Josef kannte diesen Hang bei mir, für den er aber wenig Verständnis hatte, noch weniger für meine „eitle idiotische Neigung“, mich als Modistin zu betätigen, d.h. phantastische Modellhüte zu entwerfen. Ähnlich wie Vater Joachim bemühte er sich, mich zur Einsicht zu bringen, wie viel Zeit ich bereits mit diesen „überflüssigen Firlefanzereien“ vergeudet hätte.

Er nahm sich also Zeit für ein ernstes Gespräch. Ich erinnere mich genau an die Stunden an einem grauen Nachmittag. Josef saß wie gewöhnlich in seinem Kontorsessel vor dem alten monströsen breiten Schreibpult mit zwei schrankartigen Seitenteilen, in denen lauter Schubfächer angebracht waren. Aus einem Schubfach zog er einen Brief von Carl Muth an ihn heraus, den dieser ihm am 23. April 1938 von Solln bei München geschrieben hatte.

Muth lud ihn zu sich in die Dittlerstraße 10 ein. Muth schrieb ihm „Ihre Verse haben etwas, was mich aufhorchen macht.“ Josef verwies mich darauf, welche Bedeutung Carl Muth für Gertrud von le Fort nach ihrer Konversion gewonnen hatte, als ihr beim Lesen eines „Hochland“-Heftes – der Herausgeber dieser Zeitschrift war Carl Muth – ihr künstlerischer Standort innerhalb einer einzigartigen kirchlichen Berufung klar wurde. Gertrud von le Fort gibt darüber später Aufschluss in ihrer biographischen Schrift („Aufzeichnungen und Erinnerungen“, Einsiedeln ^{4}1958, 87-91).

Josef hatte mit Carl Muth über Gertrud von le Fort gesprochen, und derselbe Carl Muth hatte auch den persönlichen Austausch meines Bruders mit der Dichterin vermittelt, die nicht weit entfernt in Baierbrunn im Isartal wohnte. Langsam begriff ich die Zusammenhänge und Josefs Anliegen, mich vor dem Verpassen einer großen Chance zu bewahren.

Dann zog er noch einen Brief aus der Schublade. „Diesen Briefschreiber kennst du auch“, sagte er. „Wohnt ebenfalls in Solln, wenige Schritte von Muth entfernt, in der Hirschenstraße 36: Werner Bergengruen.“ Er reichte mir eine Postkarte hinüber, die der Dichter ihm unter dem Datum vom 19. Dezember 1939 geschrieben hatte. Es war eine Einladung. Josef erinnerte mich in unserem Austausch daran, dass er um diese Zeit als Dreiundzwanzigjähriger seine Studierstube im Jesuitenkolleg Pullach mit einer Kammer in der Münchener Türkenkaserne vertauschen musste. Er war nämlich zum Militär einberufen worden. Dann bekannte Josef mit Nachdruck, wie entscheidend seine Zusammenkünfte mit Carl Muth und Werner Bergengruen für ihn gewesen seien. Es imponierte ihm sehr, in Carl Muth, Gertrud von le Fort wie in Bergengruen Persönlichkeiten begegnet zu sein, die in Deutschland geblieben waren und aus dem inneren Widerstand heraus schrieben.

Es war schon dunkel, als Josef noch ein Bündel hektographierter Gedichte aus einer weiteren Schublade zog und sie mir zeigte. Auf dem Deckblatt las ich den Titel „Der ewige Kaiser". Der Verfassername fehlte.

Ich schaute hin, las:
„Im bleichen Licht der fieberheißen Lampe
steht weiß der Komödiant.
Sein Auge flackt, er neigt sich an der Rampe
und reckt verzückt die Hand."

Der Adressat war bekannt, kein Zweifel. Ich geriet in Erregung. Es ging um das eine, uns alle umtreibende hochbrisante „Thema", das mich immer neu in Empörung versetzte: Der oberste „Kriegsherr" selbst, Adolf Hitler, war gemeint. Ich war im Reichsarbeitsdienst nur durch eine List der fälligen Dienststrafe (verbunden damit Ausschluss vom Studium) entgangen, als ich mit einem zynischen Gedicht gegen ihn angezeigt worden war. Während der sofort anberaumten Vorladung war es mir aber gelungen, die befohlene Interpretation des abfälligen Textes in ein Lob auf Adolf Hitler umzudrehen.

Josef nickte mir zu. „Jawohl. Die Texte sind von Werner Bergengruen."

„Es ist doch kein Verfasser angegeben." Er sagte nichts mehr. – Andere Studenten hatten auch Teile des Textes. Sie rätselten herum, wer der Autor sei. Wir steckten die Blätter einander verstohlen zu. So gaben wir uns auch die Sonette von Reinhold Schneider weiter.

Erst nach dem Krieg ging mir auf, dass Josef mit seiner Vermutung Recht hatte. Tatsächlich war Werner Bergengruen der Verfasser. Der Gedichtzyklus war schon 1935/36 entstanden und bereits 1937, noch im alten Österreich, erschienen. Nach unserer nachmittäglichen Unterhaltung gab Josef mir die Texte mit. Ich „verschlang" sie später förmlich in meinem Studentenzimmer. Josef hatte mich mit seinem Gespräch für die angebotene Arbeit gewonnen. Ich war nun wieder im „richtigen" Engagement. Das genügte ihm. Nach und nach ging mir auf, dass die Habbel-Buchhandlung zu dieser Zeit für kirchliche Kreise die geheime Zentrale wichtigen Austausches war.

Über der Buchhandlung am Stefansplatz wohnte der damalige Weihbischof Kamprath, bei dem manche Regimekritiker ein- und ausgingen. Ich begegnete hier auch einigen Jesuiten, u.a. den beiden Rahner-Brüdern Hugo und Karl, Pater Lieske und Werner Barzel. Sie reagierten unterschiedlich auf meine wachsende Dissertation, teils amüsiert, teils aber auch ernsthaft, wenn sie betreffende Fragen von mir beantworteten. Ich erinnere mich gern an das je neu aufkommende „Geplänkel", wenn ich ihnen meine Thesen über die organische oder geometrische Symmetrie im Aufbau der Hymnen nachzuweisen versuchte.

Am meisten verdanke ich während dieser unvergesslichen glücklichen Monate mitten im Grauen eines immer furchtbarer um uns herum tobenden Krieges den regelmäßigen Arbeitszusammenkünften mit Leopold Liegler. Auch er war Kunde bei Habbel. Er gehörte zum Kreis der Wiener Karl-Kraus-

Schule und interessierte sich als Experte für meine Erschließungsmethode. Mit seinen Anregungen spornte er meinen Ehrgeiz an, so dass die formale Untersuchung der Hymnen mich mehr und mehr in Bann schlug, ja, fast aus der schrecklichen Zeit entrückte, während die Eschweiler Mitschüler aus den parallelen Abiturklassen einer nach dem anderen in Russland oder Frankreich fielen. Nur einer kehrte nach Hause zurück. Leopold Liegler unterstützte vor allem meinen Einfall, durch Gegenüberstellung der ersten Ausgabe der „Hymnen an die Kirche" im Theatiner-Verlag, München 1924, und der erweiterten zweiten, 1936 im Verlag Kösel erschienenen Sammlung, den Aufbau der Hymnen mit der Architektur einer Kathedrale zu vergleichen.

Schließlich war die Untersuchung der Hymnen weitgehend abgeschlossen, und ich legte sie mit einigen Erklärungen Professor Nadler vor. Er nahm die Arbeit freundlich entgegen und bestimmte den baldigen Termin, mir seine Beurteilung mitzuteilen. Nicht nur ich, sondern der ganze Kreis der „Mitarbeiter" im Habbel-Geschäft und Bischofshaus warteten gespannt darauf und fanden den Vorschlag Nadlers, die Ansicht der Dichterin selbst zu erbitten, richtig und weiterführend. Mein Doktorvater hatte angeboten, Baronin le Fort in Oberstdorf von meiner Untersuchung ihrer „Hymnen an die Kirche" zu berichten und anzufragen, ob ein persönlicher Besuch von mir möglich sei. Ihre Zusage erreichte ihn fast postwendend. Darauf sandte Nadler ihr eine Abschrift der fast dreiviertel fertigen Arbeit zur Prüfung nach Oberstdorf.

Ich erhielt am 5. März 1944 den ersten Brief der Dichterin, zwei Seiten lang mit beschriebenem Rand. Baronin le Fort ging hier in allen Einzelheiten die Möglichkeiten meiner Unterbringung im von Bombenflüchtlingen überfüllten Oberstdorf durch. Sie bedauerte die eigenen bedrängten Gegebenheiten im Landhaus Fischer, die es ihr nicht erlaubten, mich dort aufzunehmen. Es ergab sich schließlich, dass in der Kirchstraße im Haus Buhl-Schratt durch eine Absage ein Zimmer kurz zur Verfügung stand. Am 19. April war es dann soweit, mich auf den Weg zur Freibergstraße zu begeben. Die frühere Hochstimmung während der Arbeit an den Hymnen war allerdings längst verflogen. Auf der Reise und in Oberstdorf selbst waren das Elend und die Not des Krieges außerordentlich belastend in den Vordergrund gerückt. Dazu muss man sich klar machen, dass das Leben in Wien, selbst in dem sich abzeichnenden Zusammenbruch Deutschlands 1944, noch relativ normal verlief. Die Luftangriffe galten vor allem den in Wiener Neustadt befindlichen Messerschmidt-Flugzeugfabriken. Auch die Lebensmittelversorgung war durch den Handel mit den ländlichen Bezirken rund um Wien kein unlösbares Problem. Durch die Besuche der Landpastöre im Habbel-Geschäft, mit denen sich ein nützlicher Tauschhandel entwickelte, kamen wir bescheiden aus, wo viele andere Hunger litten. In Oberstdorf aber herrschte krasser Mangel. So war die Zeit meines wunderbaren Abseits, während der ich fast nur von den Schwingkreisen je neuer Entdeckungen im Reich der Sprache und Dichtung bewegt wurde, vorbei. Unsicherheit, Besorgnis, ja Ängste waren inzwischen aufgekommen. Die Frage quälte mich jetzt doch sehr: Wird die Dichterin meine Thesen ablehnen, wird sie die Bauprinzipien für abgehobene, in ihre Verse hineingelegte Konstruktionen halten? So zog ich ziemlich gedämpft durch die noch von Schnee und Eis verharschten Oberstdorfer Straßen zum Landhaus Fischer. Die Frühlingssonne hatte aber schon so starke Kraft, dass sich hier und da Schmelzwasser bildete.

Baronin le Fort erwartete mich draußen auf dem Gang vor ihrer Wohnung im ersten Stock. Sie führte mich nach der Begrüßung in ihr Arbeitszimmer, wo auf einem Seitentisch der Tee bereit stand. Ich folgte einer zarten, jedoch aufrecht schreitenden feinen Dame. Über ihrer Schulter lag ein Fuchspelzkragen, bei dem mir komischerweise sofort das fehlende Glasauge im seitlich baumelnden Tierkopf auffiel.

Die Dichterin wandte sich um. Ihre Blicke trafen mich. Nahm sie meine noch immer nicht gewichene Verlegenheit wahr, als sie fragte: „Wie geht es Pater Przywara?" Mit dieser Frage bildete sich eine Brücke der Verbindung. Meine Besorgnis löste sich bald auf in der fließenden warmen Atmosphäre, die sie umgab. Es entfaltete sich ein lebendiges Gespräch, in dem ich die mütterlich besorgte Frau des ersten langen Briefes an mich wiedererkannte, in dem sie mir den Weg nach Oberstdorf geöffnet hatte. Mit dem Namen Erich Przywara waren wir bereits in einer ganz eigenen Welt, in die mir aber damals natürlich noch der eigentliche Einblick fehlte. Gemeint ist die zwischen Pater Erich Przywara und Gertrud von le Fort bestehende Freundschaft in Gott, die diese beiden auf besondere Weise verband. Später sollte ich das schicksalhaft Verknüpfte dieser Gemeinschaft näher kennen lernen. Es kam nämlich später im Zusammenhang mit ihm der Name seiner schlesischen Landsmännin Edith Stein auf, der Philosophin und späteren Karmelitin. Und noch ein wenig später wurden durch ihn die Blicke nach Basel in die von Adrienne von Speyr und Hans Urs von Balthasar gegründete Johannesgemeinschaft gelenkt.

Wie es Pater Przywara ging? Was sollte ich auf diese erste Frage der Baronin le Fort antworten? Ich dachte an seine letzte Predigt, die ich im Wiener Stefansdom gehört hatte (E. Przywara, Alter und neuer Bund. Theologie der Stunde, Wien 1956, 159-195). „Er predigt den Untergang. Wir werden alle Troglodyten, hat er gesagt." Die Dichterin beugte sich vor, als hätte sie nicht recht verstanden. „Ja, Troglodyten – das sind Höhlenbewohner." Keiner von uns aus der studentischen Zuhörerschaft hatte das gewusst. Wir mussten uns erst im Lexikon über die Begriffsbestimmung informieren. Ich weiß natürlich nicht, was die Dichterin bei meiner Antwort empfand. Vielleicht entschied sich aber in diesen nachdenklichen Augenblicken der weitere Gang des Gespräches und sogar die Weiterentwicklung der künftigen ganz eigenen spirituellen Weggemeinschaft von ihr und mir. Sie richtete sich auf und sagte lapidar: „Der Pater irrt." Dann begann ihre unvergessliche Schau des sich unaufhaltsam nähernden Zeitalters des Heiligen Geistes, die mich zunehmend fesselte. Es war, als öffne sie ein Tor in offene Weite. Vielleicht wirkte auch das plötzlich heraufgezogene heftige Frühlingsgewitter mit, dass sich der Eindruck eines grandiosen Schauspiels einstellte. Der Raum hatte sich verdunkelt, grelle Blitze zuckten herunter. Wir sahen in den aufgerissenen Himmel. In mir sprachen die Hymnen, insbesondere die aus dem Zyklus „Die letzten Dinge". In den vergangenen Monaten der intensiven Arbeit waren sie mir so vertraut geworden, dass ich die meisten aus dem Gedächtnis frei zitieren konnte. Ich erlebte jetzt Dichtung in einem lebendigen Licht, das Heil ausstrahlt.

Im späteren Nacherleben und aus ihrer eigenen brieflichen Bestätigung („wissen Sie noch...?, Brief vom 25. Juli 1944/1. Teil) ergab sich die Sicherheit, dass sich die Dichterin der besonderen Atmosphäre an diesem (8. Oktober 1944/Brief 2. Teil) Frühlingsnachmittag und –abend bewusst war. Hier lag der Grund, dass aus der von mir erwarteten Sprechzeit von höchstens einer Stunde eine Besuchszeit von vier Tagen erwuchs. Damit hatte ich nicht gerechnet. Heute erscheint es mir so, dass hier gleichsam ein Energie-Fundament für das weitere Leben gelegt wurde.

Ich fühlte mich jedenfalls mehr und mehr einbezogen in die geheimnisvollen Vorgänge eines *Um-spann*-Werkes auf der Scheitelhöhe einer Epoche, die dabei war, an ihren eigenen Widersprüchen und Engführungen zu ersticken.

Die Dichterin zitierte inzwischen Verse aus einem alten Volkslied: „Wer jetzig Zeiten leben will, muss haben tapferes Herze ..." „Es bedarf der Wiederentdeckung alter Tugenden (Tüchtigkeiten)."

Welche Frau sprach jetzt, fast soldatisch, zu mir? Begegnete ich im ersten Brief vorwiegend einer besorgten, mütterlichen Frau, die mir mit einer Reihe zweckdienlicher Hinweise den Aufenthalt in Oberstdorf ermöglichen wollte, stand ich jetzt vor der Offizierstochter, die mir klarzumachen versuchte, warum Widerstand geleistet werden muss, wenn Machthaber versuchen, sich mit Gewalt des Menschen zu be-mächtigen. Hier verwies sie auf meinen Bruder Josef und die Notwendigkeit, dem nationalsozialistischen Regime zu widerstehen.

Schon an diesem ersten Tag schenkte sie mir ihre Erzählung „Das Gericht des Meeres" und schrieb die Widmung für mich auf die erste Seite: „... es war ihr, als sei Gott Mensch geworden." Ich habe dieses Inselbändchen aus dem Jahre 1943 jetzt, wo ich schreibe, vor mir liegen. Dank erfüllt mich, dass ich es durch die Jahrzehnte bewahren konnte. Noch habe ich den damaligen Hinweis der Dichterin im Ohr: „Von dieser Ausgabe im Inselverlag 1943 in Leipzig haben nur wenige Exemplare den Luftangriff in Leipzig überstanden. Dieses Exemplar ist eines der überlebenden." Sie legte das Bändchen auf den ovalen Tisch. Inzwischen war es dunkel geworden. Eine kleine Abendmahlzeit war serviert worden: Graupen mit Apfelstücken. „Von zu Hause", sagte sie. „Meine Verwandten haben es von den Gütern geschickt." Eine kleine, bescheidene Stärkung. Ich hatte aber keinen Hunger.

II. Vier gesegnete Tage

Langsam wanderte ich zurück in mein Quartier im Gästehaus Buhl-Schratt an der Kirchstraße. Es war dunkel. Aus den Gasthäusern quoll Lärm. Oben in meiner kleinen Dachkammer hörte ich noch lange Stimmen, die in je neuen Schüben wie schwere Seufzer von unten herauf drangen. Eine beklemmende Atmosphäre umfing mich, eine seltsame Gefangenschaft in gemeinsamer Zeitnot.

Als ich die Druckfahnen, die mir die Dichterin mitgegeben hatte, aufs Bett legte, bemerkte ich, dass ich vor einem Kinderbett stand, an dessen herunterhängendem Metallgitter ich mit den Knien ziemlich heftig angestoßen war.

Trotz aller Müdigkeit war ich von dem schmerzhaften Aufprall plötzlich wieder hellwach und begann, in den Papierfahnen zu lesen. Es war ein Kapitel aus dem zweiten Teil des Romanwerkes „Das Schweißtuch der Veronika", der den Titel „Kranz der Engel" trug. Die Dichterin hatte nach dem Abendessen dazu noch einige Erklärungen gegeben. Schauplatz des neuen Bandes war nicht mehr Rom, sondern Heidelberg. Die in Rom noch kindliche Veronika (das „Spiegelchen") war erwachsen geworden. Nach dem Ende des Ersten Weltkrieges befand sie sich jetzt als junge Studentin im Haus ihres Heidelberger Vormundes und seiner Gemahlin, „Frau Seide". So nennt Gertrud von le Fort sie bezeichnenderweise. Er hatte dort den Lehrstuhl für Religionsphilosophie inne. In seinen Vorlesungen traf Veronika ihren einstigen römischen Freund Enzio wieder, der als schwer Verwundeter den Krieg überlebt hatte. Nach dem Zusammenbruch des Deutschen Reiches war er mit Freunden dabei, sich im Aufbruch einer neuen Zeit kämpferisch für eine veränderte Gesellschaftsordnung einzusetzen. Der junge feinsinnige Dichter, wie Veronika ihn in Rom enthusiastisch erlebt und lieben gelernt hatte, begegnete ihr nun als vergröberter Nationalsozialist, Vorkämpfer des so genannten „Dritten Reiches", des Reiches ohne Gott, einer Gesellschaft ohne Gott, die er mit seinen Gesinnungsgenossen mit Gewalt durchsetzen wollte. Die Dichterin zeichnete hier die immer bedrohlicher werdende blutige Brutalität des Naziregimes nach. An Schlafen war nicht zu denken.

Jetzt beim Schreiben der Erinnerungen bewegt es mich, dass ich in den alten Tagebuchnotizen auf eine Bemerkung der Dichterin stoße, die sie kurz vor meinem Aufbruch äußerte. Sie war gerade dabei, das Bündel Druckfahnen zusammenzurollen. Danach schob sie diese in eine gestickte Handtasche, die sie mir übergab. Sie sagte, unser Zusammensein gewissermaßen abrundend: „Die Wurzeln bestimmter heutiger Schicksale liegen in der Vergangenheit. Sie werden erst im Blick über einen großen Zeitbogen hinweg verständlich."

Ich frage mich in dieser Stunde der Aufzeichnungen zwischen den Jahren 2004/2005: „Sind wir heute zu neuer Einsicht gereift, was Kunst, was insbesondere die Kunst der Sprache betrifft? Oder sind wir noch immer wie bei Enzio – oder gegenwärtig noch undurchschaubarer – mit der Dämonie der Kunst konfrontiert? Wird der jungen Generation heute der Einblick in die unaufhaltsam zerstörerische Ausstrahlung des gottlosen Künstlers und seiner Werke gelingen? Wird die schwere Verantwortung neu wahrgenommen, die jeder Künstler seiner Zeit gegenüber hat? Sieht er seinen geheimnisvollen Auftrag als Therapie?" Gertrud von le Fort spricht mit Paracelsus von der „Arznei" der Dichtung. An anderer Stelle heißt es von ihr: „Es ist der Dichter, der seiner Zeit die Medizin reichen muss." Fragen über Fragen, aber auch Hoffnung, wenn die Glaubensschau des Lebens wieder aus den Tiefen eines sich neu bildenden religiösen Menschen aufsteigt.

Die Erinnerung geht zurück zur Feier des so genannten „Goldenen Doktorates" an der Universität Wien am 1. April 1995. Meine dortige Danksagung zeigt, dass ich immer noch um die gleichen Fragen nach der Bedeutung der Dichtkunst kreise, die ich schon als junge Doktorandin stellte, die in der prägenden Begegnung mit Gertrud von le Fort die nie übertroffene lebendige Antwort fanden. Soll ich da jetzt noch zweifeln, dass die Dichterin selbst, die verehrte, mir in diesen Tagen wieder so nahe kommende Frau, die derzeitige Bewegung in Gang setzte?

Wie merkwürdig offen und lebendig ist dieses Gespräch zwischen ihr und mir zwischen Weihnachten und Neujahr. Sozusagen am Ufer der Zeiten sehe ich sie gewissermaßen drängend vor mir, desgleichen Hans Urs von Balthasar.

Wie oft hatte ich ihnen in den zurück liegenden Jahrzehnten die mich bewegenden Fragen vorgelegt und in grenzenlosem Vertrauen ihre Antwort erwartet! Wie oft hatten beide mich aufgerichtet, wenn ich mir im Ausgeliefertsein verloren vorkam! Wie oft hatte Hans Urs von Balthasar völlig ruhig in ähnlichen Äußerungen versichert: „Seien Sie ganz gewiss, Sie haben den Schlüssel. Es gehört zu Ihrem Auftrag, Menschen auf diese Ihnen ganz eigene Weise vom Leben *in* und *aus* Gott zu überzeugen."

Einmal bei diesen Zusammenkünften sagte er im Blick auf den Beginn meiner Weggemeinschaft mit Gertrud von le Fort im April 1944: „Sie müssen sich klar machen, dass hier etwas vor sich ging, was Sie zu diesem frühen Zeitpunkt noch nicht überschauen konnten... Während Sie von einer Überraschung in die andere fielen, sehe ich die Baronin le Fort in der reifen, ihr gemäßen unaufdringlich leitenden Position Ihnen gegenüber. Während bei Ihnen die Sorge um ihr Urteil über Ihre Examensarbeit langsam in Zuversicht übergeht, Bewunderung, Verehrung in Ihnen zunehmen, liest diese Frau mit heiliger Einfühlung in Ihrer Seele wie in einem Buch – Seite für Seite. Wundern wir uns da noch, wenn aus der erwarteten einen Stunde vier Tage werden?".

Auf meine Frage, ob man Veronika nicht als erste weibliche Heldin in einem zeitgenössischen Entwicklungsroman gelten lassen könne, ging die Dichterin ausführlich ein. Sie kam hier auf die Personen zu sprechen, die die Entwicklung des mutterlosen Kindes, des heranwachsenden Mädchens in Rom, der jungen Frau und schließlich der Braut Enzios in Heidelberg so entscheidend beeinflusst hatten.

Bei dieser Stelle unseres Gesprächs stand Gertrud von le Fort auf, griff auf ihrem Schreibtisch nach einem Blatt, das sie mir zureichte. Ich las die Überschrift „große Linien“, darunter „Sieg des Kreuzes“ und weiter: „Säkularisierte Welt in Heidelberg. Überschneidung der Idee Kirche und Reich, Rom - Edelgard, Heidelberg – „Seide“. Hier setzte sie ein und verwies auf die „Wurzelbeschädigung“ bei beiden Frauengestalten durch fehlende Hingabe – Edelgard Gott gegenüber, die sich trotz ihrer Berufung Gott versagt, und ‚Seide‘, die sich – ins Säkulare übertragen – dem Mann und der Familie versagt. Bei der Erklärung der Gestalt „Seide“ verweilte sie lange. Von dieser Stunde an fing ich langsam an zu begreifen, welch entscheidende Rolle die Frau und Mutter für die Entwicklung des Menschen spielt.

„Ich bin Wurzelspezialistin“, sagte die Dichterin plötzlich lächelnd zwischenhinein, als sie mein Staunen wahrnahm. Mir fiel es nämlich wie Schuppen von den Augen, dass ich durch die einfache klare Linienführung meiner Mutter Emma in den ganz frühen Jahren auf das Verständnis der le Fort'schen Ausführungen vorbereitet worden war. Ich erinnerte mich auch an die Aussagen aus dem le Fort-Roman „Papst aus dem Ghetto“ (München 1930, 115), die mir mein Bruder Josef bereits in den frühen Jahren noch zu Hause in Eschweiler eingeprägt hatte: „Nun aber ist das Weib die letzte Burg eines jeglichen Volkes. Wenn der Mann fällt, so wird Gott den Mann strafen, wenn aber das Weib fällt, so wird Gott das ganze Volk strafen.“

Ich zitiere im Gespräch mit der Dichterin diese Stelle. Sie bestätigte sie. Danach blieb es lange still zwischen uns. Heute weiß ich genau, dass von diesem Nachmittag an meine Einstellung zur Frauenfrage ein für allemal in eine *end*-gültige Form hinein gebracht worden war und von hier weiter wuchs.

An diesem Tag begriff ich auch ahnungshaft, welch unbeschreibliche Dynamik im Marianischen liegt, das ich auf kindliche Weise in den vielen Weihen an Maria lebte. Aus ihr erwächst die eigentliche Freiheit der Frau, Befreiung, Emanzipation, wenn sie ihrer religiösen Berufung erstlinig dient und damit den Irrweg des autonomen Menschen, der ohne Gott scheitern muss, verhindert. Veronika war die „Heldin“ für mich in einer von den Nazis grauenhaft entstellten Zeit, in welcher das Menschliche verdrängt, geknechtet wurde und ein widergöttliches Zerrbild der „normale“ Typus war. Und wieder beharrte Gertrud von le Fort auf „Frau Seide“ und deren abgründigem fraulichen Verschulden. Einbruch des Bösen durch das Einfallstor der ihre Stellung verleugnenden Frau.

Die Erinnerung stockt wieder. Die Gedanken schwingen aus. War nicht mein ganzes Leben von Anfang an von dieser religiösen Dynamik bewegt worden, in der je neu die Auseinandersetzung mit dem Widersacher und Verderber des Menschen auszutragen war? Was offenbarte mir der Weg der Gertrud von le Fort, die bis ins Hochalter „Flagge zeigte“?

Die bleibende weltanschauliche Auseinandersetzung, Aug in Aug mit dem Gegner, ein je nach wechselnden Orten und modisch gefärbten Zeitströmungen andauerndes Ringen um die ganzheitliche Reifung des gläubigen

Christen im Stirb- und Werdeprozess seines spannungsgeladenen Lebens zwischen Zeit und Ewigkeit, des anteilhaft schon vorhandenen Heils und des je neu andringenden Unheils, die mühsame Existenz in einem geheimnisvollen Heilskosmos, in dem er zwischen Erschaffung, Erlösung und Heimholung in einem schwer durchschaubaren abenteuerlichen Unterwegs bewegt, gezogen, *er*-zogen wird. Wollen die Menschen überhaupt mit einem so anstrengenden Lebens-Konzept konfrontiert sein?

Man kann an dieser Frage prüfen, wie oft und geschickt sie als „verstiegen“ und die Lebensqualität einschränkend verdrängt wird. Das ist dann auch die Grundlage für die Beurteilung der Rezeptanz des le Fort'schen Werkes. Seine literarhistorische Einordnung in die christliche Erneuerung nach den beiden Kriegen ist zutreffend. Dann versinkt diese Sicht, und Gertrud von le Fort gilt als verklungene Stimme. Kaum noch jemand verbindet später eine Vorstellung mit ihrem Namen. So ist es bis heute.

Bei genauem Hinsehen wird die alte Methode sichtbar, das gezielte „Mundtot“-Machen, das gezielte ins Abseits-Reden. Dichtung aus der Glaubensschau des Lebens teilt das Schicksal des Christen. Von ihm heißt es bei Gertrud von le Fort: „Der Christ steht auf verlorenem Posten, und da ist er auch ganz richtig. Denn da steht auch sein Herr. Es wird erst falsch, wenn er die Mittel dieser Welt ergreift, um damit *Christliches* zu retten.“

Nicht anders ist es mir selbst ergangen. Schlussendlich stand ich je neu auf dem gleichen Kampfplatz zwischen Zeit und Ewigkeit. Je neu galt der Vorwurf von der „Falschmünzerei“ der Gertrud von le Fort, der unzulässigen Vermischung von Heil und Dichtung.

Ich gewöhnte mich an diese oft hitzigen Debatten, wenn versucht wurde, mich „fertig zu machen“. Wie viel verdanke ich der Begleitung von Hans Urs von Balthasar, dass sich hier nach und nach Gleichmut, Indifferenz solchen Attacken gegenüber einstellte. Hier erwies es sich als ein gar nicht hoch genug einzuschätzendes Geschenk, dass er Gertrud von le Fort wohl besser als jeder andere begleitende Zeitgenosse kannte. Noch bedeutsamer: Er hatte Erfahrung mit Adrienne von Speyr, hatte den Auftrag, ihre kirchliche Sendung mitzutragen.

Gertrud von le Fort hat in ihrem Brief vom 15. März 1947 aus Maglioso diese Rolle als „sehr einsame Sendung“ erkannt und verspricht, sie betend mitzutragen. Sie erkennt ganz zu Anfang die vorsehentliche Doppel-Sendung Adrienne von Speyr – Hans Urs von Balthasar.

Ich werde hier mehr und mehr ein Hörender, lerne Adrienne von Speyr selbst kennen. Der Kreis schließt sich. So gelingt es allmählich, bei den je neuen Anfeindungen, die oft mit Schmeicheleien und Zuwendungen begannen, in eine gewisse Gelassenheit hineinzufinden. Das ist aber nur annähernd möglich, wenn aus dem täglichen Leben wie ganz selbstverständlich konkret und einfach eine betende Existenz wird. Je tiefer es hier hinein geht und man sich selbst zustimmen hört: „Ja, mein Gott, verwende mich, wie du willst“, erfährt man es bitterer und tiefer, ja, wie in uferloser Verlorenheit, wenn der

Vertrauensbruch in einer Freundschaft erfolgt, die man in Gott geschlossen und gesichert wähnt, wenn das Anvertraute, Heilige entweiht und verraten wird. Das ist dann schon der Karfreitag der beraubten und geplünderten Altäre. Man fühlt sich fortgeworfen wie Abfall, meuchlings überfallen in der Stunde der Schwäche.

Da vernehme ich Gertrud von le Fort; sie sagte 1950 bei einer Lesung in Darmstadt: „Es ist den Dämonen heute eine ungeheure Macht gegeben, ja, man könnte manchmal glauben, dass sie die alleinige Macht haben; die offiziellen Vertreter der Gerechtigkeit und des Friedens erweisen sich weithin als machtlos – denn die eigentliche Überwindung des Bösen hat in weit tieferen Schichten zu erfolgen als den ihnen anvertrauten, weil ja auch der Ursprung des Bösen in tiefsten Schichten des Seins wurzelt."

III. Zustimmung

Als ich zum dritten Mal zum „Thee" ins Landhaus Fischer wanderte, fühlte ich, dass eine neue Zuversicht, ja, dass Mut in mir gewachsen war. *Wie*, das wusste ich nicht. Ich empfand es wie eine kraftvoll unterstützende innere Ernährung. In diesen Kriegstagen kämpften wir ja ständig, um in der wachsenden Lebensmittelknappheit dem Hunger gegenzusteuern. So erschien mir meine innere Stärkung wie ein anspornendes Glück, und ich nahm mir vor, die Dichterin heute endlich um ihre Beurteilung meiner Untersuchung ihres Hymnenwerkes zu bitten. Davon war bisher von ihrer Seite aus mit keinem Wort die Rede gewesen. Ich hatte einfach nicht gewagt, vorzugreifen. Heute aber war die Zeit da, es war die „richtige" Stunde. So fühlte ich es.

Tatsächlich war es die Stunde, jedoch bedurfte es vieler Reifungsstufen, bis ich einigermaßen überschaute, wie sich Phase für Phase meine Wahrnehmung für die offene Weite dieser Begegnung schärfte. Baronin le Fort ihrerseits musste meine Frage an diesem Tag erwartet haben. Sie hatte natürlich meine Arbeit und meine Behauptungen über die Aufbauprinzipien ihrer Verse gelesen. Ihre Beurteilung war äußerst knapp. Es waren eigentlich nur zwei kurze Bemerkungen:

> „Das ist erstaunlich."
> „Das können Sie so lassen."

Heute ist mir klar, dass sich in der Dichte dieser wenigen Worte die besondere persönliche Situation der Dichterin widerspiegelte und dass sich hier zugleich ihr verantwortliches Bewusstsein offenbarte, welchen objektiven Stellenwert dieses Hymnenwerk unter dem Verstehenshorizont – Dichtung als Heil – hatte.

In den Werknotizen, die die letzte Sekretärin der Dichterin 1976 bei einer Ausstellung herausgab, heißt es in der *Skizze* mit der Übersicht der Werke 1924 in den „Hymnen an die Kirche": „hier nun erkennt sie (Gertrud von le Fort) einen Auftrag in der Dichtung" (Zitat Eleonore von La Chevallerie).

Man muss sich vergegenwärtigen, durch Professor Nadler war in der Studentin Maria Eschbach eine junge, aber doch offiziell wissenschaftlich arbeitende Universitätsangehörige zu Gertrud von le Fort gesandt worden. Mit der Erschließungsarbeit einer bekenntnishaften Dichtung sollte ein akademischer Grad erworben werden. Der Bildungsweg der Dichterin selbst war ganz anders, eben nicht offiziell aufgebaut. Heute würde man einen solchen Verlauf als „Quer-Einstieg" bezeichnen. Konkret war die schulische Ausbildung – wie beim Adel früher üblich – weitgehend in stufengerechten privaten Unterrichtsphasen durchgeführt worden. In den wechselnden Garnisonsstädten, in denen die Familie wegen der militärischen Ämter des Vaters lebte (Minden-Berlin-Koblenz-Hildesheim-Ludwigslust), ergaben sich je neue Formen dieses sehr freien Unterrichts. Eine nicht geringe Rolle spielte bei der Unterrichtung der Vater der drei le Fort-Kinder, Oberst Lothar von le Fort. Er verfügte vor allem über herausragende historische Kenntnisse, und so lag wohl das Schwergewicht seiner Unterweisung in der Vermittlung von Geschichtswissen. Erst in Hildesheim besuchte Gertrud von le Fort erstmalig – allerdings nur vorübergehend – eine Privatschule. Es ergab sich aber kein abschließendes Staatsexamen in einer Abiturprüfung. Das bedeutete, Gertrud von le Fort konnte nie als offizielle Hörerin in eine Universität eintreten und dort mit einem wissenschaftlichen Staatsexamen abschließen.

1908 beginnt sie ein Studium in Heidelberg. Zu diesem Zeitpunkt ist sie bereits 31 ½ Jahr alt. Bei den gegebenen fehlenden offiziellen Voraussetzungen in der Ausbildung war es fast ein unlösbares Problem für sie, die Zulassung als Gasthörerin zu erhalten. Sie konnte aber eine schon damals stattliche Reihe vorliegender Publikationen von Erzählungen und Gedichten aufweisen, so dass ihr der Prorektor der Heidelberger Universität in Anerkennung ihrer sprachkünstlerischen Leistungen den Berechtigungsschein ausstellte, die Vorlesungen als Gasthörerin besuchen zu dürfen.

Sie studierte lange und gründlich in Heidelberg, Marburg und Berlin Religionsphilosophie, Geschichte und Theologie. Beim Beginn des Studiums war sie eine gereifte Persönlichkeit, eine schon anfänglich bekannte Dichterin. Das Studium der jungen Studentin Maria Eschbach, die Gertrud von le Fort von Wien aus zugeschickt war, trug die Züge einer höchst verworrenen Zeit an sich, die in weltanschaulicher Engführung eine ganzheitliche Bildung des Menschen verhinderte. Der Bildungserwerb musste schnell und funktional ablaufen. Der Massenbetrieb war in die Universitäten eingezogen. Es ging in der Bildung um den autonomen Menschen, in dessen Welt Gott nicht vorkommt.

Wie war es möglich, dass zu dieser Zeit „Hymnen an die Kirche“ als wissenschaftliches Thema vergeben werden konnte? Die Studentin Maria Eschbach hatte zudem noch ein Formprinzip in dieser Dichtung herausgearbeitet, das grundsätzliche Fragen aufwarf. Die erste Bemerkung der Dichterin: „Das ist erstaunlich“ ist meines Erachtens unübertrefflich in der Feststellung, dass dieser formale Blick nur Staunen, d.h. zutiefst anerkennendes Offenlassen auslösen kann. Und der zweite Satz bestätigt das. Ich konnte damit den offiziellen Weg weiter gehen, der mich zum Doktorat führte.

In jener unvergesslichen Stunde standen zwei Frauen – eine gereifte Persönlichkeit und eine, die den Weg begann – in einer wundersamen Gegensatz-Einheit zusammen. Weiter konnte doch unser beider Position nicht auseinander liegen! Und Gertrud von le Fort, die ihre Berufung längst tief *lebende* Dichterin der Kirche, bindet die noch völlig unerfahrene Anfängerin unaufdringlich an sich, legt mit ihren zwei Sätzen Zeugnis ab für sie, bereitet ihr den Weg.

Ich meine, sie hat in dieser bedeutsamen Stunde am dritten Besuchstag sehr wohl geahnt, in welche Auseinandersetzungen ich noch – ähnlich wie sie selbst – mit diesem Thema geraten würde, das im Laufe meines Lebens immer mehr mein „Markenzeichen“ als Zeichen des Widerspruchs werden sollte. Jeder tiefer blickende Kenner des le Fort'schen Gesamtwerkes kommt schließlich darauf, dass nach dem vorkatholischen Schaffen der Dichterin eine Scheitelhöhe überstiegen wird, hinter der erst die Dichterin der Transzendenz sichtbar wird. Und auch hier sind sich die seriösen Forscher einig: Das Urgelände der neu beginnenden Dichtungen sind und bleiben die „Hymnen an die Kirche“ als inspirierte Dichtung, die der Epoche als spirituelle Nahrung geschenkt wird.

IV. Pater Przywara SJ

Auf dem eigenen Glaubensweg hatte die Dichterin in Pater Erich Przywara einen zuverlässigen Helfer gefunden. So lag es nah, dass sie sich bei unserer ersten Begegnung sogleich nach ihm erkundigte.

Der Briefwechsel Gertrud von le Fort – Erich Przywara (seine Briefe befinden sich im Nachlass Gertrud von le Fort im Literatur-Archiv Marbach/Neckar) lässt erkennen, wie unverbrüchlich auch für die Dichterin die für sie wegweisende Verbindung mit Erich Przywara Geltung behielt. Sie verstand sich als vertraute Gesprächspartnerin des Ordensmannes, auch in den undurchschaubaren, dunklen Durchgängen, die jeder auf seine Weise erlebte. Man muss auf heftige Gemütsschwankungen schließen, wenn Erich Przywara in Basel, wo er auch Gertrud von le Fort traf, sein Verhältnis zu Adrienne von Speyr negativ einschätzte. Er teilte Gertrud von le Fort mit: „Adrienne verfolgt mich." Mir erscheint es heute im erst jetzt möglichen großen Überblick ganz typisch für Gertrud von le Fort, gerade in solchen, äußerst heiklen Phasen, bei dem ungewöhnlichen Priester, der auch ihr in ihrem Ringen beistand, auszuharren. Sie blieb ihm dankbar. Er war die zentrale Beziehungsperson bei ihrem Weg in die Kirche.

Unter diesem Verstehenshorizont hat ihre erste Frage bei meinem Besuch am 19. April 1944: „Was macht Herr Pater Przywara?" natürlich ihre ganz eigene Bedeutung. Man muss die kurzen Briefbillets Przywaras an Gertrud von le Fort aus den Jahren 1925/26 auf sich wirken lassen. Zu dieser Zeit erhielt die fast 50jährige Dichterin im katholischen Bayern Konvertitenunterricht. Der sie unterweisende Geistliche fiel von der Kirche ab. Der Name dieses Priesters wurde nie bekannt. Für Gertrud von le Fort – im Ringen mit dem „dunklen Glauben" – stand alles neu zur Entscheidung an. Der Übertritt verzögerte sich. In dieser Notlage griff Przywara helfend ein. Er empfahl den umgehenden Aufbruch nach Rom und einen längeren Aufenthalt dort. Er selbst vermittelte die geeignete, zurückgezogene Bleibe bei einer ihm bekannten Dame in der Nähe der Porta Angelica.

Dort in neuem tieferem Erleben der Ewigen Stadt, vor allem während der Karwoche, kehrte bei der erschütterten Gertrud von le Fort gnadenhaft die Kraft zurück, den Konvertitenunterricht wieder aufzunehmen. In der deutschen Kirche S. Maria dell Anima wurde sie im März 1926 von Prälat Leufkens in die katholische Kirche aufgenommen.

Mehr als ausführliche Berichte über die näheren Umstände dieser Konversion spricht das geballte Schweigen, das sich hinter dem knappen Briefwechsel zu dieser Phase öffnet. Man spürt gewissermaßen eine heilige Diskretion, die bewahrt und damit einem gnadenhaft nur auf Gott gerichteten Geschehen Respekt erweist. Wer Gertrud von le Fort ihrem Wesen nach richtig einschätzen will, muss berücksichtigen, wie sehr dazu ihre feine, vom Herzensadel bestimmte Zurückhaltung gehört. Sie widerstand beharrlich jeder aufdringlichen biographischen Neugier. Heute heißt es oft, ein solches

Eindringen biete erst den nötigen authentischen Aufschluss über die Person und das Schaffen eines Künstlers. Gertrud von le Fort wehrte sich entschieden dagegen, wenn nötig, energisch und unmissverständlich. Sie sprach von einem „widerlichen uferlosen Biographismus", der eine seriöse, ganzheitliche Forschung entwerte. In meinen Aufzeichnungen der Gespräche mit ihr stoße ich auf konkrete Beispiele, auch aus kirchlichen Kreisen, die sie in diesem Zusammenhang anführte. Hier war sie empfindlich und lehnte, zum Teil sehr scharf, dilettantischen Schwatz von betriebsamen Wichtigtuern ab. Sie sah hier das Vordringen des lärmenden, antlitzlosen Massenmenschen mit der wahnhaften Anmaßung, das absolute Geheimnis in gottbezogener Kunst beurteilen zu können. Sie bemerkt dazu: „Die Persönlichkeit und das persönliche Leben des Dichters, des Künstlers überhaupt, sind nicht die Erklärung seines über ihn selbst hinaus weisenden Schaffens, sondern eher seine Schranken."

Hans Urs von Balthasar, der später längere, ihn sehr prägende Zeit, in München bei den STIMMEN DER ZEIT mit Pater Przywara zusammen arbeitete, erhielt von ihm wesentlichen Einblick in das grundsätzliche Denken des älteren Mitbruders, der sich selbst als Dichter verstand, als beauftragter, die Zeit mahnender Prophet, als Lehrer, nicht zuletzt als spiritueller Begleiter anderer Künstler, wie z.B. Gertrud von le Fort oder Reinhold Schneider.

Durch Pater Przywara ergab sich für Hans Urs von Balthasar die Verbindung zu Gertrud von le Fort nach Baierbrunn im Isartal, wo er sie zum ersten Mal im Haus „Konradshöhe" besuchte. Zwischen Pater Przywara und Hans Urs von Balthasar war allmählich eine vertrauliche Beziehung entstanden. Hans Urs von Balthasar bewunderte und verehrte Pater Przywara. Durch die sich neu ergebende Verbindung mit Adrienne von Speyr in Basel, wohin Hans Urs von Balthasar als Schweizer bei Ausbruch des Krieges 1939 mit dem Auftrag der Studentenseelsorge versetzt wurde, trat eine seinen Weg völlig verändernde Wende ein. Als er, der gerade 40jährige Ordensmann, der drei Jahre älteren Baseler Ärztin Adrienne von Speyr (geb. 1902) begegnete, hatte er als Theologe und Zeitkritiker bereits einen eigenen Namen, der aufhorchen ließ. Dann wurde ihm klar, zu welcher kirchlichen Sendung er in der Zusammenarbeit mit dieser Frau aufgerufen war. Ohne, dass sie vorher voneinander wussten, sahen sich beide schicksalhaft zusammengeführt.

Nach dieser Begegnung war es Hans Urs von Balthasar, der jüngere Jesuit, der dem älteren Mitbruder Erich Przywara eine neue Dimension in der Welt des ignatianischen Ordens eröffnete. Wer konnte zu dieser Zeit des Aufbruchs auch nur annähernd ermessen, welche neuen Aspekte und Konsequenzen sich nun ergaben. Lebendige ignatianische Prägekraft trat wie ein Springquell hinter dem Ordensgründer aus der Reformationszeit hervor, der sich mit einem neuen, zeitgemäßen spirituellen Anliegen an eine moderne protestantische Frau wendet. Ignatius begegnet Adrienne schon früh in ihrer Kindheit und begleitet sie, bis er der erwachsenen Frau und Ärztin eröffnet, er habe nicht nur den bekannten reinen Männerorden gegründet, sondern diesen ergänzend, auch eine Weltgemeinschaft für Laien, der Männer, Frauen,

Priester angehören sollten. Diese Gemeinschaft sei berufen, das christliche Heil zeitgemäß ins Heute zu verkünden. Damit geriet alles in Bewegung. Kritische Auseinandersetzungen, Zweifel kamen auf, Entscheidungen wurden fällig. Die alten Persönlichkeiten (Gertrud von le Fort, Hans Urs von Balthasar, Adrienne von Speyr) blieben auf dem Schauplatz. Jeder hatte sich auf seine Weise zu bewähren.

In den Weihnachtstagen 1946 stand daher bei der Einführung in den Auftrag Adriennes in Basel bei Przywara und Gertrud von le Fort zunächst viel in Frage. Was bei Przywara offen bleibt, zeigt sich später in Gertrud von le Forts Briefen an Hans Urs von Balthasar. Sie erkennt und bejaht seine „einsame Sendung", d.h. mit Adrienne von Speyr einer neuen kirchlichen Sendung Folge zu leisten. Sie versteht auch, dass er um der großen Sache des gesamten ignatianischen Ordenswerkes willen seinen bisherigen Platz im Orden aufgeben muss, um in einem höheren Gehorsam das gemeinsame neue Werk der jetzt beginnenden Johannesgemeinschaft mitaufbauen zu können.

Im Laufe der Jahre kam ich mit Hans Urs von Balthasar immer wieder neu und aus sich ergebender anderer Sicht auf bestimmte Zusammenhänge zu sprechen. Ich erlebte, inzwischen natürlich im vorangeschrittenen Alter, erfahrener, gereifter, in Basel Ähnliches wie einst als junge Studentin in Oberstdorf: Wieder stand ich vor Menschen – hier jetzt im Zusammensein mit Adrienne von Speyr und Hans Urs von Balthasar – überwältigt von einem hohen und heiligen Auftrag, dem sie sich vorbehaltlos hingaben. Damit war ich im Schwingkreis einer Ausstrahlung, die mich in ihrer schlichten Dichte einfach überzeugend einnahm. Wie in Oberstdorf umgab mich eine Atmosphäre der Lauterkeit und Reinheit.

Heute weiß ich auch von anderen „heiligen" Orten, dass es eine unverwechselbare, bergende „Strömung" von Güte – Weisheit – Schönheit gibt, in die man unversehens eintaucht, wo man sich hoch gestimmt erfährt. Der „Einfluss des Heils" verwandelt solche Orte in „Umspannwerke". Bei solchen Erfahrungen erübrigt sich das übliche Vielgerede. Ich brauchte nur zu realisieren, wie zielgenau ich in Basel an meine nächste Heils-Station geführt worden war.

Der intensivste Austausch über die Bedeutung der für mein Leben so folgenreichen Beziehung zu Gertrud von le Fort ergab sich in zahlreichen Gesprächen mit dem Wiener Germanisten, Professor Dr. Alfred Focke SJ. Der 1916 in Teplitz-Schönau geborene Böhme galt als einer der wichtigsten Vertreter einer erneuerten Verbindung bzw. Annäherung von Kunst und Kirche. Ich begegnete ihm in einem Literaturkreis meiner Freundin und Mitdoktorandin Frau Professor Trude Puličar. Wir beide hatten, sobald es möglich war, nach dem Krieg wieder Verbindung aufgenommen und arbeiteten wie früher als weiterhin begeisterte ehemalige Nadler-Schülerinnen zusammen. Professor Nadler lebte nach dem Tod seiner Frau in den letzten Kriegstagen sehr zurück gezogen und vereinsamt in der Nähe der Wohnung meiner Freundin in Döbling. Der Gelehrte wurde nach dem Zusammenbruch in giftigen Tiraden als Nazi bekämpft. Verhängnisvollerweise hatte er selbst mit Ausführungen seiner Literaturgeschichte dazu Anlass gegeben. Wer aber macht sich die Mühe, seine sudetendeutsche Vergangenheit zu berücksichtigen? Trude war einer der wenigen Ehemaligen, die dem alten, verbitterten Herrn in seiner letzten Lebenszeit voller Liebe und Ehrfurcht beistanden. Sie und eine Handvoll weiterer Begleiter schritten nach seinem Tod als einzige hinter seinem Sarg her.

Seit den frühen fünfziger Jahren lehrte Alfred Focke an der Wiener Akademie der Bildenden Künste „Philosophie der Kunst" und hatte 1967 einen Lehrauftrag an der Wiener Universität über „philosophisch-theologische Probleme in der modernen Literatur" erhalten. In Alfred Fockes Forschung und Lehre trat immer wieder das situationsgesellschaftliche und kirchenkritische Element in den Vordergrund. Er war auch sehr gefragt als einer der seltenen wirklichen Kenner des so genannten „phantastischen Realismus". Darüber gab es viel wichtigtuerisches Oberflächengeschwätz von gelangweilten, exotisch auftretenden Dilettantinnen mit wehendem Haar, die sich störend explosiv in unsere Arbeitsgruppen Einlass verschafften und zu Wort meldeten. Das Erlebnis von Alfred Fockes meisterlicher Moderation solcher brodelnder „Hexenkessel" von Türen schlagenden Feministinnen war ein Genuss. Hier schnitten sich die Linien von Kunst und Religion. Das alte Thema im neuen Zeitgewand der herauf gerückten Jahre! Gertrud von le Fort war noch sehr im Gespräch, jedoch, neue Töne mischten sich ein. Alfred Focke unterschied ebenso feinsinnig wie scharf. Die Wogen gingen hoch, wenn er kirchliche Bürokratisierung und Pragmatisierung in diesem Bereich ablehnte. Auch die immer schlechter, flüchtiger werdende Qualität der literarischen Forschung besorgte ihn. Neue, eher sensationsgierige „Fachleute" machten Beute auf einem Kampffeld, wo man sich schonungslos duellierte. Der „Kampf der Geschlechter" trat deutlich in eine schärfere Phase. Die Auseinandersetzung mit der „Pille" begann.

Durch meinen zweiten Bruder, Walter Eschbach, der sich in der Universität Rostock als Facharzt für Gynäkologie und Geburtshilfe habilitiert hatte, erhielt ich fachlichen Aufschluss über die Entwicklung und nunmehr „befreiende" Wirkung des Mittels. Der Meinungsstreit darüber schlug immer höhere Wellen. Walter hatte inzwischen in einem Berliner Forschungszentrum für Geschwulsterkrankungen die Leitung der dazu gehörenden Frauenklinik übernommen. Während eines Besuches dort wurde ich unfreiwillig Zeuge einer hitzigen Debatte zwischen jungen Assistenzärztinnen und –ärzten. Einer von diesen sagte schließlich: „Was sollen wir denn noch ausrichten vor den hier ungehemmt zu Tage tretenden Mordgelüsten einer weiblichen Soldateska?" Ein Sturm der Entrüstung brandete auf. Ich erschrak. So einen emotionalen Tumult hatte ich noch nie erlebt. Walter belehrte mich am Abend sehr sachlich als Wissenschaftler, wie man zur Entdeckung des ursprünglich ganz anders eingesetzten Mittels gelangt war. So ruhig und nüchtern seine Erklärungen auch waren, sah er doch klar, welches Höchstmaß an Verantwortung für das menschliche Leben von christlichen Wissenschaftlern künftig gefordert war. Walter berichtete mir in diesem Zusammenhang, dass der Berliner Kardinal, Alfred Bengsch, Verbindung mit ihm aufgenommen habe, um fachärztlichen Aufschluss im anstehenden heftig diskutierten Fragenkreis zu erhalten. An einem Sonntagnachmittag ergab sich die Gelegenheit, dem Kardinal zu begegnen. Er meldete sich überraschend in der Privatwohnung meines Bruders an, bei dem ich gerade ein paar Tage zu Besuch war. Wir kamen ins Gespräch, und natürlich waren wir im Nu bei Gertrud von le Fort, die er, wie sich jetzt herausstellte, in München persönlich kennen gelernt hatte. Sie war nämlich 1956 seine Mitpromovenda als Dr. theol. bei der Promotionsfeier, wo Gertrud von le Fort der theologische Ehrendoktor verliehen wurde. Wir staunten alle drei, wie eigenartig und hintergründig verwoben manchmal die menschlichen Verbindungen und Beziehungen angelegt und gespannt sind.

Mir gefiel der Kardinal außerordentlich gut. Nach dieser ersten Begegnung sah ich ihn nur noch einmal kurz nach einer Firmung. Leider war er sehr krank, unheilbar. Walter wusste es, rechnete als Facharzt mit dem baldigen Ende, das viele völlig überraschte. Walter haderte damals mit der ärztlichen Ohnmacht, sprach anklagend von einer „tief verfehlten" Schöpfung. Er trauerte um den Kardinal wie um einen verlorenen unersetzlichen Freund.

Inzwischen war das neue Modewort „Selbstverwirklichung" in aller Munde. Ein sich selbst hetzendes Zeitalter mit sich jagenden und vor allem einander widersprechenden Modeströmungen befreite die Menschen nicht, es macht sie krank. Die Erforschung der so genannten „emotionalen Stressoren" deckte den psychologischen Zusammenhang der Ganzheit Mensch auf. Kirchlicherseits versuchte man, gegenzusteuern. Worin besteht christliches Menschsein? Kurse über Kurse, zum Teil zu „Höchstpreisen" mit hoch bezahlten „Profis" werden angeboten und bezahlt. In Wien stellte sich Focke. Von Basel kamen die unüberhörbaren Klarstellungen und Mahnungen von Hans Urs von Balthasar und Adrienne von Speyr.

Papst Pius XII. war gestorben – mit ihm versank eine Ära. Er hatte Gertrud von le Fort noch eine ehrenvolle Anerkennung für ihr Gedicht „Der Löwe von Münster", Bischof Graf von Galen, zugehen lassen. Mit seinem Nachfolger (seit Oktober 1958), Johannes XXIII. begann das Konzil. Der gütige Pontifex starb darüber. Paul VI. führte die konziliare Bewegung weiter.

Alfred Focke hatte ein großes Werk über das Schaffen der Gertrud von le Fort vorgelegt. Es wurde 1956 der achtzigjährigen Dichterin gewidmet. Erschienen ist es 1960. Die Dichterin selbst hatte ihn sehr entgegenkommend bei seiner Untersuchung mit Auskünften und Ratschlägen unterstützt. Bezeichnenderweise schrieb sie dem Autor als Widmung Verse aus den „Hymnen an die Kirche" (S. 19 f.) in das vorgelegte neue Werk:

> „Deine Stimme spricht:
> Ich war die Sehnsucht aller Zeiten,
> ich war das Licht aller Zeiten,

ich bin die Fülle der Zeiten.
Ich bin ihr großes Zusammen,
ich bin ihr ewiges Einig.
Ich bin die Straße aller ihrer Straßen:
auf mir ziehen die Jahrtausende zu Gott."

Nach meinem Vortrag, den ich am 11. Oktober 1976 zum 100jährigen Gedenken im Festsaal des Oberstdorfer Kurhauses hielt, gratulierte Pater Focke mir besonders herzlich. Er war von Wien zum Jubiläum herübergekommen. Nach den Feierlichkeiten wollte er noch im Walsertal wandern. „Das hier haben Sie gut gemacht", sagte er anerkennend, wandte sich ab und wies auf die Menschenschlange hinter sich. „Die wollen Sie noch alle sprechen. Ich melde mich wieder." Und fort war er.

Es dauerte nicht lange, bis er mich zu einer Bergtour einlud. Er hatte mich in Murnau abgeholt. Von dort ging es nach Ettal und dann weiter aufwärts. Wir hatten beide viel Freude an den lebhaften Gesprächen unterwegs und bei der Rast. Pater Focke liebte bei seinen Unternehmungen im Hochgebirge das Risiko. Ich erhielt eine Reihe Einladungen, die mir aber für mich zu gewagt erschienen, hatte sich doch bei der letzten Wanderung, die ich mitmachte, beim Aufstieg schweres Nasenbluten eingestellt. So musste es meinerseits bei den Absagen bleiben, auch bei der letzten Unternehmung: Pater Focke hatte sich im Sommer 1982 in die Osttiroler Dolomiten aufgemacht. Meine Freundin Trude informierte mich über die Nachricht in der Wiener Kirchenzeitung: „Seit dem 15. August wird Pater Focke vermisst. Nach menschlichem Ermessen besteht kaum Hoffnung, den Geistlichen lebend zu bergen."

Tatsächlich kehrte er nicht zurück. Es gab nur noch im gleichen Blatt die Ankündigung: Am 10. September 1982, 17.00 Uhr, wird die Heilige Messe für den Vermissten in der Wiener Universitätskirche gefeiert. Ich habe sehr um Alfred Focke getrauert, den guten noblen Freund, den ich schätzen gelernt hatte. Ich vermisste natürlich auch den Mitstreiter von so hohem fachlichen Rang.

V. Promotion in schwieriger Zeit

Nach meiner Rückkehr von Oberstdorf wusste jeder in der Habbel-Buchhandlung durch die betreffende Mitteilung von Josef, wie knapp ich in München in dem am Englischen Garten gelegenen Studentinnenheim Irmengard, Königinstraße 53, dem Tode entronnen war. Josef hatte von Vater Joachim ein „Kriegstelegramm“ erhalten: „Maria in München, Königinstraße 53, suchen gehen“, nachdem im „Wehrmachtsbericht“ der Phosphorbombenangriff mit Angabe der angegriffenen Straßen und Hausnummern gemeldet worden war.

Ich wohnte im obersten Stock des Studentinnenheimes neben einer Konabiturientin, die mir die Unterkunft vermittelt hatte. Gegen 23.00 Uhr wurde mit Sirenengeheul der Anflug der feindlichen Bomber angekündigt. Wir saßen noch im Zimmer von Helga Nießen zusammen und stritten uns heftig. Sie war als überzeugte Nationalsozialistin schon früh in die Partei eingetreten und dort zu Ansehen gelangt. Das goldene Parteiabzeichen, das sie fast immer trug, reizte und provozierte mich. Dennoch: So sehr wir uns weltanschaulich unterschieden, es gab nie einen Zweifel an der verlässlichen Klassenkameradschaft, die uns zwölf Eschweiler Abiturientinnen vom Liebfrauen-Gymnasium verband. Das ist bis zum heutigen Tag so geblieben. Inzwischen sind wir nur noch fünf bei den Zusammenkünften in Eschweiler, wo wir uns immer noch streiten und lachend versöhnen.

Gott sei Dank waren wir an jenem Bombenabend bald nach dem Sirenengeheul mit unserem stets griffbereiten Katastrophengepäck hinunter ins Erdgeschoss geeilt, als auch schon die Wucht eines Volltreffers das Haus zum Einsturz brachte. Es gelang uns in allerletzter Minute, im Keller des Hauses den vorgeschriebenen so genannten „Durchbruch“ zum Nachbarhaus zu erreichen. Schon spürten wir den Druck der niedergehenden Steinmassen über uns. Die Szenen vor dem rettenden „Loch“ in der Kellerwand sind unauslöschlich in meinem Innern eingeprägt: Todesangst hatte die Flüchtenden – also uns selbst, uns alle – verwandelt. Sie schrieen und trampelten eine Frau fast tot, die als erste im Durchbruch gehangen und ein sperriges Gepäckstück auf die andere Seite zu ziehen versucht hatte. Die Rasenden rissen sie und den Koffer zur Seite, drängten sich selbst durch die Maueröffnung. Wenig später lag ich neben Helga Nießen mit Rauchvergiftung auf einem Rasenstück im Englischen Garten, den Koffer noch an meiner Hand. Die Luft war dunkel von seltsamen Flocken, das Atmen machte Mühe.

Die vorgesehene Arbeit im Münchener Beckstein-Verlag war nicht möglich. Das Gebäude war beschädigt, die Türen mit Holzwerk verrammelt. Ich versuchte, einen Zug nach Wien zu bekommen. Es hieß, das Bahngelände sei von den Bomben getroffen, die Umleitung der Züge müsse abgewartet werden. So wanderte ich in Richtung Waldtrudering und ließ mich irgendwo an einer Bahnböschung nieder. Irgendwann muss ein Zug gekommen sein. An der zitternden Erde merkte ich, wie er sich langsam näherte. Wir waren zu dieser

Zeit schon daran gewöhnt, uns den Lokomotivführern durch Winkzeichen bemerkbar zu machen und auf ihr Geheiß mitten auf der Strecke einzusteigen. Ich hatte Glück und befand mich in einem durchgehenden Zug nach Wien, wo ich am nächsten Tag am Westbahnhof ankam. Hier wirkte alles ganz normal und friedlich. Es war fünf Uhr morgens, als ich beim widerhallenden Glockenschlag einer Kirchturmuhr über den leeren Stefansplatz schritt, um ins „Durchhaus" der Habbel-Buchhandlung einzubiegen. In diesem Moment stand ich vor meinem Bruder Josef, der sich gerade aufgemacht hatte, um mich in München zu suchen. Keiner sagte ein Wort. Wir lachten einfach. Er begleitete mich noch bis zu meinem Quartier in der Ballgasse 4.

Hier öffnete ich mein Köfferchen und zeigte ihm das Inselbändchen Nr. 210, Leipzig 1943, welches Gertrud von le Fort für mich signiert hatte: „Das Gericht des Meeres." Es hatte mit mir den Sturm in München überlebt. Es sollte auch die weiteren Katastrophen durch den Krieg überstehen sowie auch die sich anschließenden Umzüge und unruhigen Jahrzehnte bis zum heutigen Tag. Der Einband ist inzwischen beschädigt, die Tinte in den Schriftzeichen der Dichterin auf der ersten Seite verblasst; jedoch ist die Widmung mit dem Datum noch lesbar.

Die Erinnerung, wie sie an ihrem Schreibtisch saß und schrieb, bewegt mich. Ich lege meine Hand an die Stelle, wo die ihre lag, als sie mich beim Schreiben ansah. Sie hatte mit ihrem Zitat „es war ihr, als sei Gott Mensch geworden" die eigentliche Mitte dieser wunderbaren Erzählung zu Papier gebracht und mir zur Betrachtung zugereicht – zur lebenslangen Betrachtung: Zur Menschwerdung reifen.

Bei meinem Erscheinen in der Buchhandlung musste ich meinen jesuitischen „Kameraden" immer wieder von den Tagen in Oberstdorf bei Gertrud von le Fort und dem Phosphorbombenangriff auf München erzählen. Jeder von uns, vor allem mein Doktorvater, wusste, dass die Zeit drängte. Wer konnte in diesen Tagen wissen, ob es überhaupt noch zur Fertigstellung der Untersuchung, zu den mündlichen Prüfungen, zum endgültigen Abschluss der Doktorprüfung kam. Eine Hiobsbotschaft jagte die andere. Wahre und falsche Meldungen erreichten uns in diesem Frühling und Sommer.

Ich hatte Gertrud von le Fort später von meiner Rückkehr nach Wien, von meinem Entkommen aus der Königinstraße berichtet. Am 25. Juli 1944 antwortete sie: „Wissen Sie noch, welche Unruhe ich um Sie hatte? Es war wie eine Ahnung…" und weiter: „Diese Nacht werden Sie nie vergessen." (2. Teil des Briefes vom 8. Oktober 1944): Im zweiten Teil des Briefes geht sie näher auf meine frühen Gedichte ein, die ich ihr überlassen hatte. Sie umkreist sie in vorsichtiger Beurteilung, bezeichnet sie als nicht hoffnungslose „Ansätze", ermuntert aber fortzufahren, strenge Disziplin zu üben, das Wort nach langem Warten und Lauschen in der eigenen Wesenstiefe zu vernehmen und als anvertrauten Anruf zu formen: „Dienen Sie der Kirche mit Ihren Liedern!"

Inzwischen war der 20. Juli gekommen, und wir standen vor dem missglückten Attentat auf Hitler. In der Buchhandlung steckten sie die Köpfe zusammen. Pater Delp SJ, dem ich hier kurz begegnet war, hatte man verhaftet. Mein Bruder Josef verwies auf unseren Onkel Peter Buchholz, der als Gefängnispfarrer in Berlin-Plötzensee die „Kriegsverbrecher" zur Hinrichtung begleiten musste. Später in den frühen 50er Jahren war ich häufiger mit ihm in Bonn zusammen. Er erzählte von seinen Erlebnissen, vor allem aus der letzten Berliner Zeit, die ihn geprägt hatten. Es war sein großes Anliegen, dass im politischen Neuaufbau Nachkriegsdeutschlands der Mut und Opfersinn unserer Märtyrer als das innere Leitende im neuen Staatswesen wirksam werde, dass lebendige Strahlkraft ein schuldig gewordenes Volk erneuere.

Seine Hoffnung erfüllte sich nicht. Er wurde vielmehr selbst zum Opfer, als 1963 die Aufregung über Rolf Hochhuths Bühnenstück „Der Stellvertreter" kirchliche Kreise auf den Plan riefen. Im Textbuch der fünften Auflage bei Rowohlt steht auf S. 23: „Fragen Sie Pfarrer Buchholz…" Der Hessische Rundfunk bedrängte ihn auf diese Stelle hin mit Fragen. Die Aufregungen waren Gift für sein krankes Herz. Er wurde plötzlich ins Bonner Marienhospital eingeliefert, wo er kurz darauf verstarb.

Trotz der nicht abreißenden Widrigkeiten und der sich deutlich mehrenden Luftangriffe gelang es mir, wieder in die le Fort'sche Hymnenwelt einzutauchen. Professor Nadler hatte inzwischen vorgeschlagen, die Arbeit an den Deutschlandhymnen zurückzustellen und mich zügig um den Abschluss der Erschließungsarbeit der „Hymnen an die Kirche" zu bemühen. Bis Dezember war ich soweit. Doch wo sollten die für das Diplom erforderlichen sechs Exemplare geschrieben werden, wo sollten sie gebunden werden? In welchem Schreibbüro war es möglich, die großen Faltblätter mit der Darstellung des von mir herausgefundenen Aufbauprinzips der Hymnen herstellen zu lassen? Dazu kam die Papierfrage. Zu dieser Zeit war es knapp und von schlechter Qualität. Das Ganze war ein großes Problem. Die meisten guten Fachbetriebe hatten wegen Einzugs der Männer zum Wehrdienst geschlossen.

Während der Suche in Wien erreichte uns ein Anruf meines Vaters. Er meldete sich aus seiner Heimat vom elterlichen Gehöft in Pleiserhohn-Oberpleis im Siebengebirge. Am 6. Juni 1944 war den Alliierten die Invasion in der Normandie und der Vormarsch nach Deutschland gelungen. Im Herbst hatten die Amerikaner Aachen eingenommen und drängten weiter ostwärts ins rechtsrheinische Gebiet. Unerwartet kam es aber zum Stillstand. Eschweiler lag indessen unter ständigem Beschuss, so dass immer mehr Bewohner flohen. Dann kam der offizielle militärische Befehl, die Stadt zu evakuieren. Mein Vater, der Stadtkämmerer verließ sie als letzter Verantwortlicher und eröffnete die städtische Ersatzverwaltung in der Schule von Westerhausen/Sieg, einem Nachbarort von Pleiserhohn. Mit Pferdewagen und Autos, zum Teil zu Fuß, war der Treck eine Woche lang unterwegs gewesen. Mein Vater hatte die Flüchtlinge in den Höfen am Fuß und am Hang des Ölbergs einquartiert.

Das alles berichtete er in seinem Telefonat nach Wien, um Josef und mir seinen neuen Standort mitzuteilen. Als ich ihm von dem fertigen Manuskript der Dissertation berichtete und von der Schwierigkeit, die sechs Exemplare zur Vorlage in der Universität vorzubereiten, wusste er sofort den Ausweg. „Komme sofort mit den Unterlagen nach Pleiserhohn. Wir haben die großen städtischen Maschinen, das Papier, das Personal in Westerhausen. ... Hier können die erforderlichen Exemplare geschrieben und gebunden werden."

So brachte mich Josef entgegen ganz anderen Plänen einer weihnachtlichen Ostpreußenfahrt an den Westbahnhof. Durch Professor Nadler war ich mit einer anderen Doktorandin bekannt geworden, die an einer Dissertation über das Werk des ostpreußischen Dichters Ernst Wiechert schrieb. Sie stand mit ihm in persönlicher Verbindung, und wir beide wollten ihn in den Weihnachtsferien aufsuchen.

Zu dieser Zeit wusste man längst nicht mehr, ob man sein Reiseziel mit dem Zug überhaupt erreichte. Die amerikanischen und britischen Tiefflieger griffen ständig neue Bahnstrecken an. Es ergaben sich Umlegungen, oft abenteuerliche Umwege. So war ich fast eine Woche mit meinen „Blättern" im roten Aktenordner unterwegs, saß unter deutschem Militär in kalten Zugabteilen. Eine seltsame Zuversicht erfüllte mich. Ich war froh, dass die Erschließungsarbeit beendet war. Jetzt war ich unterwegs zu meinen Eltern. Davon erzählte ich den Soldaten, die von der Ostfront in Urlaub fuhren. Sie hörten aufmerksam zu. Keiner trat mir zu nahe. Schließlich hatte ich Hennef/Sieg, das von meinem Vater genannte Reiseziel, erreicht. Es war der 24. Dezember 1944, Heiligabend. Die Dämmerung fiel ein. Einer der Soldaten war mit ausgestiegen. Der Bahnhofsvorsteher ließ mich telefonieren. Es gab keinerlei Busverbindungen ins höher gelegene Pleiserhohn. Ich erreichte meinen Vater. Er gab Anweisungen, wie der bevorstehende Fußmarsch aufwärts führen sollte. Ich befand mich hier in einem mir weitgehend unbekannten Gelände, über das ich nur unzulänglich aus früheren Ferienaufenthalten bei den Pleiserhohner Verwandten Bescheid wusste. Zudem führte der ansteigende Weg durch dichtes Waldgebiet. Ich berichtete meinem Vater von dem mitausgestiegenen soldatischen Urlauber. Er zögerte, sagte dann aber: „Gib ihn mir!" Der Soldat nahm den Hörer und reichte ihn dann nochmals zu mir: Vater Joachim sagte: „Ich mache mich jetzt auch auf den Weg und komme euch von oben entgegen. Wir wollen die ganze Zeit singen, dann können wir uns in der Dunkelheit nicht verfehlen." So zogen wir in die Heilige Nacht hinein und begannen zu singen.

Ab und zu wurde der Himmel über uns von den so genannten „Christbäumen" erhellt, militärischen Lichtsignalen, die je neu aufblitzten, wenn die „Feindflieger" ihre Angriffszeichen setzten. Weiter weg war der Horizont blutig rot. „Das wird Köln sein", sagte der Soldat, „da geht es wieder sauber zu!"

Inzwischen hatten wir den dichten Wald und schließlich die Scheitelhöhe erreicht. Plötzlich hörte ich die Stimme meines Vaters. Was sang er denn da? Oben auf der Höhe war es eisig kalt. Der Sturm fegte die Liedfetzen davon. Trotzdem erkannte ich einen Teil seines Lieblingsliedes „Sag mir das Wort ..." Später, während seiner sechsjährigen Krankheit, die 1956 mit seinem Tod endete, wünschte er sich oft bei der sonntäglichen Hausmusik dieses Lied.

Es war gewöhnlich der Abschluss. Ich sang es mit Klavierbegleitung oder spielte es auf der Geige. Der Schlussvers „lang, lang ists her“ klingt, während ich die Erinnerungen zu Papier bringe, wie ein wundersames Echo über die Zeitenbrücke hinweg nach ... Wir hatten uns gefunden – *singend.* Ist es nicht sonderbar, dass jetzt, wo ich schreibe, wieder der 24. Dezember – Heiligabend – nur 60 Jahre später, 2004, ist?

Aber kehre ich wieder in das Jahr 1944 zurück: In Pleiserhohn übernahm mein Vater das Manuskript und fragte: „Ist es lesbar?“ Ich bejahte. Er selbst hatte uns vier Kinder stets angehalten – und auch entsprechend kontrolliert –, uns an eine „schöne“ Schrift zu gewöhnen. Sobald ich meinem Vater den Aktenordner ausgehändigt hatte, fiel die Arbeit völlig von mir ab. Vielleicht war es die Folge meiner totalen Erschöpfung und Überforderung.

Ich erkundigte mich nur nach meinem Motorrad: „Konntest du es mitbringen“? Ist es gerettet?“ Ein Bauer namens Hofs von Patternhof hatte es auf seinem Pferdewagen mitgebracht. „Es steht in der Scheune.“ „Gibt es Benzin zum Fahren?“ Mein Vater nickte. Nirgendwo sonst gab es zu dieser Zeit noch Benzin für Privatfahrzeuge. Und so kam es, dass ich am Nachmittag des ersten Weihnachtstages mein Motorrad bestieg und über die verschneiten einsamen Felder fuhr, immer im Angesicht des weiß verschneiten Ölbergs, dem höchsten Berg im Siebengebirge. Hier und da gab es Benzin-„Spenden“ „hinter der Theke“. Man hatte Verständnis, selbst meine Mutter – und das bedeutete viel – machte keine Einwände. Dann war allerdings plötzlich Schluss, als ich mich in einer vereisten Ackerfurche verfing, ziemlich unglücklich stürzte und mit einem „Pferdefuß“ im Oberpleiser Krankenhaus landete.

„Die sechs Exemplare sind fertig“, sagte mein Vater, als ich in die Pleiserhohner Wohnstube hereinhumpelte, die Tante Anna, die Schwester meines Vaters, uns in der Evakuierung mit einem kleinen weiteren Flügel des alten Bauernhofes zur Verfügung gestellt hatte. Mit dem Sturz und der Behandlung im Krankenhaus waren die Gedanken nun doch wieder auf die verdrängte Arbeit und die dazu gehörigen schwierigen Umstände gerichtet.

Wie sollte es weitergehen? Wie sollten die sechs Exemplare nach Wien kommen? Tante Anna war durch den verbotenen „Feindsender“ angeblich gut informiert und sprach von dem im Osten sich auflösenden deutschen Militär. „Eine Rückreise nach Wien? Zu diesem Zeitpunkt völlig unmöglich“, das hörte ich sie gerade sagen, als ich eintrat. „In Wien ist es ruhig“, widersprach mein Vater. „Die Unterlagen müssen schnellstens in der Wiener Universität vorgelegt werden. Abreise Morgen!“ Jetzt wurde meine Mutter energisch: „Das geht nicht, Joachim – auch schon wegen des Fußes.“ Wie das Gespräch im Einzelnen weiterlief, weiß ich nicht mehr. Jedenfalls traten Vater Joachim und ich am Neujahrstag 1945 die Reise nach Wien an und kamen nach etlichen Auffliegerangriffen, vor allem in Gießen, nach allerlei Umleitungen und Aufenthalten eine Woche später an. Das letzte Wegstück von Salzburg nach Wien legten wir fast luxuriös in einem warmen gepolsterten 1.-Klasse-Abteil zurück. „Hatte ich nicht Recht?“ fragte mein Vater sehr zufrieden, als wir in den Zug einstiegen, „wie im Frieden…“ Ich vergesse die abgespannten Züge im Gesicht des schwer herzkranken Vaters nicht. Er hatte bisher auf der Reise keine Sekunde den „Affen“ – einen Rucksack mit Fellüberzug – mit den sechs Exemplaren abgelegt. Jetzt hatte er ihn auf dem Schoß.

In Wien wollte ich im Taxi sofort meine Studentenwohnung in der Ballgasse ansteuern. Als ich dem Fahrer das Ziel nannte, sagte Vater Joachim sehr bestimmt: „Nein, zum Stefansdom.“ Der Wagen fuhr los. „Ich muss mich doch sehr über dich wundern“, hörte ich meinen Vater murmeln. Dann verstand ich. Im Stefansdom betete er eine halbe Stunde vor der so genannten Dienstboten-Madonna. Dann war es nur noch eine kleine Strecke bis zur Ballgasse 4, wo mein Vater für eine Woche bei meiner Vermieterin Frau Beiler unterkam.

In dieser Woche ging alles genau nach seinem Plan. In einem Schreiben bat er Professor Nadler wegen der Zeitumstände um baldige Prüfung und Benotung meiner Arbeit sowie um Vermittlung der baldigen Festsetzung der mündlichen Prüfung. Das Schreiben wurde natürlich in der Habbel-Buchhandlung abgefasst. Wieder waren alle versammelt. Den Jesuiten erzählte mein Vater, er habe als junger Mann die „aloisianischen“ Sonntage gehalten und sich, als meine Großmutter ihm die Verbindung zu meiner Mutter Emma Delhey untersagte, als „Bruder“ bei den Jesuiten in Valkenburg/Holland angemeldet. Alles lachte. Vater Joachim gewann in der Buchhandlung bald weitere Freunde, als er dem einen oder anderen einen der so genannten „Bezugsscheine“ für Mantel, Anzug oder Hut zustecken konnte, die er, von der Eschweiler Ersatz-Stadtverwaltung ausgestellt, bei sich hatte.

Für sich selbst hatte er an einen neuen Hut gedacht. In einem Fachgeschäft auf der Kärntnerstraße war bereits ein schöner Velourhut auf seinem Kopf, als der Verkäufer ihm den Bezugsschein zurück reichte und sagte: „Tut mir leid, der Schein ist auf einen Damenhut ausgestellt.“ Mein Vater setzte den herrlichen Markenhut wieder ab, entschuldigte sich lächelnd und überreichte mir den Bezugsschein. Am nächsten Morgen reiste er ins Rheinland zurück. Josef begleitete ihn auf dieser Reise, die sie über die Tschechei führte und Josef schließlich ein unverhofftes Wiedersehen mit Mutter Emma verschaffte. Professor Nadler setzte seinerseits alles daran, das Promotionsverfahren zum Abschluss zu bringen. Die Termine für die mündlichen Prüfungen rückten heran. Es wurde gelernt, bis die Köpfe „rauchten“. Wieder versank die kriegerische Welt. Mit meiner Wiener Freundin und Studienkollegin Trude Puličar lernten wir zu zweien, hörten einander ab, und zwar in Döbling im Hause Puličar, Döblinger Hauptstraße 13 A. Trude hatte bei Nadler eine Dissertation über Eichendorff und seine Beziehungen zu Wien verfasst und stand mit mir zusammen auf der Liste der zu prüfenden Doktoranden. Im Elternhaus von Trude begegnete ich einer kranken geistig behinderten Tante, die von ihren Verwandten aus der Anstalt in die Familie geholt worden war, um sie vor den Tötungsgesetzen der Nazis zu schützen. Die Empörung über die Menschenverachtung der Machthaber brannte wieder in mir auf, wenn ich die stille verstörte Frau in der Ecke freundlich ansprach. Wir aßen zusammen. Manchmal lächelte sie mich an.

Die Prüfungen bei Professor Nadler und Professor Ritter von Srbik verliefen günstig. Die letzte Prüfung bei Professor Dietrich von Kralik, Sohn des berühmten Richard von Kralik, war wegen eines nächtlichen Fliegerangriffes auf den Nachmittag verlegt worden. Es war die ausführlichste und schwierigste im Bereich der älteren Germanistik und erstreckte sich ins Gotische, Alt- und Mittelhochdeutsche. Der Prüfer Professor von Kralik war 1945 in sein letztes Dienstjahr getreten. Sein Vater war wegen des so genannten katholischen Literaturstreites bekannt geworden. Dieser Streit wurde zwischen Wien und München ausgetragen. Gertrud von le Fort fand später nach ihrer Konversion über die Münchener Vertreter, insbesondere Carl Muth und seine Hochland-Bewegung, ihren ganz eigenen künstlerischen Ort in der Kirche.

Insgeheim hatte ich vor der Prüfung bei Professor Kralik befürchtet, er käme auf den Literaturstreit zwischen Wien und München zu sprechen. Ich hatte nämlich in meiner Dissertation darauf hingewiesen. Gott sei Dank war das aber nicht der Fall. Viele Jahre später stand Professor Dietrich von Kralik wieder lebendig vor mir, als ich im Gespräch mit Hans Urs von Balthasar erfuhr, dass er als junger Student in seinen ersten Semestern in Wien auch eine Art Zwischenprüfung bei dem damals natürlich noch jungen Professor von Kralik abgelegt hatte. Wir schauten uns bei dieser Feststellung verdutzt an, als uns klar wurde, er, von Balthasar gehörte seinerzeit zu den ersten Schülern von Kralik, und ich war definitiv seine letzte Schülerin; denn zwei Tage nach meiner feierlichen Promotion im Festsaal der Universität wurde diese und das ganze philosophische Dekanat, wo ich geprüft worden war, von einem Volltreffer in Schutt und Asche gelegt.

Der Termin für die feierliche Promotion wurde auf den 7. März 1945, 11.00 Uhr festgesetzt. Jetzt spürte man den Frühling schon in den Straßen der Stadt. Jeder Doktorand erhielt in der Feierstunde sein Diplom und dazu eine schwarze Schutzhülle aus Karton. Ich trug die Rolle überglücklich in die Ballgasse wie eine Trophäe. Nach dem oben erwähnten Angriff auf die Universität bekam mein Diplom in der Hülle eine eigene Bedeutung – es sah fast wie ein verhülltes Schwert aus. Bei der Betrachtung des Universitätssiegels unten auf dem Diplom richteten sich meine Augen immer wieder auf das fette Hakenkreuz, das die Mitte des Stempels ausfüllte. Wie unter Diktat stellten sich Verszeilen ein, die sich in dem bis heute erhaltenen winzigen Notizbuch nachlesen lassen. Ich bleibe noch eine Weile in der Schau des „falschen Kreuzes“ auf meinem Dokument. Die alten verblichenen Verszeilen aus den später Märztagen 1945 halten fest: „Siehe, das Kreuz hat Flügel bekommen …“

VI. Die Flucht

Der Plan, in Wien zu bleiben und dort das Kriegsende zu erwarten, wurde aufgegeben, als bekannt geworden war, dass fürs erste nach dem Einmarsch der russischen Truppen mit großen Schwierigkeiten zu rechnen war.

In diesen Tagen neuer Überlegungen sagte Josef beim Mittagstisch auf einmal: „Es hat sich eine wunderbare Lösung für dich ergeben. Pater Lieske (der mir in den zurück liegenden Jahren vertraut und lieb gewordene Jesuit, der meine Arbeit sehr unterstützt hatte) nimmt dich mit zu einer adeligen Dame, die bereit ist, auch dich in ihrem Schloss aufzunehmen."

Ich hatte schon gehört, dass Pater Lieske – inzwischen auch den Nazis höchst verdächtig – wegen drohender Verhaftung Wien verlassen sollte.

„Ihr fahrt mit einem Schiff die Donau aufwärts." Weder Name noch Ort wurden genannt. Ich war zunächst sprachlos, nickte dann aber, denn die wilden Gerüchte über die Greueltaten der vorrückenden russischen Kampftruppen beängstigten mich. Noch in derselben Nacht musste Pater Lieske Hals über Kopf Wien mit einem Pkw verlassen, nachdem die SS das Schiff, in dem wir mitfahren sollten, entdeckt und beschlagnahmt hatte. Der Schrecken saß tief. Wie oft hatte ich schon gefragt, wie soll es weiter gehen?

Ich fuhr zum Westbahnhof, um mich zu erkundigen, ob es noch möglich sei, mit dem Zug aus Wien herauszukommen. Wir waren jetzt in der Karwoche, und ein Tag war schöner als der andere. Bei der Bahn-Information gab es nur vagen Bescheid. Es herrschte Ratlosigkeit, Improvisation. Auf der Rückfahrt in die Innenstadt blieb die Straßenbahn plötzlich stehen. Die Sirenen heulten, kündigten wieder die „Feindflieger" an. Wir standen auf der Mariahilfstraße. Die Menschen beeilten sich, in die nächstgelegenen Schutzräume zu kommen. Alles lief durcheinander. Jemand drängte mich aus dem Weg und brachte mich zu Fall. Ich konnte nicht mehr aufstehen. Der Fuß, dieser seit dem Sturz in Pleiserhohn verflixt schwache Fuß war schon wieder „verknaxt". Da wurde mir das ganze Elend dieser Zeit, die Ohnmacht und Ausweglosigkeit in der Kriegsnot bitter bewusst. Keiner war mehr in der Nähe, die Straße wie leer gefegt. Man hörte das grauenhafte Dröhnen der sich nähernden Flugzeuggeschwader. Instinktiv zog ich den Kopf ein und versuchte, ihn mit den Armen gewissermaßen als „Haupt"-sache zu schützen. Als ich dabei mit der Hand das Gesicht streifte, bemerkte ich, dass es tränennass war. Dann wurde ich plötzlich ganz ruhig. Ich bat den Schutzengel dringend um Hilfe. Die Bomber flogen über uns hinweg, weiter nach Wiener Neustadt, wie ich später hörte. Dann half mir eine Frau aufzustehen. Sie führte mich zu einer Bank. Meine „Retterin" rief Josef im Geschäft an. Er kam mich abholen. Mit diesem Unfall war nun alles noch komplizierter geworden. Zudem häuften sich jetzt die Angriffe. Wien sollte sturmreif bombardiert werden.

Ich war seit dem Sturz nun nicht mehr in unserem üblichen Luftschutzkeller am Stefansdom, sondern am selben Ort noch ein Gewölbe tiefer, einem angeblich mehr Sicherheit bietenden Untergeschoss aus der Zeit der Kaiserin Maria Theresia. Hier befand ich mich unter vielen unbekannten hohen Geistlichen, die vor dem Allerheiligsten in der Mitte des Raumes – nur von einigen Kerzen erhellt – beteten. Die Zeit verging im Fluge. Hier entstand mein Gedicht „Nächtliches Offizium“:

> „Nächtliches Offizium,
> spärlich flackern kleine Kerzen.
> Abgrundtief treibt das Gebet
> namenlos im Sog des Abfalls.
> Steine schwitzen Angst und Blut.
> *Tiefer*, unter Widerstreit,
> bildet sich ein heiliger Mensch.“

Ich erinnere mich genau, dass ich vom inständigen Gebet dieser Kirchenmänner mitgetragen wurde und mich vor allem auf den „Wogen“ der Allerheiligen-Litanei „obenauf“, ja, glücklich fühlte. Diese Männer erschienen mir als Verteidiger des „kleinen“ Agnus Dei unter dem Kelch-Tuch. Ich erlebte hier die erlösende und befreiende Praxis des Gebetes. Hier waren alle Geltungsansprüche verflogen. In diesem unterirdischen Schutzkeller drückten Kirchenvertreter bescheiden und demütig aus: „Wenn wir alles getan haben, was uns aufgetragen war und was wir hier und heute tun konnten, dann waren wir gleichwohl unnütze Knechte“ (vgl. Lk 17,10).

Am Ostersonntagmorgen (1945) stand ich in aller Frühe mit großem Gepäck in einer Menschenmenge auf einem Bahnsteig in Wien-West, wo ein D-Zug nach Salzburg angekündigt war. Ich hatte meine ganzen Habseligkeiten in einem großen Sack verstaut, den ich mir aus einer braun-rot-karierten Wolldecke zusammengenäht hatte. Mit festen Ledertragriemen, die mir ein Schuster in der Ballgasse gefertigt hatte, konnte man den Sack auf dem Rücken tragen. „Hab“-seligkeiten?

Aus der Verschnürung des Sackes ragte die schwarze Schutzhülle um das Doktor-Diplom hoch, mein „Schwert“. Das musste ich im Auge behalten.

Eine gewisse „Seligkeit“ hatte ich zurück lassen müssen, nämlich – meine germanistische Fachbibliothek. Mit Hilfe des Verlegers Habbel war ziemlich viel zusammen gekommen, und ich war stolz auf diesen Schatz, um den mich meine Studienkollegen beneideten. Bei der Eroberung und Plünderung der Wiener Innenstadt ging er verloren. Danach habe ich mich nie wieder um eine so „lückenlose“ Fachbibliothek bemüht.

Der Zug lief ein. Er war schnell überfüllt. Wir kamen aber nur eine Station weiter, nämlich bis nach St. Pölten. Fliegerangriff. Alle Fahrgäste mussten aussteigen, suchten Deckung. Ich befand mich im Untergeschoss des Domes, wo schon viele Flüchtlinge auf dem Boden lagen, müde, zermürbt. Dann setzte ein stundenlanges Bombardement ein, zu dem sich immer neue Geschwader einfanden, um sich mit ihrer tödlichen Fracht auf die Stadt zu stürzen.

Die Menschen schrieen unentwegt, Kinder wimmerten. Später befand ich mich in einem Krankentransport mit Lungenkranken, die aus ihrer

Heilstätte vertrieben worden waren und eine andere Klinik ansteuerten. Der begleitende Facharzt informierte mich über die akute Ansteckungsgefahr. Später vermittelte er mich an einen Lastwagen mit anderen Flüchtlingen weiter, wo wir wie die Heringe zusammengepresst stehen mussten. Der Chauffeur verlangte beim Einsteigen eine unglaubliche Geldsumme für eine relativ kurze Strecke bis Wels. Gott sei Dank hatte Josef mir ein Bündel Geldscheine zugesteckt und mich ermahnt, gut darauf aufzupassen, dass ich im Notfall damit schmieren könne.

Inzwischen war mir mein schwerer, klobiger Sack ziemlich lästig geworden. Vor einer zusammengebrochenen Brücke stand ich unter ratlosen Menschenmassen. Plötzlich sah ich ein deutsches Militärfahrzeug, das nicht vorankam. Ich konnte mich bemerkbar machen. Ein Soldat zog mich mit meinem Sack hoch in den Panzerspähwagen. Wir ratterten los. Ohrenbetäubender Krach überall. Im Innern des Wagens sah ich durch den „Sehschlitz" nach draußen. Die Soldaten mit ihren dreckigen Gesichtern waren angespannt, erwiesen sich aber mir gegenüber als sehr freundlich. In dieser Zeit half einer dem anderen, so gut er konnte.

Sie setzten mich an einem Gehöft ab, wo eine alte Frau mit einem großen Schild „Essens-Ausgabe" neben einem Tisch saß. Auf der Tischplatte stand ein Kessel mit Suppe. Wir begrüßten uns, und sie schöpfte mir in einen Teller Suppe, reichte sie mir. Ich kam langsam wieder zu mir. Dann sah ich den Brunnen. „Da können Sie sich waschen", sagte die Frau, „ich habe auch Seife hingelegt." Sie strahlte: „Vorkriegsseife!" Ich ging zum Brunnen und nahm das wunderbar duftende Stück Seife in die Hände und ließ den Schaum einwirken. Schon lange hatte ich gute Seife vermisst. Es gab sonst nur Ersatz. Plötzlich wünschte ich mir, ich könnte die Kostbarkeit behalten, und schon bemerkte ich auch die aufkommende Versuchung, die Seife wie eine Beute mitzunehmen.

Ich tat es nicht. Ich saß noch eine Weile bei der Bäuerin, die mir sagte, es sei in diesen schweren Tagen ihr Ehrenamt, die an ihrem Haus vorbei ziehenden Flüchtlinge zu verköstigen. Ich habe dieses Verweilen und das ganze Erlebnis nie vergessen. Später habe ich die Szene als Bild für die eigene Aufgabe übernommen: Hungrige speisen, in kriegerischen Zeiten die Not lindern, Nahrung, geistig-spirituelle Kost anbieten, einen Rast- und Ruheplatz für die Flüchtenden einrichten.

Stück für Stück ging die Flucht nach Westen weiter. Schließlich war ich am Chiemsee. In einem alten gepflegten Landhaus wohnte ich bei einer Frau von Keudell. Mein Sack war längst zerfleddert, an einer Stelle aufgerissen. Die Dame des Hauses schenkte mir einen festen Rucksack. Ich räumte um und sah, dass ich bereits den größten Teil meines Gepäcks verloren hatte. Das „Schwert" aber war noch da.

Es drängte mich weiter. Keiner wusste, wie die Frontlinien verliefen. Man wartete auf den Vormarsch der Amerikaner. Es zeigte sich nun zu unserem Staunen, wie vorsichtig und Menschen schonend die US-Truppen vorrückten, im krassen Gegensatz zum deutschen Militär, das jetzt zuletzt in einem aussichtslosen Kampf den überlegenen Amerikanern rücksichtslos uniformierte Kinder und Greise entgegen warf und sie dem sicheren Tode auslieferte.

Josef hatte mir als „Stützpunkt" Nördlingen im Donauried empfohlen und Wallerstein genannt, wo er den evangelischen Pfarrer kannte. Ich fand das Pfarrhaus. Das Ehepaar Rabus nahm mich sofort auf, führte mich in ein Zimmer im ersten Stock. Beim Durchschreiten des Korridors sah ich rechts auf einer alten Truhe eine mittelgroße Muttergottes-Statue, davor einen Strauß mit bunten Blumen. Ich wunderte und freute mich unbeschreiblich. Lebten wir nicht längst in einer unterströmigen Verbundenheit *Einheit* im Glauben? Warum die selbst verschuldete Trennung der Bekenntnisse so streitbar betonen?

„Man hört bereits die Panzer der Amerikaner heranrollen", sagte der Pfarrer. „Das kann jetzt nicht mehr lange dauern." Wir warteten gespannt. Der Sohn des Hauses, der etwa 12jährige Hans Günther, brachte sein Ohr nahe ans Erdreich, das unter den sich nähernden schweren Panzern zitterte. Ich hörte es auch. Vom Turm des Schlosses Wallerstein wehte eine große, weiße Fahne als Zeichen der Übergabe.

Wir hofften nun auf schnelles Vorrücken der Amerikaner – ohne deutsche Gegenwehr. Vergeblich. Der Pfarrer zeigte mir vom Fenster aus den SS-Mann, der die Friedensfahne vom Turm herunterriss und später die in SS-Uniformen steckenden Jungen zum Beschuss um sich sammelte. Er brüllte, und die Schießerei begann. Sofort reagierten die Amerikaner mit Feuersalven. Eine Scheune nach der anderen fing draußen in den Feldern Feuer. Dann brannten die Höfe im Dorf, Ställe wurden geöffnet, um das vor Angst brüllende Vieh herauszulassen. In diesem Durcheinander tauchte einer der Kindersoldaten im Pfarrhaus auf. Todesangst stand in seinen Augen. Er war seinem SS-Gruppenführer entkommen, bat um Unterschlupf.

Nebenan gab es eine kleine Lazarettstation. Der Junge wurde in Windeseile mit Mull verbunden und als Verwundeter getarnt. Doch es half nichts. Der SS-Scherge war hinter ihm her wie ein Besessener: „Wo ist der Kriegsverräter?", tobte er. Er entdeckte ihn, schleppte ihn heraus. Wir waren machtlos. Dann hörten wir auch schon die Schüsse. Später fanden wir den Leichnam an der Friedhofsmauer.

Wenig später rückten die ersten Amerikaner ein. Der Fürst von Wallerstein kam mit einem Offizier, der die Panzereinheit geführt hatte, ins Pfarrhaus. Ich sollte dolmetschen und übermitteln, was von den Dorfbewohnern für die Soldaten, die in Wallerstein ihr Quartier aufschlagen sollten, bereitzustellen war. Vor allem wollten sie duschen. „Shower?" Zu dieser Zeit gab es in Deutschland noch nicht so viele luxuriöse Badeeinrichtungen, an die die Amerikaner längst gewöhnt waren. Insbesondere hier auf dem Lande bei den einfachen Menschen mussten wir jetzt sehen, wie den Wünschen der Eroberer einigermaßen entsprochen werden konnte. Es ging besser, als wir befürchtet hatten. Die US-Soldaten bearbeiteten sich schließlich in den Dorfkellern mit Gummischläuchen, die wir ihnen als „shower“ angeboten hatten. Später hörten wir zufrieden dem Gekreische und Johlen unserer uns sehr menschlich erscheinenden „Badegäste“ zu.

VII. Unterwegs nach Zuhause

Nach den Kampftruppen zogen farbige US-Soldaten ins Dorf. Das anfängliche Verbot, mit der deutschen Bevölkerung in Verbindung zu treten, lockerte sich. Ein lebhaftes Treiben entfaltete sich auf den Dorfstraßen, wenn die meistens zu lauter Musik singenden jungen Soldaten auf den mitgeführten Herden kochten und brieten. Sie warfen Pfannkuchen aus der Pfanne hoch und fingen sie wieder auf. Wir sahen staunend zu, vor allem die Kinder. Vom herrlichen Duft lief uns das Wasser im Munde zusammen. Die Soldaten spielten auch Fangball mit Orangen. Schließlich warfen sie uns munter ihre Köstlichkeiten zu. Sie brachten auch hoch gefüllte Tüten mit Kaffee, Kakao, Milchpulver, Schokolade usw. ins Pfarrhaus. Die Pfarrersfrau wusste, wo Not war und verteilte von dem weiter, was wir erhalten hatten. Ich kam mir wie ins Schlaraffenland versetzt vor. Hans Günther erhielt auf Bitten des Pfarrers von mir Deutschunterricht. Weit und breit waren die Schulen noch geschlossen.

Inzwischen war es sommerlich warm geworden. Die warme Bekleidung, spärlich genug, war in diesen Tagen viel zu schwer, dazu verfleckt und abgetragen. Die Pfarrersfrau hatte mir ein Leinen-Bettuch geschenkt und mir eine Näherin vermittelt, die mir aus dem Leinen ein Kleid zuschnitt. Ich nähte die Teile zusammen und begann, den runden Kragen, „Sattel“ (breiter Gürtel) und Saum mit gelben Kreuzstichen aus Perlgarn zu besticken. Als ich es anzog, fühlte ich mich wie neu geboren.

Inzwischen war es schon Anfang Juli. Immer neues US-Militär durchzog das Dorf. Und Massen von entlassenen „Fremdarbeitern“ waren unterwegs auf dem Heimmarsch nach Russland und Polen usw. Es gab viel Durcheinander, Einbrüche, Diebstähle. Die US „military police“ (MP) war ständig dazwischen.

Von meinen Angehörigen und Freunden wusste ich nichts. Alle Verbindungen waren abgerissen. Die bangen Fragen wuchsen. Waren die Eltern jetzt nach Kriegsende von Pleiserhohn wieder nach Eschweiler zurückgezogen? Waren Walter und Heinz, meine Brüder, aus dem Felde heimgekehrt? Was war aus Marianne geworden? Es drängte mich nun endgültig zum Aufbruch.

Der Pfarrer versuchte mir klarzumachen, dass es bei dem allgemeinen Chaos zu früh sei, Wallerstein zu verlassen. Zudem, so wandte er ein, gäbe es Schwierigkeiten ohne den so genannten „Passierschein“. Ein solcher musste damals, unterzeichnet von der US-Besatzungsbehörde, bei Kontrollen vorgelegt werden. Vorrangig „Landarbeiter“ erhielten diese Ausweise. Ich suchte einen Ausweg. Bei einem russischen Fremdarbeiter begann er. Der Mann verkaufte mir für meine Uhr und Schmuck ein altes, klapperiges Fahrrad, mein Fluchtfahrzeug. Der Russe hatte beide Arme vom Handgelenk an bis fast zur Schulter mit Uhren besetzt. Die Pfarrersfamilie sah, dass ich nicht mehr zu halten war und ließ mich mit vielen guten Ratschlägen und schönem Proviant ziehen. Mein Rucksack mit dem „Schwert“ war auf dem Gepäckständer hinter dem Sattel eingeklemmt. Ich fuhr los, jedoch bald stoppte mich die military police. Ein rotes Kopftuch sollte mich als „Landarbeiterin“ ausweisen. Die zwei Amerikaner erkannten aber sofort den gefälschten Passierschein, dem wir im Pfarrhaus mit einer ausgeschnitzten Kartoffelhälfte auch noch einen falschen Stempelaufdruck verliehen hatten.

Mitsamt meinem Fahrrad und Gepäck musste ich ins Militärfahrzeug einsteigen und wurde zum Gefängnis Miltenberg gefahren. Wir hatten zwar schon miteinander gesprochen, aber meine entschuldigenden Erklärungen galten nichts. Ich befürchtete also Gefängnishaft. Gott sei Dank hatten die US-Polizisten, denen ich natürlich auch berichtet hatte, ich sei seit Ostersonntag unterwegs und wolle nun unter allen Umständen weiter westwärts nach Eschweiler/Aachen-Land, Verständnis für meine Lage. Sie setzten mich vor dem Gefängnis ab. Ich wartete darauf, abgeführt zu werden. Stattdessen kam einer der Polizisten mit einem großen Papp-Becher „Schwedensuppe" zurück, auf der Butteraugen schwammen. Die dicke, süße Suppe, so unerwartet von der „Feindmacht" zugereicht, erweckte neue Zuversicht.

Sie erfüllte sich; denn ich wurde von den Amerikanern als dolmetschende Begleiterin für einen Flüchtlingstransport nach Königswinter am Rhein eingeteilt. Ausgerechnet Königswinter! Mir erschien das wie eine hintergründig ausgeklügelte Reiseroute heimwärts. Der Lastwagen setzte sich bald in Bewegung. Am Spätnachmittag ratterten wir durch Oberdollendorf-Königswinter. Wir hielten – ich wagte es kaum zu glauben – fast genau vor dem Haus meiner Verwandten, der Winzerfamilie Joachim Dreesen!

Die „Fahrgäste" verteilten sich. Ich klingelte an der Haustüre. Es gab einen wunderbaren Bescheid: Meine Eltern waren auf dem Rücktransport zu kurzer Rast hier eingekehrt. „Sie müssen längst in Eschweiler sein", hieß es.

Ich war überglücklich. Es ging weiter. Am Rheinufer stauten sich die Menschen. Vor dem Übergang über die von Königswinter nach Mehlem-Bad Godesberg führende Ponton-Notbrücke wurde jeder Passant von den „Amis" entlaust. Die betreffenden Geräte erinnerten an Fahrrad-Luftpumpen. Endlich auf der linksrheinischen Seite, ging es mit der wieder oder noch immer fahrenden Straßenbahn Mehlem-Bonn nach Bonn, wo ich vor der Weiterreise nach Eschweiler noch meine Freundin Marianne G. suchen wollte. Vom Hauptbahnhof Bonn trottete ich mit Fahrrad und Gepäck zur Noeggerathstraße, wo Marianne zuletzt gewohnt hatte, ehe ich die Katastrophenmeldung erhielt, in Eilendorf/Aachen sei ihr Elternhaus durch einen Luftangriff zerstört worden. Die ganze Familie G., Vater, Mutter und vier Geschwister waren im Keller ums Leben gekommen. Das hatte Marianne mir nach Wien mitgeteilt.

Eine Ordensfrau, die die Türe des Marienhauses öffnete, konnte Bescheid geben. „Sie lebt, ja, ja, - hin und wieder kommt sie hier essen, sie wohnt aber nicht mehr hier." Sie wusste die neue Adresse aber nicht. Sie überlegte. Sie wollte helfen. Dann nickte sie: „Rufen sie die Armen Seelen an." Ich verstand nicht recht. „Doch, doch, machen Sie das. Die Armen Seelen werden Sie führen." Mit den Armen Seelen hatte ich keine Erfahrung bisher. Aber warum es nicht einmal versuchen?

Ich zog die Poppelsdorfer Allee hinunter, Richtung Schlossweiher. Es waren nur wenige Menschen unterwegs. Oben am Weiher sprach ich plötzlich – einem inneren Anruf folgend – die mir entgegenkommende Frau an und fragte sie nach Marianne G. Sie nickte freudestrahlend. „Ja, ja, hier links, in der Schlossstrasse, im Souterrain.“ Sie ging ein Stück mit bis zum Eingang. Mir schlug das Herz bis zum Halse; würde ich Marianne wirklich antreffen, nach zwei Jahren wieder sehen? Ich stockte eine Weile, dann drehte ich an der aufkreischenden Klingel. Die Tür öffnete sich, und wir beide standen voreinander. Zunächst stumm, danach wurde erzählt, erzählt, erzählt.

Marianne wirkte gefasst. Sie nahm mein „Schwert“ in die Hand, freute sich, dass das Diplom gerettet war, die verheißungsvolle „Trophäe“ in so schrecklicher Zeit. „Die muss dein Vater sehen“, sagte sie. Sie wusste, wie viel er dazu beigetragen hatte, dass die Promotion in Wien noch stattfinden konnte. Sie selbst drängte mich zur Weiterfahrt nach Eschweiler. Sie wusste die Stelle, wo man am Güterbahnhof warten musste, bis der „richtige“ Zug einen mitnahm.

Ich bekam schließlich einen Kohle-Transportzug Richtung Aachen. Ich saß mit vielen „Fahrgästen“ oben auf einem der offenen Kohle-Waggons. In Eschweiler Hbf. wollte der Lokomotivführer kurz anhalten – so hatte ich es mit ihm vereinbart. Mein weißes Kleid, das schon beschriebene gelb bestickte Leinenkleid, war sozusagen ein „Kohlenkleid“ geworden. Aber was interessierte das jetzt noch?

Vor dem Hereinfahren des Zuges in Eschweiler Hbf. hatte ich schon von weitem gesehen, dass der Turm der Pfarrkirche St. Peter und Paul weggeschossen war. Ich meinte, ich hätte oben vom Zug aus unser Haus in der Schützenstraße noch als unzerstört ausgespäht. Der Zug fuhr langsam in den Bahnhof. Ich warf das Fahrrad, den Rucksack von den Kohlen hinunter und sprang selbst hinterher. Dann machte ich mich auf den Weg. Irgendwo hörte ich eine Glocke läuten. 12.00 Uhr, Angelus. Es könnte St. Marien in Roetgen sein. Einige Menschen begegneten mir. Sie schleppten sich ab, zogen Kastenwagen hinter sich her. Viele Häuser waren vom Beschuss beschädigt, die Straßen mit Steinbrocken übersät.

Dann stand ich vor meinem Elternhaus, in dem ich geboren worden war. Die Gitter des Vorgartens waren verbogen, der kleine Garten, einst der Stolz meines Vaters wegen der schönen Blumenrabatten, war verwüstet. Vom vorgebauten Erker fehlte ein großes Stück. Ein riesiges Loch klaffte bis über die Haustür. Die Hausfront war überall von Granateinschlägen getroffen. Das Messingschild Eschbach existierte noch, aber es war dunkel beschlagen und verkratzt. Ich drückte die Klingel. Sie funktionierte noch. Meine Mutter öffnete die Türe. Sie stieß einen Schrei aus. Mein Vater eilte herbei. Wir verharrten lange schweigend bei der Begrüßung. Dann hörte ich meinen Vater fragen: „Was sagst du?“

Ich blickte mich innen um – im Flur, im Wohnzimmer, überall Scherben, Dreck, Zerstörung. „Wie hässlich!“ lautete meine Antwort. „Hier“, ich zog mein „Schwert“ aus dem Rucksack und reichte es meinen Eltern hinüber. Mein Vater erriet sofort, was in der Hülle steckte. „Warte“, sagte er, „wir gehen ein Stück.“

Wir setzten uns in Bewegung und waren in wenigen Minuten entlang des Inde-Flusses auf dem Driesch. Auf der kleinen Anhöhe wogte es wie ein buntes Meer aus hochgeschossenem Unkraut und wilden Blumen. Vor allem leuchteten die lila-weiß getupften Glöckchen an den hohen, rissigen Fingerhutstauden. Mein Vater schnitt drei Stengel ab und reichte sie mir. „Warte, wir brauchen noch eine passende Vase.“ Er hob eine der Granathülsen vom Boden, die massenweise herumlagen. So bepackt zogen wir an der Friedhofsmauer vorbei wieder nach Hause.

Mein Vater band sich seine blaue Arbeitsschürze vor. Er setzte sich in die Veranda und nahm die Granate zwischen die Beine. Er putzte sie mit einem Rest „Sidol“, das er gefunden hatte und rieb sie mit einem Wolllappen, bis sie „golden“ glänzte. Dann hob er die drei Fingerhutstängel hinein, goss Wasser auf, und vor uns stand eine Bodenvase mit einer leuchtenden Blütenpracht. Es kam mir so vor, als intonierten die zahllosen herunterhängenden Glöckchen ein Willkommlied. Mein Vater trug die Vase ins Wohnzimmer und setzte sie ab, nicht weit von der geborstenen Mauer am Erker. Ein Stück zerrissene Gardine wehte darüber im Sommerwind. „Ist es jetzt immer noch hässlich?“ fragte er. „Nein – überhaupt nicht.“

Damit war der Bann gebrochen.

Ich war zu Hause angekommen.

VIII. Neubeginn

Jeden Tag kehrten mehr Heimkehrer aus ihrer Evakuierung in die zerstörte Stadt zurück. Bevor meine Eltern und die Ersatz-Stadtverwaltung von Westerhausen in Eschweiler eingetroffen waren, hatten die Kommunisten die Verwaltung übernommen. Sie „residierten" ziemlich großspurig im Rathaus, stellten für die Zurückgekehrten, die alle kaum mehr etwas besaßen, offizielle Papiere aus. Diese berechtigten die Menschen, sich überall aus den Häusern die benötigten Möbelstücke und Geräte zu holen. Sie zogen in neue Unterkünfte, die sich ihnen boten oder ihnen gefielen. Bald waren wilde Streitereien entbrannt, Schlägereien im Gang, wenn die wirklichen Besitzer der Häuser und Möbel zurückkehrten und die „Besetzer" hinauswiesen. Manche hatten sich schon auf das Herrlichste mit dem zusammengesuchten fremden Gut eingerichtet.

Durch die britische Militärregierung ordneten sich aber nach und nach die Verhältnisse in der Stadt. Die Kommunisten wurden ihres Amtes enthoben, die neue Verwaltung bestimmt. Zum Teil war es die alte, sobald die Engländer die „alten Nazis" ausfindig gemacht und zur „Umerziehung" in die diesbezüglichen Sammellager gebracht hatten. Wir hörten vom letzten Ortsgruppenleiter, der wegen seiner Inhaftierung und über die brutalen Methoden der Sieger protestierte.

So nahm mein Vater als anerkannter Nazi-Gegner seine Amtsgeschäfte in der Stadt wieder auf. Auch das alte politische Leben begann sich wieder zu regen. Mein Vater sprach von den alten Zentrumsleuten. Der Name Dr. Amelunxen, Düsseldorf, war oft zu hören. In diesen Sommer- und frühen Herbsttagen waren die Menschen erstlinig bemüht, ihr nacktes Überleben zu sichern. Ein Jahr waren die Felder nicht bestellt worden. Viele Bauern waren noch nicht zurückgekehrt. Milch, Brot, alle Lebensmittel mussten mühsam und von weither beschafft werden. Es herrschte Tauschhandel. Meine Mutter war ständig mit meinem alten Klapperrad, das ich mitgebracht hatte, auf „Hamsterfahrt". Mein Vater und ich ernteten „wildes" Obst, wo es zu finden war. Halbfaules oder wurmstichiges kam in einen großen Kessel zum Kochen.

Weder Vater Joachim noch ich hatten eine Ahnung, was aus unserem „Gebräu", in dem wir rührten, entstehen würde. Ich weiß nicht mehr, welches Thema mein Vater wieder einmal bei diesen „Herd-Vorlesungen" behandelte, jedenfalls dampfte es nur so in unserer Küche, als Josef und Helga plötzlich auftauchten. In den Rauchschwaden konnten wir uns nur hören. Josefs Stimme kam als erste durchdringend durch den langen Korridor herunter an unser Ohr: „Ja, wo seid ihr denn? Was ist denn hier los?" Die Freude war riesengroß. Auch die beiden hatten den Weg von Wien heimwärts gefunden. Mein Vater tischte ihnen reichlich aus dem Kessel auf. „Später gibt es Brot. Mutter Emma ist noch auf Tour." Es gab natürlich viel zu berichten. Helga griff nur vorsichtig bei Vaters Mahlzeit zu. Zuletzt hatte er dem brodelnden

Obst zum „Binden“ auch noch Mehl zugesetzt. „Probieren geht über Studieren“, munterte er Helga auf. Am nächsten Tag waren wir alle unpässlich, und der „Vorrat“, den mein Vater hatte schaffen wollen, war mit einer Schimmelschicht überzogen. Meine Mutter empfahl, wir beide, Joachim und ich, sollten künftig die Küche meiden. Vater und Josef politisierten bald wie in früheren Jahren. Jetzt kam auch der Name Adenauer ins Spiel.

Die elektrische Energie fiel lange aus. Erst Ende des Jahres war die Versorgung wieder möglich. Die Installationen waren von eigenen Zerstörungskommandos in den Häusern unbrauchbar gemacht worden. So saßen wir bei hereinbrechender Dunkelheit um unsere so genannten „Ölfunzeln“ herum. In Einmachgläser, die wir als Überbleibsel im Keller fanden, wurde Dieselöl gefüllt. Ein Metallrohr enthielt einen aus Wolle gestrickten Docht, der entzündet wurde und „Licht“ spendete. Aber was für ein Licht war das? Rußig qualmend zuckte es hin und her, und die Menschen, die sich darum scharten, sahen bald wie „Köhler“ aus. Es war uns egal. Wir lachten, wenn wir gegenseitig unsere schwarz-umrandeten Nasenlöcher und Ohren bewunderten. Mehr und mehr fielen bei uns jungen Leuten die Lasten des Krieges ab, und es herrschte überbordende Freude.

In der Stadt bildeten sich immer mehr Freundeszirkel, wo wir um die Wette sangen, tanzten, musizierten. Wir holten unsere ausgefallene Jugend nach. In einer Gärtnerei in der Marktstraße hatten wir bald so etwas wie ein kulturelles Zentrum, das seinesgleichen suchte. Hier fanden sich Experten, die später die Veranstaltungen in der Volkshochschule organisierten. Gewissermaßen als „Leiter“ fungierte Friedrich Radermacher, unser stets behender „Friedel“, späterer Chorleiter und Professor an der Musik-Hochschule in Köln. In diesem Zirkel war in diesen Monaten nach dem Krieg beständig Bewegung. Wir versammelten uns allabendlich im so genannten „Bindezimmer“ der Gärtnerei Schopen. Der Sohn des Hauses, Karl Schopen, war früher einer der „Neudeutschen“ unter Josefs Führung gewesen. Wir befanden uns in einer nie wieder so erlebten eigenartigen Hochstimmung. Wir sprachen über den Neubeginn eines Lebens in einem christlichen Europa, nein, wir *lebten* ihn. Jeder hatte hier seinen „Katheder“, um seine Ideen in Wort oder Musik vorzutragen. Wir hörten einander begeistert zu. Ich erschloss natürlich das Werk der Gertrud von le Fort. Später rief man mich in die Volkshochschule, wo ich offiziell zum ersten Mal das Werk der Gertrud von le Fort darlegte und damit vielen Orientierung bieten konnte.

An dem tiefen Ernst, der uns alle bei unserem Austausch beseelte, änderte sich auch nichts, wenn wir hin und wieder einmal rheinisch „entgleisten“ und uns vor Lachen und Selbstironie nur so schüttelten. Die „Alten“ ließen uns gewähren. Mutter Schopen, die Firmenchefin, nannten wir „Fittich“.

Mein Vater sprach zu Hause vor allem über die politische Neuordnung. Die „anständigen“ Bürger waren bemüht, bald einen weiterführenden Umgang miteinander zu entwickeln. Wieder bewährte sich das alte Füreinander - Einstehen und Helfen. Jeder unterstützte den anderen, so gut er es vermochte.

Josef und Vater Joachim sprachen auf einmal von einer Verlagsgründung. Josef sagte: „Der Name wird RHENUS-Verlag sein." Ich sah mich auch schon dabei. Die Erinnerungen an die Wiener Verlagsbuchhandlung waren ja noch ganz frisch. Vater Joachim hatte durchaus nichts dagegen, als ich mein Interesse bekundete. Aber er hatte gehört, dass an der Universität Bonn – zwar erst noch eingeschränkt – der Studienbetrieb wieder aufgenommen worden war. So galt sein Rat „erst die beiden Staatsexamen – dann sehen wir weiter". So zog ich wieder nach Bonn.

Die Zusammenkünfte in der Marktstraße fanden dann nur noch an den Wochenenden statt, und später nahmen mich die neuen Aufgaben so in Anspruch, dass die Treffen immer seltener wurden. Sie waren und blieben aber die Kraftquelle des Wiederaufbaus für uns alle.

Es war ein wunderbares Zeichen für mich, dass Friedel Radermacher zu meinem 80. Geburtstag im Jahr 2003 meinen Text „Priesterlich berufene Frau" vertonte. Es entstand eine Solo-Kantate für Sopran, Harfe und Oboe. Immer wieder höre ich mir seither diese auf CD aufgenommene Komposition mit tiefer Bewegung an.

IX. Neue Begegnungen

Bei einem Wochenendbesuch in Eschweiler traf ich dort einen weiteren, mir bisher nur dem Namen nach bekannten Besucher: Herrn Pater Dr. Hubert Becher SJ. Er war jener Kritiker, der als germanistischer Mitarbeiter bei der Jesuiten-Monatszeitschrift DIE STIMMEN DER ZEIT in München die bei Habbel erschienene Novelle „Die Gesichte des Johannes Bürling" von Josef besprochen und ungewöhnlich lobend hervorgehoben hatte. Josef erinnerte mich daran, dass Pater Becher, als wir noch in Wien waren, bei der katholischen Studentengemeinde einen Vortrag über den Dichter Ernst Jünger und seinen Bruder Georg Friedrich Jünger gehalten hatte. Ich selbst war ihm weder bei seinem Vortrag noch bei seinem Kurzbesuch in der Habbel-Buchhandlung persönlich begegnet. An diesem Tag war ich mit Trude Puličar bei unserem gemeinsamen Freund Professor Ranegger nach Mödling eingeladen gewesen.

Jetzt saß Pater Becher mit uns in Eschweiler an der großen sonntäglichen Kaffeetafel, zu der jeder Teilnehmer etwas beigetragen hatte. Es waren „Gastgeschenke", wie z.B. in Zeitungspapier überreichte Briketts, Mehl, Butter, Zucker usw. Kaffee wurde im großen Stil von Holland und Belgien trotz „scharfer" Zöllner hereingeschmuggelt. Von diesen Kaffeefahrten wurden jeden Tag neue pikante Abenteuer, auch aus den eigenen Reihen, bekannt.

Pater Becher, dessen Familie aus dem Siegerland stammte, amüsierte sich über unsere Einblicke in das uns selbstverständlich erscheinende Schmuggeln im „Dreiländereck". Damals machte gerade die Mitteilung die Runde, dass alle Männer aus der Eifelgemeinde Mützenich wegen Schmuggel-Vergehen „saßen". Die dortige im Wiederaufbau befindliche Kirche, die zerstört worden war, hieß bei uns nur noch „St. Mokka". Die Arbeiten am Gotteshaus waren weitgehend, so hieß es, mit Schmuggelgeld finanziert worden, bis die Sache aufflog. Wohl kaum jemand sah in unserem Grenzgebiet, wo die Familien der drei Nachbarvölker vielfach verwandtschaftlich verbunden waren – wie auch bei uns – im Schmuggeln ein Vergehen. Für uns junge Leute war es eher ein intelligenter Sport, den meist preußischen, bärbeißigen Zöllnern zu entkommen. Sie nannten uns verächtlich „verwaschene Grenzdeutsche".

Pater Becher lenkte nach dieser Einleitung unseren Blick auf die politischen Bemühungen jener wilden Monate nach dem Krieg, wo uns jeden Tag widersprüchliche Berichte beunruhigten. Wir rechneten bald nach Kriegsende mit einem neuen militärischen Vorstoß, allerdings jetzt in Umkehr der vormaligen Kriegsverbündeten gegen Nazi-Deutschland. Es enthüllte sich jetzt nämlich immer drohender die Gefahr der atheistischen kommunistischen Großmacht Russland. Man stellte in diesen Tagen des neuen, nunmehr lebendigen Gegenübers zwischen den Westalliierten und Deutschland fest, dass in unserem besiegten Volk noch immer die alten „guten" Demokraten lebten. Die abgelaufene, relativ kurze Frist der zwölf Jahre Hitler-Regime hatte eine Reihe edler Männer und Frauen verschont, mit denen man sich jetzt einig war, gegen die Gewalt und Feindschaft der Sowjet-Union Widerstand leisten zu müssen. Eine neue Konstellation! Pater Becher berichtete weiter von den Überlegungen, einen neuen katholischen Südweststaat Österreich-Bayern zu errichten. Der wortgewandte Lehrerssohn erzählte spannend von seiner ältesten Schwester, die lange als Chefsekretärin bei Reichskanzler Dr. Brüning als dessen „rechte Hand" tätig gewesen war. Wir hörten von seinem Bruder, einem Rechtsanwalt, der später als Justizminister in Rheinland-Pfalz amtierte.

Der Jesuitenorden hatte Pater Becher inzwischen von München nach Bad Godesberg versetzt. Dort war durch die Patres das Aloisiuskolleg mit Schüler-Internat wieder eröffnet worden. Das so genannte „Deutsche Kolleg", wie das Gymnasium nach der Vertreibung und Enteignung der Ordensmänner durch die Nazis genannt wurde, hatte mit dem Zusammenbruch nach Kriegsende den Unterrichtsbetrieb eingestellt. Pater Becher war die schulische Leitung des Aloisiuskollegs anvertraut worden. Als Superior des Hauses waltete Pater Strasser. Es ging bei dem Neubeginn vor allem um die geistig-spirituelle Erneuerung. Die Jesuiten predigten, zeigten den christlichen Weg, machten den Menschen Mut. Eine intensive Seelsorge schuf die Grundvoraussetzung für die suchenden Menschen, sich auf einen neuen gewissenhaften Einsatz für die Kirche zu besinnen. Hier erwies es sich als besonders fruchtbar, dass die Jesuiten in Bonn, nachdem die Herz-Jesu-Kirche in der Lennéstraße zerbombt war, dort mit dem neuen „Paulushaus" einen immer bedeutsamer werdenden Mittelpunkt für das sich allmählich bildende politische Bonn ins Leben riefen. Später sprach man hier von der „Bonner Waschanstalt", wo jeden Tag, vormittags und nachmittags, Beichte gehört wurde.

Ich war seit meiner Rückkehr nach Bonn auch schon dort gewesen. Ich traf Pater Faust dort wieder, der zu meiner Kinder- und Jugendzeit bei uns zu Hause als Neudeutschen-Pater ein- und ausgegangen war. Gegenüber dem Paulushaus stand noch das alte Haus Neuerburg, in dem ich während meiner ersten Semester 1941/42 gewohnt hatte. Das dreistöckige, imposante Gebäude war noch völlig erhalten, wenn auch die rechte Hausflanke seit dem verheerenden Bombardement freilag und im rissigen Mauerwerk seine schwere „Verwundung" zeigte. Ich hatte in diesem alten Quartier von mir jetzt nach dem Krieg nicht unterkommen können. Es zeigte sich dann aber bald, dass mein neues Domizil seine eigenen durchaus günstigen Seiten hatte. Es lag im geräumigen Anbau der Wohnung Knipp, Kronprinzenstraße 22, wo Mutter und Tochter meine neuen Vermieter wurden. Ich hatte hier meinen separaten Zugang und verfügte sogar über ein bescheidenes Bad.

Indessen hatte unser Besucher Pater Becher an diesem Sonntagnachmittag vor allem das politische Interesse meines Vaters und meines Bruders Josef gewonnen. Brisante Gespräche kamen auf. Der Pater stand in enger Verbindung mit Dr. Otto von Habsburg, der früher auch sein Messdiener gewesen war. Seine Mutter, Kaiserin Zita, hatte in Pater Becher einen langjährigen Beichtvater gefunden. So gab es inzwischen schon spruchreife Pläne zur

Gründung des erwähnten katholischen Südwest-Staates unter der Führung von Otto von Habsburg. Pater Becher war als Kultusminister vorgesehen.

Wir – vor allem Josef und ich – hörten begeistert zu und träumten schon von wunderbaren Verpflichtungen zur Mitarbeit im neuen christlichen Reich, dessen Grundzüge Pater Becher entwarf. Die alte Reichsidee vom Heiligen Römischen Reich wurde wieder lebendig. Das wäre das Reich, das Gertrud von le Fort in ihren „Hymnen an Deutschland" entworfen hatte. Was für Aussichten! Pater Becher teilte aber Vater Joachims Auffassung im Blick auf mich, jetzt zunächst die beiden Staatsexamina abzulegen und gleichzeitig eine etwaige künftige Aufgabe im Auge zu behalten.

Mit Pater Becher ergab sich nach diesem ersten Gespräch bald eine wichtige neue Verbindung zu den Jesuiten im rheinischen Raum. Der Pater kannte in Bonn auch den Kreis, der sich um Frau Dr. Maria Alberta Lücker in der Bismarckstraße 25 gebildet hatte. Sie gehörte dem von einem holländischen Jesuiten gegründeten Säkularinstitut „Der Gral" an. Dort traf ich bereits in den ersten Zusammenkünften die Kabarettistin Isa Vermehren, die uns mit einigen ihrer Vorführungen zu Begeisterungsstürmen hinriss, vor allem, wenn sie, begleitet von ihrem „Quetschebüggel" (Quetschbeutel = Ziehharmonika) Seemannslieder sang.

Die kämpferische Isa Vermehren, die KZ und Konversion hinter sich hatte, beeindruckte mich sehr. Hier entstand eine nie mehr abreißende Verbindung bis zum heutigen Tag. So sehr uns auch das äußere Leben und die sich ergebenden ganz unterschiedlichen Einsätze für die Kirche auseinanderführten, es gab doch stets zwischenhinein neue Begegnungen, die uns erfreuten.

Isa Vermehren trat als durchaus ungewöhnliche Ordensfrau in die Gemeinschaft Sacré Cœur ein und wirkte als Germanistin an den traditionsreichen Mädchengymnasien mit Internat in Pützchen, St. Adelheid und später in Hamburg am Sophie-Barat-Gymnasium. An beiden Schulen wirkte sie zuerst als Fachkraft für Deutsch und später als Schulleiterin. Sie galt als Original, mir erschien sie als eigenwillig-eindrückliches christliches Vorbild für die Frau. Im Laufe der Jahre bekam diese Ordensfrau noch einen neuen Auftrag der Glaubensverkündigung im ARD-Fernsehen beim „Wort zum Sonntag".

Wir trafen uns gelegentlich zum Austausch im Bonner Bristol-Hotel, wo wir uns in einem zurückliegenden Raum „kostenlos" in vornehmer Abschirmung bei einem Glas Wasser austauschen konnten. Zuletzt trafen wir uns persönlich hier oben auf dem Bonner Venusberg, wo ich jetzt wohne. Schwester Vermehren weilte zur Erholung hier auf dem Berg. Sie brauchte diesen gesundheitlichen Rückzug vor der Ehrung durch das Erste Deutsche Fernsehen in der Bonner Universität.

Bei den Vorbereitungen zum Wissenschaftlichen Staatsexamen erlebte ich bald wieder eine große Überraschung mit meinem Hauptprüfer in Deutsch, Professor Dr. Wilhelm Schneider, den wir den „Stil"-Schneider nannten. Ich hatte für die Prüfung im Germanistischen Seminar meine Wiener Rigorosum-Papiere, das Doktor-Diplom und die Dissertation „Die Hymnen an die Kirche“ der Gertrud von le Fort eingereicht. Dann saßen wir einander gegenüber. Professor Schneider kannte und schätzte die wissenschaftliche Leistung meines Doktorvaters Josef Nadler, der inzwischen in Wien als Nazi beschimpft wurde. Wie Nadler hatte sich auch Schneider als Fachlehrer an bewährten deutschen humanistischen Gymnasien einen Lehrstuhl in der Universität erarbeitet. Ehe er ans Kölner Dreikönigs-Gymnasium berufen wurde, war er am Eschweiler Gymnasium tätig gewesen. Von daher ergaben sich bei unserer ersten Begegnung eine Menge Gesprächsstoff, dazu Fragen und aktuelle Überlegungen im Blick auf das bevorstehende Staatsexamen. Schneider erklärte, dass er die Dissertation als große Staatsexamensarbeit anerkenne und auch der Benotung Nadlers, der ihr ein „sehr gut“ zuerkannt hatte, zustimme. Schneider hatte meine Arbeit gründlich geprüft. Ihm als Stil-Fachmann gefielen meine formalen Untersuchungen der le Fort'schen Hymnen. Die meisten Studenten taten sich schwer mit Schneider, gingen ihm aus dem Weg. Sie „ochsten“ an seinem Werk „Stilistische deutsche Grammatik, die Stilwerke der Wortarten, der Wortstellung und des Satzes“ herum. Man fürchtete in ihm den „pingeligen Federfuchser“. Mir erschien er gar nicht so. Wir hatten im Gegenteil unbeschwerte, große Freude an der Erforschung mundartlicher Aussprüche – vor allem aus dem Aachener Raum.

Die schriftlichen und mündlichen Prüfungen für die Hauptfächer Deutsch und Philosophie sowie für das Nebenfach Geschichte gingen zügig voran. Der Betrieb an der Universität normalisierte sich. Die Verbindung mit Professor Schneider, der von Bonn nach Rhöndorf zog, blieb bis zu seinem Tode bestehen. Obwohl wir weder weltanschaulich noch politisch übereinstimmten, fachsimpelten wir bei den Zusammenkünften immer wieder über das Werk der Gertrud von le Fort, das er hoch schätzte. Er gelangte aber nie zu der ganzheitlichen Einfühlung in die Einzigartigkeit ihrer künstlerischen Erscheinung, wie sie Carl Zuckmayer in kongenialer Partnerschaft gelang.

Ich freute mich aber sehr, als ich hörte, dass nun auch in den Ober-Seminaren von Professor Schneider le Fort-Hymnen erschlossen wurden. Davon spricht er auch in seinem letzten Werk „Liebe zum deutschen Gedicht“, wo er eine Hymne aus dem Zyklus Heiligkeit der Kirche: „Ich habe noch Blumen …“ interpretiert.

Nach dem Wissenschaftlichen Staatsexamen in Deutsch, Philosophie und Geschichte ging es gleich weiter mit der pädagogischen Ausbildung, für die zwei Jahre angesetzt waren. Vom Schulkollegium in Düsseldorf erhielt ich eine Aufforderung, mich als Studienreferendarin im Privaten Gymnasium der Schwestern vom armen Kind Jesu in Bad Godesberg zu melden. Wieder traf ich hier auf eine außerordentliche Gunst der Gegebenheiten. Die Schulleiterin, Schwester Johanna Dominica Ballof hatte ihren fünf Referendarinnen einen eigenen freundlichen Raum zugewiesen. Sie sah es als ihre besondere Aufgabe an, uns Anfängerinnen aus der bisherigen Theorie der Wissenschaft in die Alltagspraxis einer stufengerechten pädagogischen Zurüstung des Lehrstoffes zu führen.

In „St. Antonius" (so hieß zu diesem Zeitpunkt unser Mädchen-Gymnasium mit Internat; später erhielt es die Bezeichnung „Clara-Fey-Schule"), habe ich erfahren, wie entscheidend eine Schule von einer einheitlich guten Atmosphäre geprägt wird. Schwester Johanna Dominica – von uns nur „Jodo" genannt – stand mit dem Schulleiter des Aloisiuskollegs, also mit niemand anderem als Pater Hubert Becher, in enger Verbindung. Beide waren in bestem Sinne ehrgeizig, die Schüler und Schülerinnen in den beiden als elitär geltenden Gymnasien zu christlich geprägten Führungspersönlichkeiten in Politik und Gesellschaft heranzubilden. Die beiden hatten erkannt, dass das am Boden liegende Volk nichts dringlicher brauchte als künftig wegweisende überzeugende Lehrer, Priester, qualifizierte Männer und Frauen in allen Fachbereichen, die fähig waren, beherzt aufzuräumen und neu zu beginnen.

Nirgendwo hörte ich den Begriff „Spannkraft" häufiger als in den ersten Wochen der pädagogischen Ausbildung. Es war wohlüberlegt, uns die ersten Schritte in der gymnasialen Oberstufe setzen zu lassen. Hier bestand die geringere Möglichkeit, uns im Ton zu vergreifen. In den relativ kleinen Lerngemeinschaften der Sekunden- und Primenklassen war man gewissermaßen an die übliche theoretisch-abstrakte Redeweise der „Frischlinge" gewöhnt, die von der Universität kamen und sie ziemlich „von oben herab" in einer mit Fremdwörtern und Fachvokabeln gespickten Sprache „anschnatterten". Wer von diesen auf das Abitur zugehenden Hörern durchschaute die zugrunde liegende Verlegenheit und Unsicherheit der ihnen „ausgelieferten" Kandidaten, die ihnen so überheblich schienen? Ahmten die Ärmsten vielleicht irgendeinen ihrer Dozenten aus zurückliegenden Tagen nach? Es ist nichts als realistisch, solche ersten Auftritte von Junglehrern mit Ringkämpfen in einer Arena zu vergleichen. Gewöhnlich befand man sich nach der einführenden Vorstellung durch die Direktorin oder den zuständigen Fachlehrer allein vor der „Meute", mit der es sich zu arrangieren galt.

Was verstanden Schwester Johanna Dominica und Pater Becher unter der „Spannkraft", die, wie uns erklärt wurde, erst die Voraussetzung schuf, die neue Aufgabe, Wissen zu vermitteln, erfolgreich anzugehen? „Sie müssen erst lernen, selbst in der Sache gründlich festzustehen. Also umfassende Wissensgrundlage durch gewissenhafte Vorbereitung. Es ist wie im Sport, wo man auch allmählich lernen muss, die Muskeln spielen zu lassen."

„Sie werden bald erfahren", so hörten wir, „wie gnadenlos die Schüler Sie mit allem hektischen „Gehabe" in Wort und Gestik fertig machen." „Treten Sie dagegen ganz ruhig und schlicht auf und vor allem im sprachlichen Einklang mit dem zu vermittelnden Stoff. Dann werfen Sie ihn wie einen Ball hoch und gezielt den Mitschülern zu." „Sie werden erleben, dass sie ihn auffangen." „Sorgen Sie für begeisternde, anspruchsvolle Auseinandersetzungen!" „Wenn nötig, zeigen Sie handgreiflich was *wirkliche* Auseinandersetzungen sind, in dem Sie die Lernenden mit ihren Stühlen konkret sich auseinander setzen lassen."

Mit der Referendarausbildung öffnete sich ein neuer Raum, der mir außerordentlich gut gefiel. Ich nahm die Anforderungen tatsächlich wie eine sportliche Herausforderung an. Zur Spannkraft gehörte „Wille gegen Wille". Dazu die Einschätzung des rechten Maßes, um eine freudig-freiwillige Gefolgschaft bei den Lernenden hervorzurufen. „Jodo" sagte häufig: „Mir scheint eine Stunde, in der nicht wenigstens einmal kräftig gelacht wird, keine gute Stunde zu sein." Vielleicht war es nach den Nazijahren, den gerade überstandenen Kriegsschrecken und Verlusten allenthalben unser Erleben, neu, tiefer zu vertrauen. Es kam mir so vor, dass genau dort, wo ich allen Boden unter den Füßen verloren zu haben glaubte, wo nichts mehr zu halten schien, mir tiefer etwas entgegenkam, das mich anzog.

Ich erinnere mich genau, dass diese eigenartige Wahrnehmung mich während einer Frühmesse in der St. Antonius-Hauskapelle irgendwie zunehmend befreite. Pater Becher kam jeden Morgen in aller Frühe vom „heiligen Berg" herunter in die Rheinallee, um mit den Ordensfrauen und zweimal in der Woche mit der ganzen Schulgemeinschaft die Heilige Messe zu feiern. Vielleicht war es die warme Verlässlichkeit einer mich familiär anmutenden Gemeinschaft, in welcher in weiterem Sinn Vater und Mutter den Kindern Entfaltungsraum gewährten. Wie ein Familien-Kloster, hier stimmt alles, das war die einhellige Überzeugung von uns Fünf, denen man sicher keine enge traditionelle Christlichkeit nachsagen konnte. Es war wohl der Einfluss der unaufdringlich mitreißenden „Jodo", die jeden von uns auf eigene Weise in Bewegung brachte. Auch die amtlichen Fachlehrer, weltanschaulich durchaus nicht homogen, „beugten" sich ihrem Charme.

Unter den Mit-Referendarinnen fiel mir die ältere Kandidatin, Frau Dr. Maria Klug aus Essen, auf, die als ehemalige Grundschullehrerin dabei war, durch weiteres Studium und Ausbildung eine akademische Karriere aufzubauen.

Sie hielt sich meistens zurück, wenn wir Jüngeren uns lautstark über unsere pädagogischen Einsätze austauschten. Dabei ging es manchmal hoch her. „Jodo" hatte uns ein wunderbar bequemes Sofa in unseren Raum stellen lassen, auf dem wir uns gerne herumräkelten und uns je nachdem mit den aufliegenden kleinen Kissen bewarfen. „Mariechen" Klug ließ uns, gar nicht sauertöpfisch, freien Lauf. Sie folgte häufiger meiner Einladung in die Kronprinzenstraße. Sie war es, die die Verbindung zum Verein katholischer deutscher Lehrerinnen in Essen herstellte. In der Essener Zentrale am Hedwig-Dransfeld-Platz hatte der Verein nach dem Krieg seine Arbeit wieder aufgenommen.

Eines Tages nahm Maria Klug mich mit nach Essen, wo sie im alten Vereinsgelände – heute ist alles umgebaut und umgestaltet – mit ihrer Mutter wohnte. In einem der Vereinshäuser war auch die Wohnung von Frau Helene Weber, die als ehemalige Ministerialdirigentin der alten Weimarer Republik in der Fürsorge für die Familie in Berlin gearbeitet hatte. An diesem Essener Besuchs-Wochenende vermittelte Maria Klug meine erste Begegnung mit Helene Weber, mit der ich in den folgenden Jahren bis zu ihrem Tode noch so manches Weiterführende erleben sollte. Frau Weber nahm mich häufiger zu verschiedenen politischen Zusammenkünften mit, wo sich auch die Verbindung zu Frau Christine Teusch, der späteren ersten Kultusministerin in Nordrhein-Westfalen anbahnte. Bei einer der Versammlungen wurde ich auch Herrn Prälat Wilhelm Böhler vorgestellt. Er war es, der mir von Anfang an vorschlug, mich auf eine politische Arbeit in Straßburg – näherhin in der europäischen Bildungsarbeit - vorzubereiten.

Große Freude kam in mir auf, als sich 2004 nach langer Zeit die Wiederanknüpfung mit dem Verein Katholischer deutscher Lehrerinnen ergab. Man war dort auf den Zeitungsartikel in der Deutschen Tagespost vom 8. März 2003 gestoßen, in dem anlässlich meines achtzigsten Geburtstages aus der Feder von Hanna-Barbara Gerl-Falkovitz eine Würdigung meines Lebenswerkes erschienen war.

Die Vorsitzende, Frau Friedrich, meldete sich telefonisch mit einer Gratulation. Bald wurde ein Termin zu einem persönlichen Austausch vereinbart. Wir wählten den gleichen Tag, an dem ich sowieso nach Essen fahren musste, um einer nachmittäglichen Einladung des neuen Ruhrbischofs, Dr. Felix Genn, zu folgen. Am Morgen reiste ich mit dem IC-Zug an. Die alte und die inzwischen neu gewählte Vorsitzende des Vereins, Frau Friedrich und Frau Fischer, nahmen mich auf dem Bahnsteig in Empfang. Erst kürzlich war die Leitung von der einen zur anderen übergegangen. Frau Fischer, die in München tätige Mathematikerin, wurde jetzt in den noch andauernden Sommerferien von Frau Friedrich in ihr neues Amt eingearbeitet.

Durch das milde spätsommerliche Wetter war es möglich, unser Gespräch nach draußen in den Garten zu verlegen. Wir saßen auf der Terrasse, wo wir uns in aller Ruhe erholsam austauschen und tafeln konnten. Die alten Erinnerungen belebten sich. Hinter den vielen Namen und Fragen tauchte eine ganze „Phalanx“ von Erzieherinnen aus längst vergangener Zeit auf, die ich zum Teil noch gekannt hatte. Frau Friedrich hatte sich durch intensives Stöbern im Vereins-Archiv auf unser Treffen vorbereitet und war auf meine zahlreichen Beiträge bereits ab 1947 in der Verbandszeitschrift „Katholische Frauenbildung“ gestoßen. Auch über die verschiedenen Vorträge von mir bei Jahresversammlungen wusste sie Bescheid. Wir kamen weiterhin auf die Tonkassetten zu sprechen, die von den Veranstaltungen vorlagen. In diesem Gespräch, so schien es mir, wurde den beiden Frauen erst klar, welchen Platz meine damalige Erschließungsarbeit des le Fortschen Werkes im Wiederaufbau einer christlichen Erziehung einnahm. Vieles auf den Kassetten war in freier Rede bei Lesungen bzw. bei Lehrproben aufgenommen worden. Damit waren wir bei der grundsätzlichen Frage, wie reagieren wir sachgemäß auf den heutigen Medienwechsel. „Die Kassetten müssten jetzt alle transkribiert werden“, hieß es. „Wie anders können die frühen Erschließungen für die künftige le Fort-Forschung verfügbar werden? Andernfalls riskieren wir in unserer derzeitigen Wegwerf-Gesellschaft Verluste, die nicht mehr auszugleichen sind.“ Wir waren sehr nachdenklich geworden. „Bei dieser Sachlage besteht natürlich auch die Gefahr bewusster Unterschlagung“, gab Frau Friedrich noch zu bedenken.

Wie gut, dass keiner von uns Dreien sich von den aufgezeigten bedrückenden Defiziten und Risiken mutlos machen ließ! „Wir brauchen dringend wieder fähige, charaktervolle Erzieher, die sich aus Berufung für eine neue Bildung der Jugend einsetzen. Da sind weder Macher noch Opportunisten geeignet." Wir staunten, wie schnell die für unseren Austausch vorgesehenen Stunden verflogen. Es wurde Zeit, zum Bischofshaus aufzubrechen. Wir machten uns auf den Weg in die Innenstadt. Bei der späteren Verabschiedung konnten wir feststellen, dass uns im Grunde ein unverwüstlicher pädagogischer Enthusiasmus aus der Quellkraft des Glaubens verband. Am Schluss sagte Frau Friedrich: „Ist es nicht schön, dass wir es immer wieder neu erfahren dürfen, wie abgestorbene Äste abfallen und sich dann im alten Baum, wenn man es gar nicht mehr erwartet, eine solche Lebenskraft aus der Tiefe durchsetzt, dass man in der Fülle der durchbrechenden Blüten und reifenden Früchte förmlich untergeht."

Ich antwortete: „Darauf beruht das Geheimnis des nie versiegenden Jung-Seins in der Kirche, so sieht und sagt es Hans Urs von Balthasar." Wir winkten einander zu: „Wir bleiben am Ball", rief mir Frau Fischer noch zu, als ich die Stufen zum Bischofshaus hinaufstieg.

Dort roch es noch überall nach Farbe. Der neue Anstrich war im Gange, wie man an den in den Ecken herumstehenden Farbkübeln und dem Arbeitsgerät sehen konnte. Bischof Genn war erst am Vortag aus dem Urlaub zurückgekehrt. Bald befanden wir uns im vertrauten Austausch, in dem wir an viele frühere Unterredungen in Trier anknüpfen konnten. Der Bischof berichtete mir, wie sehr es ihn berührt habe, dass bei den Verabschiedungsansprachen im Trierer Dom auch mein Heilig-Rock-Text „Mensch, betrachte dieses Kleid" als wichtige innere Orientierung gedient habe. Inzwischen ist dieses Lied unter Nr. 947 als Pilgerlied im Gotteslob, Trierer Anhang, aufgenommen worden.

Bischof Genn leitet seit langem den Priesterzweig der Johannesgemeinschaft. Er war auch Initiator der Samstagabend-Lesungen im Trierer Dom, wo eine Zeit lang regelmäßig Texte aus meiner geistlichen Lyrik gelesen und erschlossen wurden.

Ein wichtiger Punkt war für den Bischof die Sicherung und Bewahrung meines Lebenswerkes. „Bedenken wir, welche Erfahrungen wir von Basel haben im Blick auf das Werk von Adrienne von Speyr." Er kam hier auf eine briefliche Bemerkung Hans Urs von Balthasars zu sprechen, wo es darum geht, mit welch ruchloser Geschicklichkeit heute versucht wird, das Heilige zu entreißen und zu missbrauchen. „Sie müssen jetzt in aller Dringlichkeit dafür sorgen, dass Ihr Werk gesichert wird. Ohne klare Nachlassbestimmungen und entsprechende Vorkehrungen wird man Ihre Aufzeichnungen als Müll wegkippen. So ist das eben heute." Ich stimmte zu. Wir waren bei der gleichen Frage, die wir bereits in der Frauenrunde bereits am Vormittag behandelt hatten. „Wir sind noch gar nicht genügend gerüstet, beim heutigen, in rasender Schnelligkeit vor sich gehenden Wandel in der Medienwelt mitzukommen und uns, richtig reagierend, zu behaupten.

Ich berichtete von den bereits stattgefundenen Übergriffen von befreundeter Seite, die ich so nie erwartet hätte. „Vergessen Sie nicht, wie oft gerade in geistlichen Gemeinschaften neidische Besserwisser im zweiten Glied die Führung an sich reißen und die wahren Gründer, die man ins Abseits versetzt, vergessen werden."

Bei allem gebotenen Ernst angesichts dieser Schwierigkeiten hielten wir uns aber nicht allzu lange dabei auf. „Sie kennen ja meine beiden Frauen, mit denen ich absolut zuverlässig arbeiten kann?", sagte Bischof Genn schmunzelnd. Ich wusste natürlich, wen er meinte. „Hier", ich öffnete meine Handtasche und reichte ihm ein Andachtsbildchen von Schwester Blandine Merten, der Trierer Ursuline, hinüber. Er nickte. „Meine Kollegin!" sagte ich. „Dazu haben wir in Maria Magdalena die gleiche Namenspatronin. Sie haben Recht, Schwester Blandine ist eine jederzeit zuverlässige Helferin".

Die zweite Frau war Adrienne von Speyr, aus deren Schriften wir beide schon lange erfolgreich schöpften und besondere Kostbarkeiten zureichten.

Ich erinnerte ihn an unser unerwartetes Treffen vor der Schweizerischen Wallfahrtskirche Mariastein. Er kam mit Frau Capol und einigen anderen Mitgliedern auf mich zu. „Ist Ihnen bekannt", fragte ich ihn jetzt, dass wir uns genau an dem Ort begegneten, wo Adrienne von Speyr und Hans Urs von Balthasar nach dem Besuch der Gnadenkapelle eine Weile gestanden haben?" Bischof Genn verneinte, blickte mich aber gespannt an. „So, das ist nun auch erledigt." Das waren ihre Worte an Balthasar, der sofort verstand, dass Adrienne von Speyr im langen betenden Verweilen unten im Wallfahrtsgewölbe ihr letztes Opfer vollzogen hatte: Aufgabe der ohnehin schon verkleinerten ärztlichen Praxis und totale Übergabe des verbleibenden Lebens im Opferdienst für die Kirche.

Es blieb eine Weile still zwischen uns. Der Bischof fragte dann: „Haben Sie die Korrespondenz mitgebracht?" Auf diese Frage hatte ich schon gewartet und zog den Briefordner aus der Reisetasche und erklärte ihm die Reihenfolge der in drei Mappen gesondert abgehefteten Korrespondenz: Briefe von Gertrud von le Fort an mich, Briefwechsel Hans Urs von Balthasar und Gertrud von le Fort, sowie die umfangreiche Sammlung der Briefe Hans Urs von Balthasar an mich.

Am meisten interessierten den Bischof die Briefe des jungen Pater Balthasars (40 Jahre) vom 31. Januar 1947 und 12. Februar 1947 an Baronin le Fort. Hier wird deutlich, mit welch unerwarteter Wucht diesen der „strikte Auftrag" seiner kirchlichen Doppelsendung mit Adrienne von Speyr getroffen hatte. Entsprechend heißt es: „…dass ein Sturm an Ereignissen mich in den letzten Wochen so völlig in Beschlag genommen hat, dass ich mich atemlos der Fülle an Geschenktem mich darbieten musste, einer Fülle, die so groß ist, dass sie deutlich genug die Zeichen ihres baldigen Endes an sich trägt; und so muss von der großen Ernte alles noch eingebracht werden, was in Scheunen zu bringen ist. Es ist das letzte Jahr der Ernte, und nachher kommt die lange und langsame Verarbeitung des stürmisch und in der Unordnung des

Pfingstwirbels Eingebrachten.... Dann werde ich Ihnen vieles zeigen können, was Gott in seiner Güte mir vertraut hat, zu Verwaltung und Weitergeben. Und dann wird auch der lange und zähe Kampf mit jener Kirche beginnen, für die nur das wahr ist, was schon hergebracht und etabliert ist. Aber was für ein Katarakt von Einsichten, Leben, Glück könnte aus der Gnade, die hier aufgebrochen ist, in die Kirche einströmen! Helfen Sie mir beten, dass die *Inokulation* wirklich gelinge. Ob ich selber dabei zugrunde gehen muss, kümmert mich wenig; ist sogar gewissermaßen wahrscheinlich; denn ein Preis muss doch gezahlt werden. Aber das Anvertraute muss zuerst ausgeführt sein."

Und weiter am 21. Februar 1947: „Es wäre so vieles zu sagen, Dinge, die Sie nicht gleichgültig lassen werden. Es wird für mich ein hartes, stark belastetes Jahr werden, auch mit dem Schönsten, was mir vielleicht noch zu erleben bleibt; denn die letzten Jahre waren eine ständige Steigerung der Geschenke und Überraschungen Gottes, und diese Monate, die heute noch bleiben, werden die letzten sein, die Frau K. noch gewährt sind. Bitte helfen Sie mir beten, damit die große Ernte untergebracht wird, wie Gott es will, und viel Nahrung für die Kirche bereit wird für die kommenden mageren Jahre."

Wieder blieb es still zwischen uns. Lange. Wir schauten uns an. Ich hatte die Briefstellen vorgelesen. „Ich sehe ihn genau vor mir", sagte Bischof Genn dann leise. „Immer noch denke ich wie in Trier, gleich öffnet sich die Türe, und er kommt herein."

Diese Anmutung konnte ich aus der eigenen Erfahrung nur bestätigen.

„Wie geht es nun weiter mit Ihnen?", fragte er. Er schaute auf die Uhr.

„Zuerst fahre ich nach Hause und später nach San Felice." „San Felice?", fragte er, dann erinnerte er sich an meine Mitteilung, der Bitte einer Ordensfrau, ihr während ihres Italienaufenthaltes Einzelexerzitien zu geben, nachzukommen. „San Felice liegt südlich von Rom in der Bucht von Ancio", sagte ich.

„Lesen Sie zum Abschluss noch einen Text von Ihnen?" Ich wählte den „Ernte"-Text aus der Sammlung „Das weiße Kleid", S. 45:

„Steige höher in den Tag,
meine Freundin, fasse Mut!
Übersteige deine Fragen,
jeder Einwand hält dich auf.

Komme höher in die Hänge,
säume nicht, die Stunde drängt!
Viel zu wenig kommen her,
meinen Weinberg zu bestellen.

Unten wetzen sie die Zunge,
schreiben in verkürzter Sprache
Kommentare meiner Worte.
Keine Zeit erreicht die Klärung.

Meine Wahrheit bleibt in Blüte,
unterströmt von meinem Blut,
ehern und zugleich voll Duft
in der Sprache treuer Boten.

Pflege meine jungen Reben,
wenn der Mietling sie verrät.
Ich bestimme jede Stunde,
ich bestimme meine Ernte.

Du wirst sicher hingeführt.
Schaut auf die gefüllte Hand,
die ich euch entgegenstrecke.
Eßt und trinkt aus meiner Quelle.

Mühe dich zu jeder Stunde,
keine Klage soll dich schwächen.
Diene mir als Magd des Herrn,
sei die Mutter meiner Kinder!“

Während der Heimfahrt sah ich draußen die ersten Zeichen des Herbstes. Zu Hause saß ich noch lange auf dem Balkon und überdachte den Tag in Essen.

X. Abschluss der Ausbildung

Nach dem Verweilen und Berichten von der gegenwärtigen Not heißt es nun aber nachfolgend wieder, in die richtige Chronologie der Lebenserzählung zurückzukehren. Und hier stehen wir im Umbruchsjahr 1948. In Bonn war noch das Pädagogische Examen zu bestehen. Nach dem ersten praktischen Jahr in St. Antonius war die einwöchentliche Gesamtkonferenz aller Bonner Referendare im Staatlichen Studienseminar Bonn unter den beiden Leitern Dr. Frings und Dr. Dederich hinzugetreten. Wir gewöhnten uns an die Besuche und Beurteilungen der Fachlehrer, wenn sie uns bestimmte Stundenreihen übertragen hatten. Hin und wieder kamen auch die Seminarleiter selbst im Gefolge vieler Referendare, wenn wir in den angesetzten größeren Unterrichtsveranstaltungen – wir nannten sie „große Schlachtfeste" – voneinander und miteinander lernen sollten, den Lehrstoff in gutem Unterricht lebendig zu vermitteln.

Es war gar nicht so leicht, eine inhaltliche und zeitlich ausgewogene Lehrstunde aufzubauen. Bei den meisten Lehrproben „verrutschte" anfänglich der zeitliche Rahmen der zur Verfügung stehenden 45 Minuten. Da gab es nur Üben, Üben, Üben, und zwar mit daneben stehendem Wecker, der die drei Unterrichtsphasen genau abklingelte:

A = kurze Anknüpfung an die vorangegangene Lehrstunde
mit Prüfung der Hausaufgabe als Einführung –
B = Vermittlung des neuen Lehrstoffes als Hauptteil –
C = Zusammenfassung und Erteilung der neuen
Hausaufgabe als Ausklang.

Ich erinnere mich an eine mir ziemlich plötzlich übertragene Lehrprobe in Philosophie vor „großem Publikum". Sie war in der Clara-Schumann-Schule angesetzt, und das Thema lautete: „Die Umwertung aller Werte bei Nietzsche". Professor Wilhelm Grenzmann, der Fachleiter, der nicht weit entfernt von mir in der Hohenzollernstraße wohnte, hatte mir per Brief diesen Auftrag erteilt und den Umschlag in meinen Briefkasten gesteckt. Trina, das Knipp'sche allgegenwärtige Hausfaktotum aus dem Drachenfelser Ländchen, hatte den Umschlag an sich genommen und vergessen, ihn mir auszuhändigen. So geriet ich in Zeitnot und rechnete mit totalem Verriss beim „Schlachtfest". Es blieb aber danach, entgegen dem sonst üblichen polternden Abmarsch der Lehrerkolonnen, merkwürdig still.

Ich hatte bei meiner Lehrprobe eine unbekannte männliche Prima vor mir. Zum größten Teil waren es Kriegsteilnehmer, fast alle älter als ich selbst. Vermutlich muss ich die ziemlich rauhen Gesellen in alten Uniformen verdutzt angesehen haben, als wir uns am Schluss der Stunde ohne Beobachter und Kritiker gegenüber saßen. „Jetzt wollen wir mal wirklich zur Sache kommen, Mädchen, nachdem diese komischen Gestalten abgezogen sind", so schallte es mir entgegen. Wir lachten einander zu. Im Hintergrund gab es plötzlich einen fürchterlichen Knall. Die blechernen Näpfe für die Schulsuppe, die dieser „Kriegs-Lehrgang“ in der Ecke des Klassenraumes zur Pyramide aufgebaut hatte, war in sich zusammengebrochen, und einzelne Näpfe rollten bis zum Katheder heran. Wir lachten noch eine Weile. Aber danach gab es ein unvergesslich konzentriertes Gespräch mit diesen jungen desillusionierten Kriegern, die sich von politischen „Verbrechern“ getäuscht und missbraucht sahen. „Jawohl, Umwertung aller Werte.“ Ich hörte zustimmend zu. So eine Stunde hatte ich noch nie erlebt. Da es eine sechste Stunde war, mit der ohnedies der Unterrichtsmorgen endete, unterbrach keiner den ungewöhnlichen Austausch. Später gab es darüber eine ausführliche Besprechung mit Professor Grenzmann und Pater Becher. Die Lehrprobe wurde anerkannt und offiziell benotet.

Bei meinem gegenwärtigen Durchlesen der alten Papiere, wozu auch Aufzeichnungen zur Vorbereitung dieser Lehrprobe gehören sowie Notizen zum späteren Beurteilungsgespräch, kommt es mir so vor, als sei die Zeit stehen geblieben: Ähnlich wie damals entlädt sich auch heute nach Jahren unsäglicher Verblendung und Verführung unseres Volkes wieder ein Gefühlsstau. Wird uns nicht unausweichlich eine neue „Umwertung aller Werte“ abverlangt? Dieses Mal, sechzig Jahre nach dem Kriegsende, ist der Anschlag gegen den Menschen gezielt auf die nach und nach durch Wohlstand und Bequemlichkeit gefallenen inneren Werte und Bastionen gerichtet. Wie lange kann der in der rein diesseitigen Spaßwelt an sich selbst erschöpfte Mensch noch standhalten? Wie viele sind inzwischen nur noch willenloser Spielball von Mächten und Gewalten? Die Feststellung schonungslos nüchterner Zeitkritiker „Deutschland ist durch und durch verfault“, tut weh. Und schon „weiß“ ich, sie haben nicht Recht, genauso wenig wie Pater Erich Przywara damals in Wien, als er im Stefansdom den Untergang predigte und Gertrud von le Fort seiner Auffassung klar und kämpferisch widersprach: „Der Pater irrt“, hatte sie gesagt, als ich ihr in Oberstdorf von der Predigt berichtete. Ihre Worte standen für mich nach wie vor wie in einem prophetischen Feuer, in dem sie das Reich des Heiligen Geistes aus der Vernichtungsflut heraufziehen sah. Auch heute sind es wieder die Einzelnen, der Masse widerstehenden einsamen Rufer und Mahner, die oft in äußerster Verlassenheit, „preisgegeben dem Verrat“ in der Nachfolge Christi betend für diese Zeit einstehen. Die neue Epoche ist längst angebrochen, die neuen heiligen Häuser längst geflochten – weltweit in einer unsichtbaren Gemeinschaft verbunden und mit Heil getränkt.

Das Thema meiner schriftlichen Prüfungsarbeit für das Pädagogische Staatsexamen lautete: „Thomas von Aquin in der Unterprima“. Noch vor der mündlichen Prüfung damals im März 1948 begegnete ich dem Hirnforscher August Wilhelm von Eiff in der Bonner Medizinischen Universitäts-Klinik, damals noch Assistenzarzt bei Professor Paul Martini. A.W. von Eiff blieb von da an mein ärztlicher Begleiter. Er selbst nannte sich mein „Hauptkapellmeister“ in den diversen „Bühnenstücken“, die damals in den wechselnden beruflichen Einsätzen zur Aufführung kamen. Es gab ständig Auseinandersetzungen in den uns umbrandenden Zeitnöten. Das blieb so bis zu seinem

Tod 2000. Von Eiff hatte 1948 im Bonner General-Anzeiger über seine Experimente mit Schilddrüsenpatienten berichtet und bekannt gegeben, dass er in der Studentenschaft nach Probanden für seine Forschung suche, die sich für seine Arbeit zur Verfügung stellten. Ich meldete mich und erfuhr mit der Zeit wieder einmal, dass ich auf eine neue weiterführende Strecke meines Lebensweges geführt worden war.

Beim Suchen nach dem Dienstraum des Dozenten von Eiff in der Klinik auf dem Bonner Venusberg kam ich an einer Kapelle vorbei. Professor Martini (gest. 2. Juli 1998) hatte sie im Erdgeschoss in einem Eckraum einrichten lassen. Die Kliniken befanden sich neuerdings auf dem Venusberg in der alten Flakkaserne, nachdem ein Großteil der Kliniken im Bonner Stadtzentrum ausgebombt war. Beim Eintreten in die Kapelle sah ich das ruhige Leuchten des „Ewigen Lichtes". Es bannte die eigene Unruhe und Frage, ob ich mich mit meiner Meldung richtig entschieden hatte. Dann begegnete ich August Wilhelm von Eiff und erklärte ihm meine Bereitschaft. Damals bei meinem ersten Besuch konnte keiner absehen, wie oft ich noch in den folgenden Jahrzehnten das Tor dieser Klinik durchschreiten würde. Auch nach dem offiziellen beruflichen Ausscheiden von Eiffs aus dem Klinikbetrieb blieb die Verbindung bestehen. Nur ein kleines Stück weiter auf dem Venusberg richtete sich von Eiff – nicht weit von seiner Wohnung am Haager Weg 13 A entfernt – eine Privatpraxis ein.

Beruf

XI. Wegweisende Ordensfrauen

Die Zeit der Ausbildung war nun abgeschlossen. Ich hatte das Wissenschaftliche wie das Pädagogische Staatsexamen bestanden. Noch ehe die letzte Lehrprobe und die mündliche Abschlussprüfung stattgefunden hatten, besuchte mich die Direktorin des Mädchen-Gymnasiums von der Insel Nonnenwerth, Schwester Evodia Wolf. Sie war meine ehemalige Geschichtslehrerin im Eschweiler Liebfrauengymnasium. Jetzt hatte man sie ins Mutterhaus auf der Insel zurückversetzt. Die klösterlichen Gebäude waren als Lazarett genutzt worden, und langsam war es wieder möglich, mit dem alten Schulunterricht zu beginnen. Schwester Evodia hatte die Leitung der Schule übernommen. Als bekannte Historikerin hatte sie wegen ihrer Forschungsarbeiten häufiger in der Bonner Universität zu tun. Heute war ein solcher Tag, und sie nutzte die Gelegenheit, um in meinem Anbau in der Kronprinzenstraße vorzusprechen. Sie hatte mir schon vor dem Abschluss meiner Prüfungen ziemlich energisch klarzumachen versucht, dass sie mit der Mitarbeit der künftigen Assessorin Maria Eschbach auf der Insel fest rechne. „Ist doch Ehrensache, nicht wahr?" „In etwa schon. Natürlich."

Als Schwester Evodia bei mir eintrat – Trina hatte sie natürlich kommen sehen und ihr geflissentlich den Anbau geöffnet – saß ich in meiner eiskalten „Bude" und bereitete mich auf die Examenslehrprobe in Geschichte vor. Thema: „Ausbreitung und Blütezeit der Hanse". Ich sollte diese Stunde vor einer unbekannten Obertertia in der Liebfrauenschule Bonn, Königstraße, halten. Zur Vorbereitung hatte ich mir aus der Schule einen Kartenständer und dazu eine Spezialgeschichtskarte für die sich nach und nach entwickelnden Handelsgebiete der Hanse besorgt. Auch einen Zeigestock hatte ich mir ausgeliehen. In Mantel und Decken gehüllt sprach ich die imaginäre Klasse an, „fuchtelte" mit dem Zeigestock herum, als dieser plötzlich von Schwester Evodia lachend festgehalten wurde. In der Konzentration der Arbeit hatte ich sie gar nicht eintreten gehört. Natürlich sah sie mit „kollegialem" Verständnis sofort, dass sie störe und drehte sich wieder um. „Ich kann ja auf der Insel mit dir rechnen, nicht wahr?" – „Was ist mit der Ländergrenze?" rief ich ihr nach. „Das mache ich schon, keine Sorge!" Dann fiel die Türe des Anbaus ins Schloss.

Meine Gedanken reichten an diesem Vormittag nur bis zum Nachmittag. In der Liebfrauenschule war „Nachmittagsschicht", Lehrprobe 15.00 Uhr. Ich hatte von der Kronprinzenstraße nur wenige Schritte bis zum Mädchengymnasium Königstraße. Meine damalige Mentorin, Frau Dr. Thoemmes, wartete schon. Die Klasse reagierte freundlich. Die Stunde gelang. Die Beurteilung durch den Seminarleiter Dr. Dederich freute mich. Erst am Abend im Gespräch mit Pater Becher äußerte dieser Bedenken gegen das Nonnenwerth-Angebot. „Es herrscht ein solcher Mangel an Lehrkräften in den Ländern, dass kein Land die in seiner Regie ausgebildeten Fachlehrer anderen Ländern zur Verfügung stellt."

Ein Profi wie er wusste Bescheid. Man muss sich hier klarmachen, dass die Grenze zwischen dem von den Engländern besetzten Nordrhein-Westfalen und dem von den Franzosen verwalteten Rheinland-Pfalz unser vertrautes Gelände südlich von Bonn mittendurch teilte. Nonnenwerth mit Rolandseck gehörte schon zu Rheinland-Pfalz. Jedes Land hatte bereits eine eigene Kultus- und damit Schulverwaltung, Ferienordnung usw. In Rheinland-Pfalz gingen die Osterferien in diesem Jahr früher zu Ende als in Nordrhein-Westfalen. So erwartete Schwester Evodia mich umgehend zum Unterrichten auf der Insel. Dort hatten die Schwestern mir die alte Rektorenwohnung zur Verfügung gestellt. „Haben Sie denn die offizielle Genehmigung für mich?" fragte ich Schwester Evodia. „Die kommt bestimmt." Ich zog auf die Insel um, wo alles in Blüte stand. Der Unterricht in den kleinen Lerngemeinschaften machte Freude.

Voller Bedeutung sollte sich meine Begegnung mir Schwester Angela Betzing während dieser ersten Insel-Zeit erweisen. Diese „quirlige" Ordensfrau mit ihren warmen braunen Augen war der „Star" unter den Lehrkräften und mehr noch der „Schwarm" vieler Internatsschülerinnen, die sich unter ihrer freiheitlichen mütterlich fröhlichen Obhut wohl fühlten. In ihrer Nähe war zumeist die berüchtigte „Inselkrankheit" – ‚Heimweh-Halsschmerzen" durch Isolation – gebannt. So locker Schwester Angela auch wirkte, keiner hatte die Zügel so fest in der Hand wie sie.

Man erkannte schnell ihr brillantes Fachwissen, das sie in lebendigen interessanten Stunden vermittelte. Dazu gab sie noch zusätzliche Nachmittagsstunden, Nachholunterricht an Flüchtlingskinder. Sie sah eben sofort, wo es fehlte, wo etwas nicht stimmte und glich es umgehend durch eigenen Einsatz ganz schlicht ohne „Gedöns" und bürokratische Umständlichkeiten aus.

Schwester Angela teilte die Bedenken von Pater Becher, der uns einmal mit einem früheren Schüler (Dr. Carl Knauber) auf der Insel besuchte. So rechnete Schwester Angela entgegen der unbeirrbaren Zuversicht von Schwester Evodia mit meinem baldigen Abschied von der Insel. Damals wusste ich noch nicht, dass sich aus dieser ersten Verbindung mit Schwester Angela eine sich immer mehr vertiefende geistliche Freundschaft entwickeln sollte. Und natürlich wusste ich ebenso wenig, dass Schwester Angela gar nicht viel später nach Rom ins Amt der Generaloberin der Nonnenwerther Franziskanerinnen berufen werden sollte. Noch weniger konnte ich ahnen, dass wir beide, Jahre später, im Linzer Franziskuskrankenhaus, das unter der Regie von Schwester Angela erbaut worden war, eine neue regelmäßige Arbeitsgemeinschaft begründen sollten, in der wir systematisch anfingen, meine pädagogischen und poetischen Schriften zu ordnen.

Erst im Nachhinein, also jetzt, beim Notieren der Erinnerungen, kann ich ermessen, was ich Schwester Angelas resoluter „Streicharbeit" verdanke. Wir saßen gewöhnlich gemütlich im Schwesternwohnhaus für einen ganzen Tag zusammen und „schufteten". Zahllose Blätter flogen in den Papierkorb. Schwester Angela war wie eh und je unerbittlich freundlich. Ab und zu erschien ein dienstbarer Geist mit einem reich gefüllten Tablett. Wie oft aber ließen wir das Essen im Eifer des Gefechtes kalt werden! Einmal konnte Schwester Angela nach einer Bemerkung von mir lange nicht aufhören mit ihrem Lachen. Ich hatte ihr nämlich bei ihren schwungvollen Würfen meiner „Überflüssigkeitspapiere“ in die Müllbox die Frage vorgelegt: „Ist das nicht ganz passend zu unseren einstigen Gebeten, wie sie vor jeder Unterrichtsstunden bei den Nonnenwerther Franziskanerinnen üblich waren: Alles für Dich, Heiligstes Herz Jesu! – ?“

Ab und zu kam Schwester Angela auch für einen Arbeitstag in meine Wohnung nach Bad Honnef in die Bismarckstraße 6. Meistens hatte sie dann auf der Insel zu tun, und sie fuhr mit dem Schulboot nach Grafenwerth; von dort kam sie zu Fuß zu mir herüber. Sie klingelte bereits gegen 7.30 Uhr, und ohne viel Federlesens machten wir uns an eine uns immer vertrauter werdende Arbeit, die sie „Arbeit der Bewahrung“ nannte. Als ehemalige römische Generaloberin hatte Schwester Angela natürlich viel Einblick in die sich durch das Konzil ergebenden Veränderungen und Unsicherheiten. In Linz verhielt sich Schwester Angela sehr zurückhaltend. Die vielen Austritte bekümmerten sie sehr. Sie sprach nur selten darüber. Sie diente auf ihre fürsorgliche, aber nicht minder kompetente Art für eine ansehnliche Bibliothek. Sie fuhr jede Woche mit einem Buchwägelchen durch alle Krankenzimmer. Sie kannte jeden Patienten, informierte sich vorher umfassend über seine persönliche und familiäre Situation.

Schwester Angela war in den aktuellen Nachrichten weit besser informiert und belesener als ich. Davon profitierte ich natürlich bei ihren Hinweisen. Sie erkannte auch früher als ich, was es um meine Verbindung zu Hans Urs von Balthasar und Adrienne von Speyr auf sich hatte. Sie nannte Balthasars Arbeit oft „Literaturtheologie“. Hier sah sie auch meinen geistigen Ort. Darüber tauschten wir uns aus: Literatur als solche ist theologisch relevant. Das hat nichts mit theologischer Vereinnahmung zu tun. Balthasar bezeichnete es als ganz einfach gegebene „Wahrnehmungspflicht“, Literatur religiös zu erschließen und wies auf die Schriftstelle „prüft alles; was gut ist, das behaltet“ (1 Thess 5,21).

Das früher Selbstverständliche, so war es zu vernehmen, ist bei den Heutigen vergessen, bzw. es wird ihm „giftig“ widersprochen. „Wir müssen warten“, sagte Schwester Angela. Wie gut, dass in Basel solcher Scharfblick die Theologie bewahrt. „Lassen Sie sich weiterführen. Durch die Baseler Sendung geht es demnächst weiter.“ Schwester Angela war auch die erste, die eines Tages zwischenhinein ernst fragte: „Wissen Sie auch, dass Sie sehr viel, sehr Bedeutsames tun?“

Ich muss sie wohl eher verwundert angeschaut haben; denn das sah ich zu diesem Zeitpunkt überhaupt nicht so. Für mich war es lediglich eine spürbare Entlastung, dass jemand wie Schwester Angela meinen Einsatz unterstützte und mich je neu bat, weiter mit der Kirche „Geduld zu haben“, was mir im angeblichen „heiligen Zorn“ schwer fiel. Ähnlich wie Hans Urs von Balthasar sprach Schwester Angela vom „schlimmen Kampf gegen die Kirche“, der aber als solcher nicht erkannt würde.

Schwester Angelas Einfluss in der Schwesterngemeinschaft schwand mehr und mehr. Bei einer unserer letzten Zusammenkünfte arbeiteten wir nahe am Linzer Krankenhaus auf einer Bank an meiner Hans Urs von Balthasar gewidmeten Sammlung geistlicher Lyrik „Das goldene Haus“. Schwester Angela hatte immer mehr mit ihrem Herzleiden zu kämpfen. Das bekümmerte sie aber kaum. „Wir haben hier einen guten Kardiologen – der schaut schon nach mir.“ Nein, da war anderes, das ihr zunehmend zusetzte. Ich wurde allmählich hellhörig für kleine Mitteilungen, die ich früher nie so von ihr gehört hatte. So zog sie mich einmal, als ich die Arbeitspapiere zusammenlegte, um nach Bad Honnef zurückzufahren, am Ärmel und sagte: „Vielleicht war das heute das letzte Mal.“ Das kam eher fragend – ja, heute meine ich, angstvoll heraus. „Ich komme hier oben nicht mehr richtig durch. Verstehen Sie?“ Sie tippte mit dem Zeigefinger auf die Stirn. „Unsinn, Schwester, völliger Unsinn“, fiel ich ihr fast burschikos ins Wort. Da lachten wir noch, und sie lehnte sich irgendwie erleichtert gegen mein türkisfarbenes Coupé. „Ein wirklich schöner Flitzer“, sagte sie ablenkend.

„Ja also dann, ich steche in See“, sagte ich, gab Gas und fuhr schnell davon. Ich war aber sehr beunruhigt. Am Abend telefonierten wir noch länger.

Unser Zusammensein auf der Bank war unser vorletztes Arbeitstreffen. Nur noch einmal kamen wir in der Linzer Bibliothek zusammen. Dann gab es immer mehr Absagen. Die Pflegeschwestern winkten ab, baten um Verständnis. Schwester Angela ging in eine ganz stille verhüllte Endphase. Ich musste mich abfinden. Jedes Mal, wenn ich zum Linzer Krankenhaus hochfuhr und später wieder zurück, lernte ich schubweise, wie Gott einen Lebensabschluss regelrecht versiegeln kann. Schwester Angela wirkte wie in den Anfang zurückgenommen, eingefaltet in den strahlenden Beginn der stillen Schönheit einer *sponsa* Christi.

Bei diesen letzten Besuchen wurden mir wieder die früheren Arbeitsjahre mit der Schweizerischen Ingenbohler Kreuzschwester Schwester Oderisia Knechtle bewusst, die vielen Monate im Mutterhaus oberhalb Brunnen am Vierwaldstätter See, im Flüeli-Ranft, im Saarland und Luxembourg. Hier hatte ich sehr Ähnliches erlebt beim Prozess der Heimholung einer Braut Christi. Für mich sind diese Erinnerungen ein kostbares Vermächtnis. Das Letzte, was ich von dieser in geheimnisvolle Stille eingehüllten sponsa Schwester Angela hörte, war nur noch leises Gebetsmurmeln: „Herr, es will Abend werden, und der Tag hat sich geneiget.“ Ich weiß nicht, ob sie mich noch erkannte. Sie war schon tief in die Verdunkelung hinein geschritten. Mir kam diese Dunkelheit als Gesamtverdunkelung der Erde vor, als Einnebelung des Geistes im bedrohlich-finsteren Machtzuwachs des Fürsten dieser Welt.

Aber hatte Schwester Angela nicht mein, *unser* gemeinsames Schaffen mit Blick auf Basel „Arbeit der Bewahrung“ genannt? Im Gedenken an die vielen fruchtbaren frohen Stunden mit der sich nun ganz in Gott zurückziehenden Arbeitskollegin versuchte ich nun, schlicht, ohne „Gedöns“ in ihrem Sinne weiterzumachen.

In diesen außergewöhnlichen Tagen der Linzer Umstellung und Umwandlung begleitete mich Schwester Caritas mit sehr nobler stiller Einfühlung. Wir beide kannten uns bereits aus den Honnefer Tagen, wo sie im Haus Magdalena in der Königin-Sophie-Straße Oberin war. Sie war dort die „Mutter“ der alten Schwestern. Mit Schwester Angela verband sie eine lange Freundschaft.

Schwester Caritas lebte nun selbst im Schwesternkreis der Alten, einer eigenen Abteilung im Linzer Krankenhaus. Sie hatte nur noch einen kleinen, aber sie ganz und gar ausfüllenden Dienst – sie besorgte die Kapelle. Hier saßen wir häufiger auf der letzten Bank im leisen Zwiegespräch, oder wir gingen in die gegenüberliegende Bibliothek, die uns aber ohne Schwester Angela meistens zu kalt war. Das Besondere der denkwürdigen Gespräche mit Schwester Caritas hatte mit einer Terrakotta-Kindfigur zu tun, die ich aus dem Besitz der Nonnenwerther Schwestern für mich erwerben konnte.

Heute kann ich nur staunen, wie genau Schwester Caritas im Verweis auf diese Figur meine damalige Verfassung traf und unterfasste. Damals ging es in Basel bei Hans Urs von Balthasar nämlich um eine „Kind-Mystik“, die er von mir aufgegriffen hatte, als er von dem eigenartigen Namen „unus necessarius“ hörte. Diesen Namen hatte ich dem Abbild des „schönen“ Messiaskindes gegeben, den die Berliner Bildhauerin Schwester Eberhardis restauriert und mir auf meine Bitte hin überlassen hatte. Die sitzende Kindfigur stammt aus einem unbekannten alten Krippen-Ensemble. Es ist ein bereits auf dem Schoß der Mutter sitzendes „Dreikönigskind“ mit erhobener segnender Hand. Im Kriegsbombardement waren alle Figuren außer der des Messiaskindes zerstört worden. Aber auch dieses war getroffen worden. Ihm fehlte ein Beinchen. Es lag in Schwester Eberhardis „Lauben-Atelier“ im Park des St. Josefsklosters in Bad Honnef. Dort saß die Figur auf einer Holzrampe. Schwester Eberhardis hatte sie zum Reparieren hinaufgesetzt. Als ich die Figur zum ersten Mal sah, wusste ich sofort, dass etwas in ihr zu mir hinstrebte. Es war der Ausdruck der Augen in dem stillen Antlitz, die schlichte liebevolle Sammlung. „Das ist mein Kind“, sagte ich der damals überaus erstaunten Schwester Eberhardis. Sie stand gerade an dem alten „Kanonenöfchen“ in der Mitte ihres Ateliers. Oben drauf zischte ein großer Kessel, in dem sie ihre Wäsche wusch. Man ließ Schwester Eberhardis, die schon im vorgerückten Alter und ganz gebeugt von einem schweren Rückenleiden war, als berühmte Künstlerin ihre eigenen Wege gehen. Die jungen Mitschwestern fanden sie schwierig und querköpfig; sie ärgerten sich nicht wenig, wenn diese Frau ab und zu wie eine zornige Prophetin auftrat und die „neumodischen liturgischen Lockerungen“ als Abfall verwarf. Schwester Caritas nahm Schwester Eberhardis in ihre besondere Fürsorge. Vor allem war ich froh, dass sie der alten Schwester ihren Lebensraum ließen, egal, wie es im „Laubenatelier“ aussah, wo ein schwesterlicher „Putzteufel“ so gern einmal gründlich aufräumen wollte. Ich erhielt meinen

„unus necessarius". Schwester Eberhardis flickte sein Beinchen. Ich ging jeden Tag in die Laube und sprach mit ihm wie mit einem kleinen Patienten, der bald nach Hause kommen darf. Der von den Schwestern empfohlene Schreiner Müller aus Bad Honnef-Selhof kannte ihn auch gut und fertigte ein maßgerechtes stabiles Sitzbett aus „guter Eiche" für ihn an. Er brachte es in der rechten Ecke meines zum Garten gelegenen Arbeitszimmers an. Vom Schreibtisch aus hatte ich einen schönen Blick in diese Ecke.

Schwester Eberhardis hatte inzwischen wie kein anderer mein Anliegen mit dem „priesterlichen Kind" verstanden. Diese mich beeindruckende Greisin, eine immer noch bekannte und gefragte Bildhauerin, war mit mir Feuer und Flamme und vermittelte, dass in der gegenüber ihrer Laube liegenden klösterlichen Paramentik aus Resten alter Messgewänder eigene kleine liturgische Gewänder für die Figur geschneidert wurden.

Schwester Caritas nahm es jetzt auf Bitten der ihr anbefohlenen Schwester Eberhardis umsichtig in die Hand, eine richtige „Inthronisation" der Figur in meiner Wohnung vorzubereiten. Schwester Eberhardis war überzeugt, es gehe darum, eine neue Kindwallfahrt zu begründen, deren künftige Bedeutung sich erweisen werde. „Das Volk Gottes muss frei werden", sagte sie mit ihrer rauhen Stimme. „Es muss aus der brutalen Knebelung durch den Gotteshass heraus. Sieht denn keiner, wie viele Menschen heute den Weg verloren haben? Sehen sie nicht, wie sich ihnen die kleine Hand des Messiaskindes in dieser Finsternis entgegenstreckt?"

Einer nach dem anderen „fing Feuer" bei der Vorbereitung des „Kind-Festes". Hauptperson war der über 90jährige Prälat Quodt, der täglich die Sieben-Uhr-Frühmesse mit uns in der St. Anna-Kapelle feierte. Auch er hatte die Kindfigur im Laubenatelier von Schwester Eberhardis besucht und mit ihr die „Weihe" besprochen. Er und seine leibliche Schwester waren pünktlich bei mir zur Stelle. Dann klingelten die Nonnenwerther, die im Tragekorb den „unus necessarius" mit sich führten. Mehrere Guthirtinnen und einige andere Besucher der Frühmesse stellten sich ein. Blumensträuße schmückten den großen Tisch im Wohnzimmer. Dann folgten wir alle ergriffen den schlichten Worten des alten Priesters, wie er die Figur mit Weihwasser besprengte. Schwester Caritas hatte sogar Weihrauch entzündet, dessen Duft sich überall in den beiden großen ineinander übergehenden Räumen ausbreitete. Unbeschreibliche Freude kam in der Stille dieser Stunde auf. Einige der Ordensfrauen sprachen mich später wiederholt auf die unvergesslich dichte Atmosphäre der Feierstunde an. „Unvergesslich", sagte auch Schwester Caritas.

Schwester Eberhardis strahlte. Sie war noch tiefer in ihre gekrümmte leidende Gestalt hinein gesunken. Sie sagte kein Wort, als sie am Arm von Schwester Caritas meine Wohnung verließ und langsam die Treppe hinunterhumpelte. Wenig später verschlimmerte sich ihr Zustand so, dass man sie ins Linzer Hospital bringen musste. Ich sah sie noch einmal als Sterbende auf der Linzer Schwesternstation. Schwester Angela hatte mich zu ihr geführt. Ich erkannte sie zuerst nicht, nahm an, ich sei irrtümlich ans falsche

Bett geraten; denn ich sah eine schmale fast ganz verhüllte Gestalt in einem rosa Frottéanzug mit einer über den Kopf gezogenen Zipfelmütze. Ich drehte mich fragend um. „Doch, doch", murmelte Schwester Angela, „lassen Sie nur." Da hob Schwester Eberhardis – nun erkannte ich doch die ihr unverwechselbar eingeprägten Gesichtszüge, ihre Augen. Sie erkannte mich und hob die Hand zu einem winzig kleinen Winkzeichen. Was stand in diesen Augen? Ich meine, irgendwie ein „kumpelhaft-verschmitztes" Einverständnis, ein letztes, heiteres, wissendes Geschehenlassen, dass eine Braut Christi im Vollalter von 94 Jahren zuletzt in ein possierlich buntes Zwergen-Kostüm verkleidet worden war.

„Lassen Sie nur", sagte Schwester Angela zum zweiten Mal. „Das geht alles vorüber. Lassen wir es"; damit zog sie mich weiter. Wie es sich in meinem Briefwechsel mit Hans Urs von Balthasar zeigt, begleitete er die ganze Prozedur mit dem Erwerb und der Weihe der Kindfigur auf das Genaueste. Außerdem ließ er sich bei meinen persönlichen Besuchen alles haarklein erzählen. Ich hatte ihm mehrere Abbildungen der Figur gezeigt. Er verfolgte die Anfertigung der kleinen Gewänder. Bei aller Sachlichkeit unserer Zwiegespräche über das Kind nahm ich doch wahr, dass er dabei in eine tief teilnehmende Gemütsbewegung geriet. Mir will es jetzt beim Nachsinnen und Niederschreiben meiner Erinnerungen nicht aus dem Kopf gehen, dass Hans Urs von Balthasar uns mit seinen schriftlichen Äußerungen zur „Meta-Physik des Kindes" – fern jeder Sentimentalität – eine überzeugende theologische Begründung der Kind-Verehrung hinterlassen hat. Und es beschäftigt mich sehr, dass er kurz vor seinem Tod quasi seine letzten Kräfte auf die Abfassung seiner Studie „Wenn ihr nicht werdet wie dieses Kind" (Schwaben-Verlag, Ostfildern b. Stuttgart, 1988, „Anstöße") verwandte.

Ist es nicht so, als fasse er hier sein unvergleichlich weitreichend-umfassendes Werk wie seine an Geistesgaben so ungewöhnlich reich beschenkte Persönlichkeit im Lächeln eines Kindes zusammen? Von daher versteht sich vielleicht mein Wunsch, es möge gelingen, über meinen biographischen Bericht hinaus, noch eine Sammlung poetischer Texte unter dem gleichen Titel wie diese seine letzte Studie zur Sprache zu bringen: Eine Gabe des Dankes zum bevorstehenden Gedenkfest seines 100. Geburtstages am 12. August 2005.

„Wenn ihr nicht werdet wie dieses Kind!" – Welch verheißungsvoller Nachdruck steigt aus dieser Weisung! Schließlich sind sich die, die Hans Urs von Balthasar nach seinem Tod am Sonntagmorgen des 26. Juni 1988 sahen, einig darin, dass diese gewaltige Persönlichkeit im sanften friedlichen Schlaf eines kleinen Kindes dem Betrachter seiner bereits ins Ewige entrückten Gestalt etwas vom Geheimnis der Kindschaft in Gott zu enthüllen vermochte.

XII. Köln Bayenthal

Meinem Abschied von der Insel folgte der von Schwester Angela. Sie wurde – ehe man sie später in Rom zur Generaloberin wählte – zur Leiterin eines Mädchengymnasiums nach Berlin versetzt. Ich hatte das offizielle Schreiben vom Düsseldorfer Schulkollegium erhalten, worin ich aufgefordert wurde, mich zum sofortigen Einsatz in einem Mädchengymnasium in Brühl zu melden. In dem behördlichen Brief hieß es: „Sie haben sich zwecks eines Unterrichtsbedürfnisses umgehend in Brühl zu melden." So lautete mein erstes amtliches Schreiben von meiner künftigen vorgesetzten Dienstbehörde. Dieses Dokument bewahre ich bis heute in meinem alten Aktenordner und frage mich beim Lesen wie damals, wie man Abhilfe schaffen kann, dass der deutschen Sprache in den Amtsstuben kein Schaden zugefügt wird. Damals war meine Verbindung zum „Stil-Schneider" noch sehr lebendig, und er versuchte tatsächlich als bekannter und anerkannter Fachmann, durch entsprechende Hinweise bei der Düsseldorfer Behörde eine Änderung anzustoßen. Er hatte sich dafür eine Kopie des Schriftstückes von mir als Beispiel typischer Fehlleistung erbeten.

Bei meiner Meldung in Brühl an einem Freitagmorgen ging es ähnlich barsch zu. Die Schulleiterin, eine Ursuline, erklärte mir: „Sie übernehmen Latein in den zwei Oberstufenklassen, den Sport in…" Ich unterbrach sie und teilte ihr mit, dass ich weder für das eine noch für das andere Fach facultas habe.

„Sehen Sie da Schwierigkeiten?" fragte sie knapp zurück. „In solchen außerordentlichen Notzeiten? Fangen Sie bitte Montag an. Hier sind die Unterlagen."

Aus dem Einsatz in Brühl wurde aber nichts. Ich war froh, dass meine Bonner Anbauwohnung noch nicht gekündigt war. Ohne dass ich es recht wahrgenommen hatte, vielleicht auch wahrnehmen wollte, war ich in diesem Frühjahr nach den pausenlosen Einsätzen wieder an eine Kraftgrenze gestoßen, die Einhalt gebot. Die Düsseldorfer Behörde gewährte auf ein amtsärztliches Zeugnis hin ein halbes Jahr Aufschub bis zur offiziellen Aufnahme des Unterrichtes. Langsam kam ich zu mir. Die Dinge ordneten sich wieder von innen.

In unserem Wohnviertel stieß ich regelmäßig auf Professor Wilhelm Grenzmann, der mir eines Tages den Vorschlag machte, in der von ihm begründeten literarischen Reihe „Gestalt und Werk" beim Schnell'schen Verlag im westfälischen Warendorf die erste Nummer zu verfassen, und zwar mit einer Arbeit über Gertrud von le Fort, d.h. einer Einführung in ihr Gesamtwerk. Damals stand weder für die Öffentlichkeit noch für die Schulen etwas Derartiges zur Verfügung. Grenzmann hatte Recht. Es reizte mich, seinen Auftrag anzunehmen, und ich machte mich an die Arbeit.

Schon wieder eilte es, jedoch lernte ich es jetzt besser, mit den Kräften hauszuhalten. Durch die Möglichkeit, mir während der Arbeit an der Gertrud von le Fort-Studie meine Zeit frei einzuteilen, fuhr ich häufig nach Nonnenwerth. Hin und wieder wurde auch ein verlängertes Insel-Wochenende eingerichtet. Hier hatte ich meinen Lieblingsplatz, direkt unten am Rhein. Hier hatte ich das Gefühl, am besten mit der Arbeit voranzukommen. Die großen Last- und Personenschiffe fuhren ganz nahe vorbei. Schwester Evodia lud mich gewöhnlich zu gut gelegener Stunde zu einem Gespräch ein. Schwester Angela war bereits in Berlin.

Einmal versetzte Schwester Evodia mich in höchstes Erstaunen, als wir in ihrem Arbeitszimmer saßen. Plötzlich wie aus heiterem Himmel brach sie nämlich in Tränen aus, und ein heftiges länger andauerndes Weinen erschütterte sie. Ich war zunächst hilflos. Die stets überlegene Schwester Evodia war mir seit meiner Schulzeit immer wie ein „Fels“ in der Schwesternschaft vorgekommen. Da waren auf einmal Schranken gefallen. Ich sah die Not hinter der vermeintlichen Tüchtigkeit. „Nie hätte ich gedacht, dass ich im Kloster so über alle meine Kräfte hinaus schuften müsse“, klagte sie. Es war eben ein mehrtägiges Inseltreffen der Ehemaligen zu Ende gegangen. Es gab Auseinandersetzungen mit schwierigen „weltlichen“ Lehrkräften. „Da stimmt etwas nicht. Wofür bin ich ins Kloster gegangen?“

Da hakte ich vorsichtig ein. Ich wusste, dass Schwester Evodia von Anfang an an dem Gedanken festhielt, mich als Kandidatin für die Gemeinschaft zu gewinnen. Daran erinnerte ich sie, und danach wendete sich das Gespräch sehr verhalten aber dennoch klar ins Grundsätzliche. „Nein, das ist nichts für dich. Da kommt noch anderes…“ Der Abend zog sich noch etwas hin. Schließlich gingen wir über den Gang und schauten von einem Krankenzimmer durch ein Fenster hinunter in die Kapelle. Die Schwestern beteten die Komplet. Wir stimmten leise von oben ein. – Ich war sehr nachdenklich. –

Später hörte ich in Basel bei Frau Dr. med. Kaegi-von Speyr einen ähnlichen Satz, wie er jetzt von Schwester Evodia formuliert worden war. Natürlich wusste ich das an diesem Spätsommerabend noch nicht. Schwester Evodia begleitete mich noch zum „Turmzimmer“, wo ich logierte. Sie lächelte wieder wie eh und je, und doch war es ein neues, mehr umschließendes Lächeln.

Ich denke mir heute, dass Schwester Evodia die Nähe und Begleitung von Schwester Angela sehr vermisste und sich bei den wachsenden „Sturm“-zeiten in der Schule überfordert sah. Inzwischen hatte auch die regelmäßige Arbeit mit Professor von Eiff ihre eigenen „Früchte“ der Einsicht in die psychosomatischen Zusammenhänge der „Ganzheit Mensch“ getragen.

Eine Schwierigkeit ganz anderer Art stand zuletzt der Publikation meiner le Fort'schen Studie noch entgegen: Mir lag unbedingt an einer Durchsicht und Genehmigung der Dichterin, ehe so eine umfassende Erschließung – die erste ihrer Art – in Druck ging. Jedoch konnte ich Baronin le Fort noch immer nicht erreichen. Sie weilte weiterhin in der Schweiz, wohin sie ja bald nach dem Kriegsende aufgebrochen war. Ihre damalige Sekretärin, die Diakonisse Anneliese Knortz, konnte mir nur je neu aus Oberstdorf mitteilen, dass die Rückkehr sich wieder einmal verschiebe. Endlich erhielt ich dann einen Brief der Dichterin, in dem sie erklärte, ich solle die Studie auch ohne ihre vorherige Prüfung ruhig in Druck geben, „es werde schon alles recht sein.“ Im Warendorfer Verlag beeilte man sich, und so stand bald ein ansehnliches weißes Bändchen von mir: „Die Bedeutung Gertrud von le Forts in unserer Zeit“ zur Verfügung (1948). 1988 und 2005 erschien die Studie im erweiterten Nachdrucik.

Inzwischen war nun auch die halbjährige Pause verstrichen, und pünktlich erhielt ich eine Vorladung nach Düsseldorf ins Schulkollegium. Ich machte meinen ersten Besuch dort im großen Amtsgebäude und stieß auf eine sehr freundliche Dezernentin, Frau Oberschulrätin Dr. Klasing. Sie war Naturwissenschaftlerin. Wir verstanden einander auf Anhieb. Ich fand sie als Mathematikerin erstaunlich aufgeschlossen für moderne Dichtung. Sie kannte und schätzte das bis dahin bekannte Erzählwerk der Gertrud von le Fort. Nach einiger Überlegung bot sie mir eine Assessorenstelle in der Irmgardisschule Köln-Bayenthal an und meinte: „Hier könnten Sie hinpassen. Sie haben aber Bedenkzeit. Geben Sie mir Bescheid.“ Pater Becher hatte an diesem Tag auch bei der Düsseldorfer Behörde zu tun. Wir trafen uns später und berieten uns. Ich war an der Aufnahme einer ersten selbstständigen Aufgabe sehr interessiert. Heute frage ich mich, wie viel dazu wohl die mich zuversichtlich stimmende Begegnung mit Oberschulrätin Klasing beigetragen haben mochte. Andere mögliche Einsätze – etwa eine politische Arbeit in Verbindung mit Frau Helene Weber – wollte ich noch zurückstellen. So gab ich Frau Klasing meine Zusage und begann mitten im Schuljahr am 1. September 1948 meine Lehrtätigkeit in Köln-Bayenthal.

Durch Vermittlung der Schulleiterin fand ich bald eine schöne Wohnung in Marienburg im südlichen Köln in der Goethestraße 43. Die Schule befindet sich in der Schillerstraße 100, gleich an der Ecke am Bayenthal-Gürtel, wo der Stadtteil Marienburg beginnt. Hier hatten die Bomben weniger Schäden angerichtet als in den anderen Stadtteilen. Dazu umgab der nahe Militärring das insgesamt bevorzugte Wohnviertel wie ein umschließender Grüngürtel. Die teils in Marienburg, teils in Zollstock wohnenden Schülerinnen sollte ich nun in Deutsch und Philosophie unterrichten und zum Abitur führen. Die dreieinhalb Kölner Jahre erscheinen mir heute im Blick auf die gesamte selbstständige Lehrtätigkeit wie ein Vorspiel, ein allmähliches Sich-Einspuren in den ganz eigenen Stil. Nach den vergangenen „freien“ Monaten der wissenschaftlichen und schriftstellerischen Arbeit trat ich nun mit neuem Elan vor siebzehn lernfreudige Schülerinnen, mit denen ich experimentieren wollte. Die „geistige Scheune“ war wieder gefüllt. Es handelte sich konkret um einen großen Karton, den ich mit von mir erstellten geistigen Geländekarten angefüllt hatte. In gewisser Weise waren es Nachfahren meiner früheren Architektur-Skizzen zu den le Fort'schen „Hymnen an die Kirche“.

Pater Becher schaute hier und da interessiert in die immer umfangreicher werdende Sammlung hinein. Einmal sagte er: „Du bist doch irgendwo die genuine Tochter deiner Mutter Emma. Gleichen nicht diese Schau-Skizzen den orthopädischen Schnittmustern aus braunem Packpapier, die deine Mutter für ihre Patienten herstellt?“ Dieser Gedanke war mir bisher noch nicht gekommen, aber er leuchtete mir ein. Meine Mutter wollte mit ihren Gebilden aus stützenden Stangen und Atlasseide Haltung für einen schwachen Leib herstellen. Ich war dabei, mir Stützmaterial für Leib und Seele auszudenken. Der Karton ging also als wichtiges Gepäckstück mit nach Köln. Vor dem Umzug hatte ich ihn verschnürt und auf ein für ihn bestimmtes großes Etikett geschrieben: „Dichtung als Heil“.

Im noch weitgehend zerstörten Köln hatte ich zuerst durch Vermittlung meines Aachener Vetters Rudi Delhey ein Zimmer in der Landsbergstraße gefunden, ganz in der Nähe von St. Severin im „Frings-Viertel“. Rudi war vor meinem Amtsantritt schon einige Monate in Köln und arbeitete nach vollendetem Studium an der Aachener Technischen Hochschule nun als Dipl.-Ingenieur bei der Rheinischen Energie-Versorgung („Rhenag“). Das Verwaltungsgebäude befand sich im großen imposanten Ovalbau, einer wilhelminischen Villa auf dem Bayenthal-Gürtel, nur wenige Minuten von der Irmgardisschule entfernt.

Nach einem schweren Unfall war Rudi vom Militärdienst ausgeschlossen worden. Professor Burgbacher hatte den jungen tüchtigen Fachmann schnell für sich gewonnen und von Aachen in die für den Aufbau des westdeutschen Teilstaates wichtigen Kölner „Machtzentrale“ berufen. Im ersten Stock des eleganten Gebäudes war die Gesellschaft „Thüringer Gasgesellschaft“ (ThG) untergebracht. Sie trat für mich durch die damalige Chefsekretärin, Fräulein Lilo Burbach in Erscheinung, die Rudi mir vorstellte. Diese beiden wurden bald die außerschulischen Säulen der wilden Kölner Jahre; denn ziemlich bald stellte sich heraus, dass diese beiden „Energie-Vertreter“ sich nicht nur geschäftlich, sondern auch menschlich füreinander interessierten. Sie bewegten sich Schritt für Schritt auf die spätere Eheschließung zu. Die Hochzeit wurde dann in Bad Godesberg im Kloster der Schwestern vom „Armen Kinde Jesu“ gefeiert. Pater Becher traute die beiden, nachdem Lilo vorher bei ihm Konvertitenunterricht erhalten hatte und in die katholische Kirche aufgenommen worden war. Nach der Trauung sagte Pater Becher: „Da habe ich wieder einen Kreuzweg eingesegnet.“ Wer wusste damals bei dem fröhlich aufkommenden Beifallklatschen und Gelächter, wie wahr er gesprochen hatte!

Das mir von Rudi vermittelte Quartier in der Landsbergstraße erwies sich unmittelbar nach dem Einzug als unmögliche Spelunke, und fast von heute auf morgen konnte ich in die Marienburger Goethestraße 43, ins Haus Kemme, Elternhaus einer früheren, inzwischen verheirateten Schülerin der Irmgardisschule, umziehen. Ich atmete auf und dankte der kleinen heiligen Therese von Lisieux für ihre spürbare prompte Hilfe, um die ich bei dem ungewöhnlichen Umzug gebeten hatte. Pater Becher hatte empfohlen, diese Heilige bei ganz verzweifelten Umständen vertrauensvoll anzurufen. Tatsächlich war ich innerhalb einer guten Stunde von der Landsbergstraße in die Goethestraße umgezogen. Ein junger Mann in einem Lieferwagen vom Kaufhof hatte mich auf der Straße stehen sehen. Er hielt an. Wie rat- und hilflos muss ich wohl gewirkt haben? Er sprach mich an; ich berichtete. Er erkannte meine Verlegenheit, und so war ich im Handumdrehen umgezogen.

Seit dem Beginn meiner Lehrtätigkeit in der Irmgardisschule im September 1948 reihte sich ein schöner spätsommerlicher Tag an den anderen. Es war noch so herrlich warm, dass wir abends im Rhein schwimmen gingen. Im Rückblick auf mein erstes „Ordinariat" in der neuen Lerngemeinschaft habe ich mir damals kaum klar gemacht, was es bedeutete, dass ich nur fünf Jahre älter war als Hilde Panzer, die Seniorin meiner Klasse. Für mich war es damals nichts mehr als lustig, wenn bei Ausflügen oder sonstigen Klassen-Unternehmungen nicht ich, sondern die bedächtig-umsichtige und etwas mollige Inge Golling als Ordinaria angesprochen wurde.

Es bereitete mir auch keine Schwierigkeiten, gleichzeitig als ernste Wissensforscherin konzentriert und engagiert zu arbeiten und dann als „unmöglicher verspäteter Kindskopf" (Urteil Pater Becher) mit meinen Schülerinnen in den Geländespielen im Militärring die sportlichen Kräfte zu messen, am liebsten sie mit überlegenen Punkten zu besiegen. Was offenbarte solche unausgewogene Zwiespältigkeit? Ich denke, hier war noch der Krieg mit seinen letzten Ausläufern im Spiel, wo wir immer noch in ganz verrückten Intensiv-Schüben unsere ausgefallene Jugendzeit nachzuholen versuchten. An manchen Abenden habe ich auch mit Lilo musiziert. Wir gingen in die Schule ins Musikzimmer. Lilo begleitete mein Geigenspiel auf dem Klavier. Hin und wieder kam Rudi uns abholen, wollte zuvor aber solo singen. Meistens war es das Volkslied vom „Wildvögelein", das wir alle drei liebten. Ab und zu gab es bei Lilo noch eine feine „Paradeisersuppe" (Tomaten), ehe wir uns trennten.

Eine Pause der Nachdenklichkeit schiebt sich ein. Was ist aus uns geworden? Rudi wurde ein bekannter und gefragter Energiefachmann, Chef der Energie-Versorgung Mittelrhein (EVM) mit Sitz in Koblenz. Lilo schied aus dem Beruf aus. Unsere Freundschaft hielt trotz der vielen situationsbedingten Abwesenheiten von mir an. Rudi wurde mit dem Bundesverdienstkreuz geehrt. In den letzten Jahren verbrachten wir mehrere gemeinsame Urlaubszeiten in Italien. Wie aus heiterem Himmel traf Rudi die tödliche Krankheit. Der Abschied kam im Juli 1999. Lilo hat ihn bis heute nicht verwunden.

Während der frühen „wilden" Jahre in Köln, vor allem in der Karnevalszeit, kam ab und zu eine warnende Anfrage von Vater Joachim aus Eschweiler. Rudi, sein Patenkind, der meinen Vater wegen seiner Schreibereien „Mörike" nannte, beruhigte ihn. Hin und wieder sangen wir ihm auch unsere selbstverfassten Lieder vor, wenn wir samstags mittags nach Dienstschluss mit einem VW-Käfer von Köln nach Eschweiler „brausten" und wenig später Rudi von Eschweiler aus weiter nach Aachen zu seinen Eltern in die Turmstraße fuhr. Insgesamt war diese verspätete Ausnahmezeit mit pausenloser Geselligkeit, Festen, Bällen, Musikveranstaltungen doch relativ kurz. Man muss sich auch vergegenwärtigen, dass das Leben in den ersten Kölner Jahren noch sehr stark vom Mangel und von Improvisation bestimmt war. Normalität in den Haushalten stellte sich erst nach und nach ein.

Die Irmgardisschule war eine Privatschule in der Obhut der Aspeler Schwestern vom heiligen Kreuz. Der angeschlossene Konvent versorgte die Lehrschwestern. Es war selbstverständlich, dass ich seit meinem Dienstantritt vom Kloster ein Mittagessen erhielt. Dieses wurde in ein mehrstufiges Essgefäß abgefüllt. Nach Schulschluss konnte ich die Essenstasche in der Klosterküche abholen und mit nach Hause nehmen.

Es scheint mir heute mehr und mehr als ein schöner Zufall, dass sich, während ich mit der Aufzeichnung meiner Erinnerungen aus der Kölner Zeit beschäftigt bin, eine Besucherin einstellt, die vor mehr als fünfzig Jahren zum Kreis meiner ehemaligen Schülerinnen gehörte. Es ist eine 70jährige sehr behende Ordensfrau, die nach 30 Jahren Wüstenleben im Vorderen Orient z.Zt. einen Heimaturlaub in Köln verbringt. Beim Eintreten in meine Wohnung schauten wir beide uns genau an. „Nein, wir hätten uns nicht wieder erkannt." Oder doch? „Ja sicher", sagte sie, „ich erkenne Sie an der Stimme, an der Redeweise wieder." Ich berichte von meinem derzeitigen Versuch, die frühen Kölner Erinnerungen zu Papier zu bringen, erwähne die Essenstasche. „Klar, die berühmte Tasche", fällt sie lebhaft ein. „Wissen Sie überhaupt, welche tollen Hintergrundkämpfe sich in Verbindung mit dieser Tasche abgespielt haben? Jeder wollte sie bei der Köchin abholen und Ihnen beim Nachhausegehen präsentieren, um dann von Ihnen zu hören: „'Wollen Sie nicht mitgehen und mit mir zusammen essen?'" „War das so, Schwester?" „Ja, wissen Sie das denn nicht mehr? Dieses Gerangel hat doch Wellen bis in die Elternhäuser geschlagen." „Wieso denn das?"

„Es war doch hoch spannend, wer als Taschen tragende Siegerin mit Ihnen in die Goethestraße trotten durfte." „Alles weg?" Ich nickte. „Ich sehe zwar noch schemenhaft die Tasche vor mir, graue und schwarze Lederflecke, mit Hexenstich gehalten." Die Schwester sucht, meine Erinnerung zu beleben. Da taucht plötzlich eine Ahnung auf. Wir lachen und lachen. Die Schwester zählt Namen über Namen der früheren Klassenkameradinnen auf. „Jetzt erinnere ich mich an einen Anruf von Frau Nipperdey, der Mutter von Sabine Nipperdey, die einmal mitgegangen ist und zu Hause vermisst wurde." „Sabine, natürlich. Die hat es doch am häufigsten geschafft, der Köchin die Tasche früher als alle anderen abzuluchsen."

Die Zeit eilt. Wir schweigen eine Weile. Die Schwester spricht von den weit zurückliegenden Deutsch- und Philosophiestunden mit mir. Auf einmal kommt sie auch auf die „Ewige Frau" der Gertrud von le Fort zu sprechen. „Sie waren mein Vorbild." Ich lache. „Nein, im Ernst. Das musste ich Ihnen doch wenigstens *einmal* im Leben sagen. Dafür bin ich doch heute extra von Köln zu Ihnen gekommen." „Vorbild?" frage ich nochmals. „Ich war doch damals noch ein halber Kindskopf oder besser eine unruhige Abenteurerin."

„Das mag stimmen. Trotzdem, darin sind wir uns alle einig, waren wir bei Ihnen durch die jeweils durchgenommene Literatur irgendwie ständig im

Nahkampf. Es ging Ihnen um Entscheidung. Sie brachten es immer auf den Punkt, und dann brachen Sie oft, ganz unvermutet plötzlich ab und sagten wie wegwerfend: ‚Alles Blödsinn, Kappes – Schluss jetzt!'“ Ich konnte mich nicht erinnern.

Die Schwester hielt sich dran. „Die Stunde, die wir Kampf mit der Maske nannten, auch futsch?“ „Ich habe noch Aufzeichnungen.“ Am Schluss heißt es: „Wahrheit des Schleiers. Gertrud von le Fort.“ Die Schwester nickte. Schweigen. „Gibt es einen letzten unaufhebbaren Schleier?“ „Haben wir nicht allein im Gebet eine Art letzten Instinkt für die Wahrheit, jenseits alles Menschlichen? Ist also nicht das Ver-schleierte tiefer wahr als das, was wir ent-schleiern?“

Nach dem Besuch der Schwester waren mehr oder weniger all die Fragen und Bedenken, die mich zuvor im Rückblick auf die Einordnung und Bewertung der Kölner Frühzeit beschäftigt hatten, wie verflogen.

Auf einmal kommt wieder der Name Dr. Klasing ins Gedächtnis. Die Ordensfrau hatte mir längst entfallene Einzelheiten vom Tag der mündlichen Abiturprüfung in Erinnerung gebracht. Frau Oberschulrätin Klasing von Düsseldorf hatte den Vorsitz. Es war meine erste Abiturprüfung. Damit ist das „Lebensgespräch“ bei mir wieder voll im Gang: Wir brauchen keine unlösbaren Probleme zu lösen. Was für ein schöner Vigiltag für Laetare. Die Kerze auf dem gedeckten Tisch brennt noch eine Weile. Ich betrachte die drei roten Rosen, die die Schwester in ein Rubinglas gestellt hat. Plötzlich „sehe“ ich neben der eben beschworenen Sabine Nipperdey ihre ältere Schwester Dorothee stehen, die Theologin Dorothee Sölle. Sie war nicht meine Schülerin, aber durch Sabine war sie oft „dabei“, wenn wir beide uns wesentlich austauschten. Dorothee Sölle ist schon tot. Ich lese gern in ihren Gedichten. Die Gedanken gehen zu der einzigen persönlichen Begegnung zurück, die sich für mich überraschend mit einer Lesung von geistlicher Lyrik in der St. Galler Leobuchhandlung ergab. Ich stand als erste Autorin in dieser Reihe, Dorothee Sölle beschloss sie mit ihrer Lesung.

Inzwischen ist es dunkel geworden. Ich erinnere mich noch gut, wie zurückhaltend Hans Urs von Balthasar sich damals verhielt, als er das Programmheft der Leobuchhandlung durchsah. „Ist Ihnen das so in dieser Zusammenstellung vorher bekannt gewesen?“ fragte er. Ich verneinte. Er nickte nur.

Die Erinnerung an Köln bleibt bei Frau Oberschulrätin Klasing stehen. Mit ihr habe ich das „Kölner Kapitel“ begonnen. Jetzt steht sie auch am Ende einer eindrucksvollen Verwandlungszeit. Nach der feierlichen Verabschiedung von Frau Klasing am Abend der mündlichen Abiturprüfung durfte ich einen Wunsch äußern. Hatte sie bemerkt, dass es Zeit war, zu Neuem aufzubrechen? Ich bat also um neuen Einsatz. „Wenn möglich, nie mehr eine Klosterschule!“ Frau Klasing sagte darauf kein Wort, keine Fragen. Aber prompt schlug sie das Städtische Mädchengymnasium in Düren vor, und ich sagte sofort zu.

XIII. Der Ausflug in die Politik

Schon bald nach der Übernahme meiner Lehrtätigkeit am Städtischen Mädchengymnasium in Düren gewann die politische Arbeit zum ersten Mal mit klaren konkreten Anfragen aus dem führenden Kreis der CDU-Frauen wirkliche Bedeutung für mich durch neue sich mir eröffnende Möglichkeiten. Auf Bitten von Frau Helene Weber übernahm ich in der CDU-Zentrale – damals noch in der Nassestrasse – die Stelle einer Bundesfrauenreferentin. Frau Elberskirch hatte das Amt abgegeben, um ihr unterbrochenes Studium fortzusetzen. Die eigentlich vorgesehene Nachfolgerin, Frau Dr. Ilse Bab wurde in absehbarer Zeit aus den USA erwartet. Frau Weber sprach daher zuerst von einem begrenzten Auftrag für mich, wobei sie aber hoffte, ich werde bei zunehmender Freude an der neuen Arbeit ganz in sie einsteigen.

Mit dieser Erwartung schätzte sie meine damalige Einstellung ganz richtig ein. Ich war voller Interesse für die Aufgaben und die Ideen der mir in den einzelnen Verbänden begegnenden leitenden Frauen. Ihre fachliche Tüchtigkeit, ihre Haltung erfüllten mich mit Respekt. Ich denke hier vor allem an Frau Schwarzkopf und Frau Brauksiepe. Solche Persönlichkeiten – so schien es mir – waren in Verbindung mit ebenso kompetenten und weit blickenden Politikern wie z.B. Konrad Adenauer in der Lage, dem heruntergekommenen leidenden Volk wieder einen tragfähigen Boden unter die Füße zu bringen. Sie weckten Vertrauen, echte Auswege aufzuzeigen. Ich hörte ihnen gerne zu, sie fanden immer Zeit, am Rande einer Vollversammlung ein ruhiges aufbauendes Gespräch zu führen. Es gab keine Terminhetze. Hin und wieder gelang es auch, in meiner neuen Wohnung in der Lindenstraße, Bonn-Dottendorf (Frau Weber nannte es „Goethes Gartenhaus"), einen kleinen Kreis in fröhlicher Runde zu versammeln. Es gibt heute schon einige dieser „Alten", die sich gleich mir fast schwärmerisch an diese frühen Zeiten erinnern. Beim berühmten urgemütlichen Adventskaffee bei Marlene Lenz MEP a.D. in der Godesberger Burgstraße werden die alten Geschichten wieder lebendig. Es wird einem richtig warm ums Herz, wenn wir der stillen, hier und da auch rauhen Fürsorge unserer braven CDU-Mütter gedenken. Ich könnte mir vorstellen, dass wir heute viel freudiges Engagement bei unseren jungen Leuten wecken könnten, wenn wir uns Zeit für sie nähmen, sie bei uns „ausruhen" ließen, um sie dann nicht minder mit allen Kräften anzuspornen.

Einmal gab es längere Überlegungen mit der damaligen Kultusministerin, Christine Teusch, die mir klarmachte, eine politische Arbeit von mir bedeute durchaus kein beamtenrechtliches Risiko. So weit hatte ich noch gar nicht gedacht, dennoch gefiel mir ihre unaufdringliche Umsichtigkeit. Es gab natürlich auch Lästerzungen, die sie wegen ihrer „altfränkischen Hüte" mitunter verspotteten und ihre hohen beruflichen wie auch die persönlich-menschlichen Qualitäten, die sie auch von ihren Mitarbeitern erwartete, als übertriebene „altjüngferliche Tüttelei" herabzusetzen versuchten. Ich hatte später in meiner Straßburger Zeit viel mit ihr zu tun, vor allem in Verbindung mit dem Europäischen Schultag. Ich verstand daher durchaus das Urteil so mancher langjährigen nahen Mitarbeiter im Amt, die darin übereinstimmten, Christine Teusch sei der einzige Kultusminister in Nordrhein-Westfalen gewesen. Das bezogen sie vor allem auf ihre fast männliche Durchsetzungskraft.

Einmal – und daran denke ich besonders gern zurück – erlebte ich sie so unmittelbar echt, dass ich sie in ihrer Wesenstiefe, hinter der vielleicht hier und da lächerlichen äußeren Erscheinung, zu erfassen und zu verstehen glaubte. Es war ziemlich früh am Morgen vor einer wichtigen Vollversammlung in Köln, auf der sie zu sprechen hatte. Sie hatte nach mir geschickt. „Ich bitte um Ihre Hilfe. Ich bin eigentlich viel zu krank, um hier aufzutreten." Sie litt an einer sehr schmerzhaften Nervenentzündung. Ich sah die blaurot hervortretenden Stirnadern. Sie war gerade dabei, sich eine schwarze Samtkappe auf den Kopf zu setzen. Auf dem Mittelstück der Kappe prangte eine ausgestopfte Seeschwalbe mit blau-schwarz-glänzenden Flügeln. „Sehen Sie", sagte sie, als sie die Kappe tiefer zog, „so kann ich das verdecken." Tatsächlich wurden durch den einen Schwalbenflügel die geschwollenen Adern unsichtbar. „Geht das so?" „Bestimmt. Man sieht überhaupt nichts mehr davon." „Bleiben Sie an meiner Seite." Ich nickte. Sie nahm meinen Arm, stützte sich fest ab, und wir schritten langsam die Treppe hinunter, betraten den Saal. Das nicht abreißende Defilee war eine einzige Tortur für sie. Nicht minder für mich. Sie lächelte, redete gewandt nach rechts und links. Wer immer sich an diesem unvergesslichen Vormittag über die Seeschwalbe am Hut der Frau Kultusminister amüsiert haben mag – für mich bleibt nichts als tiefe Verehrung für eine außerordentlich selbstbeherrschte tapfere Frau zurück, die in schwieriger Situation Haltung zu wahren vermochte.

Vielleicht sollte ihre bald Beifallstürme hervorrufende Geste auf einem Bankett in Straßburg ein kleiner Dank für meinen Beistand am Parteitag sein.

An diesem festlichen Abend wurde zum Abschluss des Essens eine hoch aufgetürmte prächtige Eisbombe herein getragen. Alle Blicke folgten dem Kellner, der natürlich zuerst den Cheftisch bediente, wo Frau Teusch residierte. Ich saß ihr am unteren Ende der Tafel gegenüber. Ehe sie nun das überreichte bunte Gebilde aus Eis „zerstörte", sagte sie zu dem verblüfften garçon: „Bringen Sie bitte die Tänzerin der Dame dort mit der rosa Bluse."

Dabei verwies sie auf mich. Alles lachte natürlich, als der weiß befrackte Mann das oben auf der Eisbombe tanzende Marzipan-Püppchen vorsichtig ablöste und mir mitsamt dem bunten Papierschirmchen überreichte. Frau Minister hob spitzbübisch lächelnd grüßend die Hand, während ich blutrot anlief. „Sie haben das Püppchen so verlangend angeschaut. Das habe ich sofort gesehen." Insgesamt bleibt mir eine wunderbare Erinnerung an diesen Menschen, der sich hinter allen „Tütteleien" und Absonderlichkeiten als überzeugende christliche Frau im Einsatz für ein an Leib, Geist und Seele leidendes Volk vorbildlich selbstvergessen mit großem Können und voller Güte einsetzte.

Frau Weber schlug vor, vorübergehend die doppelte Belastung auf mich zu nehmen: halb Schule, halb Nassestrasse, wohin sie eine tüchtige Sekretärin berief. Ich war einverstanden.

Die neue Schule musste erst gebaut werden. Zunächst kam sie im Gebäude des Bonner Beethovengymnasiums in der Koblenzer Straße als Gastschule unter. Die beiden Schulen teilten sich gewissermaßen das Gebäude durch den so genannten Schichtunterricht. Wöchentlich abwechselnd begannen wir am Morgen um 7.30 Uhr oder am Nachmittag um 13.30 Uhr.

Hin und wieder bestellte mich Prälat Böhler zum Gespräch. Er sah mein Schwanken. „Das wird sich schon alles geben", sagte er. „Ich werde Sie nach Straßburg schicken." Er lachte: „Jemand wie Sie gehört natürlich unter den Krummstab." Ich verstand damals nicht, was er damit sagen wollte. Heute dämmert es mir langsam. Die Tüchtigkeit dieses Kirchenmannes imponierte mir sehr. Er lebte ganz für die Kirche. Nie wieder bin ich im politischen Bereich einem mich so tief überzeugenden Priester begegnet, der sich selbst restlos aufopferte. Trotz schwerer Erkrankung fuhr er zwischen Köln und Bonn hin und her, arbeitete während der Fahrten. Es konnte im Bonner Büro passieren – wir alle wussten es damals und verhielten uns entsprechend -, dass der Prälat mitten in einem wichtigen Austausch einschlief. Lautlos sank er in seinem Sessel für fünf oder auch zehn Minuten ein wenig tiefer. Es war dann ganz still im Raum. Ich hatte gewöhnlich etwas zum Lesen in der Handtasche und las, während er schlief. Wenn schließlich die ruhigen Atemzüge des Schlafenden etwas schneller wurden, wusste man, jetzt geht es gleich weiter. Und tatsächlich setzte der Prälat genau an der unterbrochenen Stelle des Gespräches ein und führte es exakt weiter. Nie wurde ein Wort – jedenfalls nicht meines Wissens – über die besondere Art der Gesprächsführung bei ihm verloren. Man nickte sich zu. Das genügte. Es gab natürlich auch Leute im Haus, denen sein „omnipotenter" straffer Führungsstil nicht passte. Was aber verstanden die vom Wesen dieses einzigartigen Priesters?

Durch die neue Tätigkeit im Beethovengymnasium ergab es sich immer wieder, Professor Wilhelm Grenzmann, dem Leiter des Gymnasiums zu begegnen. Er war sehr zufrieden mit der Rezeptanz meiner Gertrud von le Fort-Studie in seiner Reihe „Gestalt und Werk". Eines Tages bat er mich zu sich und erklärte mir, von Seiten der Familie le Fort habe ein Vertreter beim Verlag in Warendorf beanstandet, dass in meiner Studie die Familiengeschichte nicht gründlich genug berücksichtigt worden sei. Hauptsächlich ging es um den fehlenden Hinweis, dass die Familie seit Calvins Zeiten bis zum heutigen Tag im Besitz des Schweizer Bürgerrechtes sei. Nach dieser mich doch sehr überraschenden Mitteilung zeigte ich Grenzmann am nächsten Tag den Brief der Dichterin an mich, wo sie vorschlägt, das Manuskript auch ohne ihre Durchsicht drucken zu lassen. Die unerwartete Kritik an meiner Studie traf mich tiefer als ich es mir selbst und anderen gegenüber zugeben wollte. Ich konnte mir einfach die Zusammenhänge nicht erklären. Und vor allem wollte mir nicht einleuchten, dass der kritische Hinweis von ihr selbst gekommen war, doch nicht von jener großartigen Frau, die aus der Erfahrung mit mir wissen musste, wie gewissenhaft ich mit allem, was ihre Persönlichkeit und ihr Schaffen betraf, umzugehen versuchte.

Pater Becher verwies mich nun auf die z.Zt. geführten Auseinandersetzungen in Verbindung mit ihrem Roman „Der Kranz der Engel". „Da ist der reinste Hexentanz im Gange." Er war erbost über die Missverständnisse, die das eigentliche Anliegen der Dichterin verkannten. Eine Kritik aus den Münchener „Stimmen der Zeit" trug die Überschrift „Weg oder Irrweg?". Der Autor, Pater Werner Barzel SJ bezeichnete das Verhalten Veronikas, das le Fort im „Kranz" dargestellt hatte, als Irrweg. Pater Becher sagte dazu abgewandt – doch ich hörte es deutlich: „Dieser Berliner Asphaltjünger muss es ja wissen."

Anschließend nutzten wir die Sommerferien zu einer gemeinsamen Arbeit über den „Kranz der Engel". Sie trägt den Titel: „Gertrud von le Fort's Kranz der Engel oder der Wert der menschlichen Seele". Der Pilger-Verlag in Speyer druckte diese „Ehrenrettung" umgehend. Sie erschien als gefälliges hellgraues Büchlein, das Pater Becher mit einem kleinen Begleitschreiben der Dichterin nach Oberstdorf zusenden ließ. Am 26. November 1948 dankte Gertrud von le Fort dem Pater im Namen „ihrer kleinen Veronika". Pater Becher gab mir diesen Brief. Nach seinem Tod habe ich ihn in meinen Briefwechsel mit Gertrud von le Fort aufgenommen.

Über seltsame Umwege lernte ich dann eine Slawistin, Frau Dr. Alix Besdolt kennen, die als Journalistin bei der inzwischen 75jährigen Gertrud von le Fort in der Freibergstraße vorgesprochen hatte. Am 22. April 1950 erschien ihr Bericht über ihren Besuch im „Allgäuer". Zur gleichen Zeit weilte auch das Ehepaar Carl und Alice Zuckmayer-Herdan in Oberstdorf. Sie logierten in der Klinik Stillachhaus, wo der erkrankte Carl Zuckmayer bald nach der Rückkehr aus den USA (Vermont) behandelt werden musste. Wenig später begegneten wir uns in den Gesellschaftsräumen der Klinik, als ich selbst kurz im Stillachhaus weilte. Frau Dr. phil. Saathoff, die Gattin eines der leitenden Ärzte, selbst Germanistin, machte uns miteinander bekannt.

Unten im Dorf in der le Fort'schen Wohnung hatte ich kein Glück. Durch ein Versehen der Sekretärin verpasste ich den von der Dichterin angegebenen Sprechtermin. Schwester Anneliese Knortz stand eine Weile betreten in der offenen Wohnungstür. Es war aber nichts zu machen. Die Dichterin war wieder in die Schweiz gereist.

XIV. „Der geheimnisvolle Anruf"

Schon während der ersten Monate in Düren – ich wohnte zu dieser Zeit wieder in meinem Eschweiler Elternhaus und fuhr täglich mit dem Bahnbus nach dort – begann die Arbeit an meinem Roman „Der geheimnisvolle Anruf", der 1958 im Grünewald-Verlag, Mainz, erschien. Damals befanden sich auch Josef und Helga noch mit der jungen wachsenden Familie in der Schützenstraße im Erdgeschoss. Meine Eltern hatten sich im ersten Stock eingerichtet. Mir war dort das so genannte „Verandazimmer" zugefallen, ein langer, relativ schmaler Raum mit großen Fenstertüren, die auf einen Balkon führten. Unten straßenwärts zog die Inde, „unser" Fluss vorbei, Richtung Düren, wo er in die Rur mündet. Am Horizont sah man die Eifelhöhen. Abends, wenn es still war, hörte ich die Wellen der Inde glucksen und murmeln. Wann immer es die Witterung erlaubte, arbeitete ich draußen auf dem Balkon an einem kleinen Tisch. Hier konnte ich am besten den stündlich auftönenden, von Kindheit an so vertraut hämmernden Glockengruß „Ave Maria" vernehmen, der von der Wallfahrtskirche Nothberg über Fluss und Wald zu mir herüberkam. Je nachdem wie der Wind stand, senkte sich das Glockenlied von ganz nah oder ganz weit in mein Ohr. Ich achtete genau auf die drei Schwingkreise im Namen Ma-ri-a.

Im zweiten Stock war damals die schlesische Flüchtlingsfamilie Klein aus Breslau untergebracht. Wir mussten uns in den ersten Nachkriegsjahren in die engen Wohnverhältnisse eingewöhnen. So geräumig und weitläufig sich das Haus auch bis in die gartenwärts gelegene Region nach hinten erstreckte und diesem größeren Personenkreis ein einigermaßen unbeengtes Leben gewährte, blieb es eben doch das unabgetrennte offene Einfamilienhaus, in dem sich notgedrungen drei Familien begegneten. Rückblickend kann man nur staunend feststellen, dass das durchweg gut gegangen ist. Natürlich half auch die Aussicht, dass ein Ende dieser Zeit abzusehen war. Die junge Familie hatte Baupläne, und Familie Klein wartete auf das Freiwerden einer Parterre-Wohnung am Langwahn, die ihnen versprochen worden war.

Josef arbeitete zu dieser Zeit vor allem mit dem Arena-Verlag, Würzburg, zusammen, der seine neuen Jugendromane herausbrachte. Darüber kamen wir ins Gespräch, und plötzlich hatten wir eine Wette abgeschlossen. Es ging um die Frage, die Josef aufgeworfen hatte, ob ich, ähnlich wie er, imstande sei, in kürzester Frist einen spannenden Jugendroman „herunter zu schreiben". Er war eben doch noch mein „alter" Bruder Josef, der mich weiterzubilden und zu formen suchte – eigentlich bis zu seinem Tode. Es gelang ihm auch damals wieder, mich anzustacheln. Ich wollte es ihm beweisen, dass ich mich noch nicht in den wissenschaftlichen Abhandlungen in Fachzeitschriften festgefahren hatte, wie er meinte. Im Dürener Lehrkollegium fand ich die „Vorbilder" für meine Romanfiguren, die ich zunächst nur skizzenhaft entwarf. Dann ergab es sich aber aus aktuellen Vorkommnissen, dass mein Bericht nur so dahinflog und ich das Buch noch vor dem in der

Wette vorgesehenen Fixpunkt abschließen konnte. Josef war zufrieden, als er das Manuskript gelesen hatte, wenn er auch behauptete, der ihm bekannte Lektor im Mainzer Grünewald-Verlag, dem er meine Blätter geschickt hatte, werde es wegen zu drastischer Darstellung einiger Lehrpersonen ablehnen. „Nie und nimmer kann so eine despektierliche Entblößung den Respekt der jungen Leser erzeugen", meckerte er, „das wirst du schon noch in der Absage von Mainz hören." Die Antwort des Lektors ließ nicht lange auf sich warten. Sie war positiv. Es wurde jedoch in der Zusage eindringlich darum gebeten, die zu scharf gezeichneten zwei Erzieherpersönlichkeiten (Sport und Biologie) unter einem anderen Verstehenshorizont für die Schüler förderlicher und fruchtbar, also neu zu entwerfen. Wer hatte die Wette gewonnen? Wir einigten uns darauf: Keiner.

Ich habe in diesen letzten Wochen, wo ich die Erinnerungen zu Papier bringe, die alte Korrespondenz mit dem Grünewald-Verlag gefunden. In dem betreffenden Ordner waren auch die zahlreichen Zuschriften zum schließlich erschienenen Buch abgeheftet. Anfänglich wollte ich mein inzwischen vergilbtes Buch im grüngelben Schutzumschlag nur einmal kurz durchblättern, blieb dann aber doch drin hängen. Ich stieß auf eine längst vergessene Stelle auf S. 112, wo sich die pädagogische Hauptperson, die Deutschlehrerin Frau Dr. Gelder als Interpretin der Dichterin Gertrud von le Fort erweist. Diese Frau erteilte nämlich nicht nur im Oberstufenunterricht Deutsch im Städtischen Mädchengymnasium, sie hat außerdem einen Lehrauftrag im Germanistischen Institut der nahe gelegenen Universitätsstadt. Im dortigen Oberseminar erschließt sie mit den Studenten das le Fort'sche Hymnenwerk. Still schmunzelnd muss ich mich wundern, wie flüssig sich das alles liest.

Inzwischen hatte sich der Schauplatz meiner beruflichen Arbeit verändert. Es war ein kirchlicher Auftrag, den ich mit meinem Einsatz in der politischen Arbeit beim Europarat in Straßburg aufnahm. Die literarische Forschungsarbeit trat notwendigerweise zurück. Stattdessen stand ich unerwartet mitten in der Praxis der europäischen pädagogischen Bildungsarbeit. Ich hielt enge Verbindung mit den neu gegründeten Europaschulen in Brüssel, Mol, Varese, Karlsruhe, die nach dem Modell des mehrsprachig arbeitenden Luxemburger Gymnasiums ins Leben gerufen worden waren. Eine wichtige Rolle spielte bei dieser Entwicklung der so genannte „Europäische Schultag" mit Fachvertretern aus der Lehrerschaft in der Montan-Union, dem „Europa der Sechs". Viel Beifall fand die sich bald an den neuen Schulen einstellende Verpflichtung, jedes Jahr zum Abschluss eines Schuljahres in den Oberstufen einen „Europa-Aufsatz" zu schreiben, in dem die Schüler der sechs Länder (Deutschland-Italien-Luxemburg-Belgien-Frankreich-Niederlande) zu der gleichen Themafrage ihre Ansichten zu Papier brachten.

Die ausgewählten besten Aufsätze gelangten am Schluss zu mir, wo nochmals eine engere Auswahl getroffen wurde, in welcher die Preisträger ausfindig gemacht wurden, die zur Belohnung eine großzügige und interessant vorbereitete Reise in eine der sechs europäischen Hauptstädte antraten.

Einmal wurde auch ein literarisches Thema behandelt: Europäische christliche Literatur. Es ist klar, dass ich dafür sorgte, hier auch den Blick auf das Schaffen der Gertrud von le Fort zu lenken.

Meine Verbindung zur Dichterin lief in dieser Zeit besonders intensiv über Etta Gräfin Waldersee, geb. von le Fort.

Gräfin Waldersee war eine Nichte der Dichterin aus dem Zweig der pommerschen le Fort-Familie. Sie war mit Tante Gertrud nach Brüssel gereist. In der Oberstdorfer Häuslichkeit gab es Überlegungen, wie man der geistig hellwachen Künstlerin, deren körperliche Schwäche aber altersbedingt zunahm, gemäße Unterstützungen anbieten könne. Gräfin Waldersee, die mich schon mehrfach zu Vorträgen über das Werk ihrer Tante eingeladen hatte, bat mich zu sich, um sich über die nach einigen in Oberstdorf vorgefallenen Schwierigkeiten dringlich gewordenen Fragen auszutauschen. In Köln und später in Kiel ging es darum, für Gertrud von le Fort und ihr dichterisches Schaffen den ermöglichenden Raum zu finden. Gräfin Waldersee, als Präsidentin des Deutschen Roten Kreuzes, sah in einer erstklassigen äußeren, von ihr organisierten Versorgung den Ausweg. Sie verstand, dass ich mich als Außenstehende in dieser Angelegenheit völlig zurück hielt. Mit dem plötzlichen Tod von Gräfin Waldersee endeten ihre Bemühungen, die ich durch entsprechende Einblicke in Oberstdorf für sehr nötig gehalten hatte.

Im europäischen Büro in Straßburg, dem „office d'information pour les problèmes Européens", 6, rue Wenker arbeitete von französischer Seite der Pariser Jesuit Père le Roy. Er war für die sozialen und wirtschaftlichen Fragen des sich entwickelnden Europas zuständig. Er hielt enge Verbindung mit den betreffenden internationalen Büros in Genf. Wir beide hatten uns in Bonn im Kommissariat der deutschen Bischöfe kennengelernt, damals noch in der Königstraße. Prälat Böhler tat sich etwas schwer mit dem von seiner Krankheit gezeichneten älteren Ordensmann. Er wirkte erschöpft unter dem Wortschwall der deutschen Konferenzteilnehmer, die von den neuen zu leistenden europäischen Aufgaben sprachen. Père le Roy reagierte wortkarg. In der Müdigkeit, so sagte er mir später, habe er auch Mühe gehabt, die richtigen deutschen Vokabeln zu finden.

Bei dieser ersten Begegnung wie auch später bei unserer Zusammenarbeit in Straßburg zeigte sich sein grundsätzlicher Vorbehalt vor der deutschen „Böhler-Kirche". Er kritisierte die „Macht" der Institutionen. Auch auf den verstorbenen Papst Pius XII. war er nicht gut zu sprechen. Er hielt seine negative Einstellung gegenüber den französischen Arbeiterpriestern für verhängnisvoll.

Durch die neue Tätigkeit in Straßburg und vor allem in der Arbeit mit Père le Roy erweiterte sich meine Sicht. So scharf und klar wie er es tat, hatte mir bisher noch keiner die kirchliche Situation im Widerstreit der Meinungen bei den einzelnen europäischen Völkern Europas auseinandergelegt. Für mich standen sich Prälat Böhler und der gebeugte spindeldürre Père le Roy zeichenhaft nicht als Partner, sondern als unversöhnliche Gegner gegenüber.

Natürlich herrschte äußerlich Einvernehmen, von beiden auch ehrlich angestrebt. Trotzdem spürte ich die Erleichterung auf jeder der beiden Seiten, wenn die Konferenzen vorbei waren und wir wieder nach Straßburg aufbrachen.

Vor dem ersten Aufbruch folgten wir aber noch einer Einladung meiner Mutter, die den Pater auf das herzlichste um einen Besuch bei Kaffee und Kuchen gebeten hatte. Mir war natürlich klar, was sie im Grunde bei dieser Einladung im Schilde führte. Warum auch nicht? Mutter Emma und der Pater verstanden sich gleich bestens. Es herrschte gute Laune. Die „dicke Luft" aus der Königstraße verflog, und dann brachte meine Mutter voller Charme und unverkennbar diplomatisch ihr Anliegen vor. Ohne mich als vertrauensseliges ungefestigtes und schutzbedürftiges Geschöpf bloßzustellen, erfasste Père le Roy ihren mütterlichen Wunsch perfekt und versprach ihr, gut auf mich aufzupassen.

Später in der Straßburger Zeit, meistens wenn wir vor dem Wochenende Freitagnachmittag „Zusammenfassung" versuchten, kam er häufiger auf Mutter Emma zu sprechen. Sie verkörperte für ihn einen Typ Frau, von dem sich die Zeit bereits verabschiedet hatte. Einmal fragte er: „Werden Sie eine Brücke sein können?" Er hatte längst gemerkt, dass ich mit immer mehr Vorbehalten von den Sitzungen im Rat zurückkam. Ich hatte mit ihm über einige heikle Erfahrungen mit europäischen Abgeordneten gesprochen.

Mir erschien es so, dass er sich immer mehr auf den Freitagabend freute, wenn der D-Zug ihn bis zum folgenden Dienstag nach Paris zurück brachte.

Das letzte Mal, als wir uns sahen und ich wie üblich in seinem Büro Platz nahm, hatte er gerade den Rosenkranz aus der Hand genommen und in die Jackentasche gesteckt. Die Sommerpause der Parlamente stand bevor.

Er blickte mich aufmunternd an, als ich die Massen von Unterlagen auf die Fensterbank legte. „Überflüssiger Müll", hatte ich gesagt. „Nichts geht hier voran …" Er schwieg. Dann sagte er, als hätte er gewusst, dass er nicht wieder kommen würde. „Sie machen es im Grunde sehr gut – aber es muss noch einiges gereinigt werden." Ich lächelte ihn an. Er hatte ja Recht. Zudem wusste er genau Bescheid, welche innere Katastrophe sich bei mir anbahnte.

Im Straßburger Haus der elsässischen Eschbachs, 16, rue Fischart war ich ab und zu eingeladen. Die Vermittlung dahin ergab sich gleich in den ersten Tagen durch Mademoiselle Aweng, die im Foyer Notre Dame (rue du dôme), wo ich wohnte, ihr Büro hatte. Sie arbeitete ehrenamtlich für eine kirchliche Wohlfahrtseinrichtung. Gleich in unserem ersten Gespräch kamen wir auf ihre „feuillets" (Blätter) zu sprechen, eine Sammlung wunderschöner kleiner Gedichte, die wie in Momentaufnahmen besondere Stimmungen festhielten.

Sie schenkte mir ein Exemplar ihres Werkes. Hin und wieder standen Gedichte von ihr in der Tagespresse oder in kirchlichen Zeitschriften. Sie wurde sehr geschätzt. Meinerseits gab ich ihr ein Bündel getippter Texte von mir auf Durchschlagpapier. Ich hörte ihr gerne zu, wenn sie auf Einzelheiten zu sprechen kam – sehr leise, behutsam. Ab und zu lasen wir auch le Fort – Gedichte. Mademoiselle Aweng kannte die führenden Geistlichen, mit denen ich, vor allem im Schulsektor, gemeinsam arbeiten musste. Sie übernahm die Vorstellung.

Am liebsten waren mir die Stunden in der rue Fischart bei „Eschbachs".

Es machte der Familie wie mir Vergnügen, auf den Scherz des Alt-Bischofs Weber einzugehen, der von den elsässischen und rheinischen Eschbachs redete, sie zu Verwandten erklärte, obschon keinerlei verwandtschaftliche Verbindung in der jeweiligen Familiengeschichte auszumachen war. Mit dem Schalk im Nacken ermahnte mich daher der Bischof: „Mademoiselle, wenn Sie nach Rom kommen (meine dienstlichen Aufgaben führten mich öfter dahin), vergessen Sie nicht, das Grab Ihres Onkels Alphonse Eschbach zu besuchen. Er liegt als der frühere Leiter des französischen Kollegs auf dem französischen Friedhof in Rom."

Einige Male begegnete ich im Hause Eschbach dem französischen Staatsmann Robert Schuman. Vater Henri Eschbach, conseiller d'Etat und er waren Studienfreunde. Beide Herren beeindruckten mich sehr, wenn sie bei Tisch über die sich erfreulich entwickelnde europäische Partnerschaft sprachen. Sie wirkten sehr nobel, jedoch auch ungekünstelt herzlich zu Marie-Claire, der Tochter des Hauses und auch mir gegenüber, die ich mich mit Marie-Claire befreundet hatte. Sie studierte damals noch Volkswirtschaft und trat später in europäische Dienste. Dort lernte sie den Juristen Louis Sizaret, ihren späteren Ehemann, kennen. Das junge Paar zog nach Luxembourg, wo Louis am Europäischen Gerichtshof ins Richteramt berufen wurde.

Marie-Claire und viele Freunde von Robert Schuman warten inzwischen auf den Fortgang des in Rom für ihn angestoßenen Seligkeitsprozesses. Marie-Claire wurde gebeten, der römischen Behörde den Briefwechsel zwischen Vater Henri Eschbach und Robert Schuman vorzulegen. Es versteht sich von selbst, dass wir uns bei unseren regelmäßigen Treffen sehr engagiert über diese Angelegenheit austauschten.

Heute brauchen wir nicht mehr über unsere bischöflich verordnete „Verwandtschaft" zu schmunzeln; es hat sich in den zurück liegenden Jahren zwischen uns allen eine so tiefe Verbundenheit eingestellt, wie sie bei wirklichen Blutsverwandten nicht besser sein könnte.

Wir fragten uns beim letzten Zusammensein hier bei mir ernsthaft, was uns eigentlich über all die Jahrzehnte hinweg so unverbrüchlich zusammen hält.

Marie-Claire griff dabei nach den „feuillets" von Tante Aweng. Sie hatte vorsorglich eine Ausgabe davon mitgebracht, weil sie nicht wusste, ob meine alte Straßburger Sammlung nicht bei den diversen Umzügen verloren gegangen war. Sie las einige Verse daraus vor.

XV. Flüeli- Ranft und Basel: Die Weichenstellung

Aus dem alten Baseler Ordner fallen mir zwei Briefe in die Hand.

Der erste stammt von der Lehrerin Frau Charlotte Glutz, die mit zu den ersten Mitgliedern der Johannesgemeinschaft gehört. Beim Lesen wird mir wieder ganz gegenwärtig, dass ich den „geheimnisvollen Anruf" unter anderem als Gastgeschenk mit nach Basel genommen hatte. Vor allem für „Frau Professor" (Adrienne von Speyr, Dr. med.). Es war damals mein erster Besuch bei Frau Dr. med. Adrienne Kaegi-von Speyr und Herrn Hans Urs von Balthasar am Münsterplatz 4. Ich logierte bei der Gemeinschaft am Schaffhauser Rheinweg. Frau Glutz hatte meinen Roman mit ihren Schülerinnen gelesen. Sie schreibt, wie tief die Mädchen vom Schicksal der Flüchtlingskinder im Nachkriegsdeutschland betroffen seien. Danach geht sie auch auf die le Fort-Stelle ein, die sie im Blick auf die Alters- und Reifestufe ihrer jungen Leserinnen für zu anspruchsvoll hält und daher beim Lesen ausgespart habe. Der zweite Brief aus Basel ist ein Gemeinschaftsbrief der Baseler Schülerinnen von Frau Glutz. Sie bitten stürmisch um baldige Fortsetzung des Romans und fragen an, ob es nicht möglich sei, die Hauptheldin Mika Freudenberg in die Schweiz zu versetzen. Hier – so schlagen die Briefschreiberinnen vor – könne Mika ihre weitere Ausbildung fortsetzen, bzw. ein Studium beginnen.

Was für ein Impuls damals! Wieder muss ich lachen. Und damit fällt mir ein, ich habe mich in der Tat anstecken lassen und darangemacht, diesen Wunsch zu erfüllen. Aber wo mag dieses Uraltmanuskript geblieben sein? Und siehe da: Meine Mitarbeiterin entdeckte es bald darauf in einem Karton mit alten Interpretationsentwürfen zu den „Hymnen an Deutschland". Ein dreiviertel fertiges Blätterpaket im verschnürten orangefarbenen Umschlag. Wieder kann ich nicht widerstehen. Ich löse die Baumwollfäden und lese und lese wie in einem fremden Werk. Ist es möglich? In der hier auftretenden Hauptperson, einer „Frau Gnadenthür" begegne ich der einzigartigen schlichten Frau wieder, die mir in Flüeli entscheidend den Weg gewiesen hat. Ja, das stille Fräulein Lang, später „Mutter Maria", war wahrhaft eine „Frau Gnaden-Tür" für viele.

Aus Mika war eine lebhafte junge Frau in der Oberstufe eines von Dominikanerinnen geführten Ilanzer Mädchengymnasiums geworden. „Am jungen Rhein" in Ilanz beginnt die Geschichte einer jungen Liebe zwischen Mika und dem Schweizer Studenten Marc, übrigens einer wahren Geschichte nachgebildet, in der nach einem schweren Verkehrsunfall in der Silvesternacht der Schauplatz der Handlung nach Flüeli-Ranft, dem Wallfahrtsort des Ranftheiligen, Nikolaus von Flüe verlegt wird. Beim Lesen der handgeschriebenen Blätter kommt es mir so vor, als sei das alles erst gestern gewesen. Ich sehe den betroffenen Marc nämlich immer noch klar vor mir in der großen Wohnstube vom „Uffgebott"-(Aufgebot-)Haus. Er weilte wirklich dort wochenlang in der Obhut von Pater Erasmus Bernert OP. Er war noch immer verstört über den Unfall, den er erlitten hatte, bei dem das junge ihn begleitende Mädchen beim Aufprall des Wagens gegen einen Baum ums Leben gekommen war. Dieser

Unfall in der Zentralschweiz hatte im ganzen Land viel Wirbel ausgelöst. Denn Marc wie seine Freundin waren die einzigen Kinder bekannter Politiker. Die jungen Liebesleute hatten die Eltern getäuscht. Sie waren trotz der vereisten Straßen mit dem Wagen zu einem Silvesterfest gefahren, obschon sie versprochen hatten, das Fahrzeug zu Hause zu lassen. Auf der Heimfahrt am Neujahrsmorgen war das Unglück geschehen.

Vom Flüeli aus kam ich über das Dominikanerinnenkloster „Bethanien" in Kerns Ende September 1958 nach Basel zu Hans Urs von Balthasar und Adrienne von Speyr. Ich war mit einer niederländischen Kollegin von Straßburg aus zu ein paar Ferientagen in das ihr empfohlene Schweizerische Kloster gefahren. Sie musste aber unerwartet wegen dringender Klärung von Familienangelegenheiten bald nach unserer Ankunft zurück nach Holland reisen. So war ich ziemlich verloren in dem großen unbekannten Kloster, bis mich plötzlich eine niederländische Dominikanerin, mit der meine Reisepartnerin vor unserem Aufenthalt verhandelt hatte, ansprach. Es war Mère Dominique Francois, die die klösterliche Hotellerie in Kerns besorgte. Zuerst erzählte sie mir, wie es sie in das Bethanienkloster verschlagen hatte, ein dominikanisches Institut als neu gegründete Hinzufügung zum Zentralorden. Das Institut „Bethanien" hatte einen besonderen Auftrag: Die Ordensfrauen wollten sich der sexuell unterdrückten Frauen annehmen und mit Nachdruck für das christliche Verständnis des fraulichen Wesens einsetzen.

Der Gründer der neuen Gemeinschaft – so berichtete Mère Dominique Francois – sei ein französischer Dominikaner, Père Gétaz. Ich hörte sehr interessiert zu. Beim Bericht der Schwester kam es mir zunehmend so vor, als behandele sie mein altes „Leib-und-Magen"-Thema: Mann und Frau, Theologie der Geschlechter, das angegriffene christliche Menschenbild in der Auseinandersetzung mit den zeittypischen Irrtümern und Irrwegen der Zeit. Gertrud von le Fort hatte es einst mit allem Gewicht in meine Wesenstiefe sinken lassen, und seither zog es immer weitere Kreise. Jetzt faszinierte mich die Idee der „Bethanienfrauen", desorientierten hilfsbedürftigen Frauen einen „heiligen" Ausweg zu weisen, ihnen anzubieten, sie in ihre Gemeinschaft einzugliedern, ohne dass jemand – außer den Leitungspersönlichkeiten des Ordens – über ihre Herkunft Bescheid wusste. Gerade diese unerkannt „Erfahrenen" waren nach Auffassung des Gründers wichtig für das neue Frauenapostolat.

Mère Dominique Francois erzählte, wie sie von Holland (Utrecht) aus in diese Gründung hineingefunden hatte. Dann ließ sie mich über meine bisherigen „Stationen" berichten. Sie sagte wirklich „Stationen". „Ist Ihnen klar, dass ‚Stationen des Heils' gemeint sind?" Und damit waren wir in unserem Austausch bei der neu gegründeten Baseler Johannesgemeinschaft angekommen. Sie sprach bewegt über ihre persönliche Begegnung mit Adrienne von Speyr und Hans Urs von Balthasar, die hier im Bethanienkloster Kerns ihre später so genannten „Exerzitien im Himmel" erlebt hatten.

„Diese Gemeinschaft wäre etwas für Sie. Ja, das könnte ich mir gut vorstellen. Morgen machen wir weiter. Das geht nicht zwischen Tür und Angel.

Ich erfuhr am anderen Tag, dass die Baseler Gemeinschaft erst ganz kürzlich in Kerns gewesen war. „Wären Sie einverstanden, die beiden in Basel kennen zu lernen?“ Ich bejahte, und noch am gleichen Tag vereinbarte sie mit Hans Urs von Balthasar meinen Besuch in Basel, Münsterplatz 4.

Wie sollte ich ahnen, dass ich nun endlich mit dieser Begegnung an die eigentlich entscheidende Wegbiegung meines Lebens geführt worden war? Zunächst sah dieses neue Angebot in der bisherigen Linie doch ganz stimmig, also harmlos aus. Warum also sollte ich nicht die Gelegenheit nutzen, zwei interessante Tage vor der Rückreise nach Bonn in Basel einzuschieben? Und doch war es anders als sonst. War nicht bereits diese ganz verflixt schief gelaufene Schweizer Reise mit Marie Cruysberg ein beunruhigender „Querläufer“? Hatte der seltsame Unterton der Unruhe nicht bereits am Abend der Herreise begonnen, als ich zum ersten Mal, von Melchthal herunterkommend, das Flüeli vor mir liegen sah und tiefer unten die Ranft-Schlucht erblickte? Unruhe? fragte ich mich. War es nicht mehr ein immer neu aufkommender Springquell in mir, der sich nicht mehr unterdrücken ließ? So hatte ich es jedenfalls empfunden, als ich schließlich am Abend auf dem „Bänkli“ neben der Zelle des Ranftheiligen Klaus von Flüe saß und hier in der menschenleeren Stille untrüglich wahrnahm, wie sich ein springendes Lied silberhell vom machtvollen Rauschen der Melchaa abhob. Ich konnte das einfach nicht abschütteln. Damals nicht. Jetzt nicht, wo ich die Erinnerungen aufzeichne.

Schwester Dominique Francois hatte mir noch vor der Abreise nach Basel mitgeteilt: „Sie werden in Basel SBB abgeholt.“ Ich hatte sie noch fragend angesehen. „Ja, ja. Ein Mitglied wird Sie auf dem Perron in Empfang nehmen und weiterführen.“ Die Taxe zum Bahnhof Kerns setzte sich schon in Bewegung, als die Schwester auf die Scheibe trommelte. Ich ließ sie hinunter. „Ich habe Sie natürlich beschrieben… rosa Kostüm… Salzburger Stil, nicht wahr?“

Auf dem Bahnsteig kam eine junge Dame schnell auf mich zu. Sie begrüßte mich freundlich. Sie nannte ihren Namen, den ich nicht sofort verstand, der mich aber hinfort bis zum heutigen Tag, da wir beide alt geworden sind, vertrauter und bedeutsamer wurde als kaum ein anderer: Cornelia Capol. Am Münsterplatz erwartete Hans Urs von Balthasar mich auf der Hausschwelle. Er führte mich in ein Besuchszimmer. Eine verwinkelte Treppe im alten Gemäuer führte hinauf. Ein Riesenhaus öffnete sich.

Aus dem Fenster des hochgelegenen Raumes sah man auf den Rheinstrom hinunter. Hans Urs von Balthasar öffnete beide Flügel und erklärte mir die Lage der Stadt. Am Horizont sah man die Bergketten des Juragebirges. Ein hoch gewachsener Herr bewegte sich gewandt hin und her, schob mir einen Sessel zurecht. „Frau Professor möchte Sie morgen gegen 11.00 Uhr begrüßen“, begann er. Dann waren wir bald in unserem ersten Gespräch. Er hatte viele Fragen. Ich versuchte, einen Überblick über die bisherigen „Stationen“ zu geben. Diese Bezeichnung der Kernser Ordensfrau war haften geblieben. Und immer wieder setzte der vergangene Krieg die Wegmarkierungen. „Ja, ja, der Krieg. Den haben wir hier auf unsere Weise miterlebt. Hier über den Rhein flogen die Bomber. Wir sahen die Mündungsfeuer der Bordwaffen." „So nah?" Er nickte. „Wir hörten die Einschläge." Dann lud er mich zum „Nachtessen" ein, obschon es erst 18.00 Uhr war.

Nach dem Mahl fragte er: „Wollen Sie noch etwas unternehmen?" Ich stutzte. Eine rhetorische Frage vielleicht? Höflichkeit? Das schien mir bei seinem formvollendeten geschmeidigen Umgangston möglich. Dann sah ich ihn prüfend an, und sofort wusste ich: Hier brauche ich keine „Konversation" zu machen. Wir lachten. „Nun?" fragte er. Ich sprudelte sofort heraus, dass ich auf der Herfahrt vom Bahnhof auf einer Plakatsäule die Ankündigung eines Theaterstückes gelesen hatte. Noch kaum dass ich fertig gesprochen, fragte er: „Meinen Sie Dürrenmatt, ‚Die Ehe des Herrn Mississippi'?" Ich nickte. „Möchten Sie das sehen?" „Ja, wenn's geht!" „Das ist vernünftig. Ich habe das Stück bereits gesehen. Warten Sie bitte." Er ging hinaus. Wenig später verkündete er: „Das klappt, Fräulein Dr. Gisi wird Sie begleiten. Sie ist auch Germanistin. Lehrt hier am Baseler Gymnasium."

Wir beide hatten sehr gute Plätze in einer der vorderen Reihen. Die Aufführung war eine Meisterleistung. Hinterher tauschten wir beide uns noch eine Weile darüber aus. Jeder von uns hatte Dürrenmatt schon unterrichtlich vermittelt, „zugerüstet". Meist, so stimmten wir überein, leisten die Schüler bei der absurden Entfremdung der schwer durchschaubaren Wirklichkeit amüsierte Gefolgschaft.

An diesem Abend kam ich lange nicht zur Ruhe. Zuerst umkreiste ich noch immer die bittere grandiose Farce des Dichters Dürrenmatt. Haben wir im Durch- und Nebeneinander der im imaginären Raum komödiantisch auftretenden Figuren ein neues künftiges Theater der Zerrissenheit vor uns? Weist dieser Schweizer Dichter uns in seinen philosophischen und religiösen Passagen auf unsere endgültige moralische Ausweglosigkeit hin? Konfrontiert mit Gertrud von le Fort? Hört man bei ihr denn nicht bei manchen ihrer Gestalten das gleiche Trommelfeuer der getriebenen Gegenwartsmenschen, der Gotteshasser und der Mitläufer? Dürrenmatt? Ich kann mir nicht helfen. Gegenüber „meiner" Dichterin, ausgewogen im Sein ruhend, Dichterin der Transzendenz, ist Dürrenmatt zwar sprachlich der mehr brillierende Künstler, blitzgescheit, aber auch ein sehr gepeinigter Mensch. Gertrud von le Fort dagegen ist, so scheint es mir, der tief in eine ihn übersteigende Passion getauchte Mensch. Und das ist qualitativ etwas anderes als das Dürrenmatt'sche Gequältsein.

Nach dem Frühstück spreche ich mit Hans Urs von Balthasar über die Aufführung. Wir sind in unserer Auffassung gar nicht so weit auseinander. „Ein solches Stück kann unserer Zeit inhaltlich wie formal zeigen, in welchem Rauch und Nebel, dazu in welchem Höllenlärm sie steht." Ich komme auf die Erschließungsmöglichkeiten durch die von Dürrenmatt bewusst eingesetzte absurde Ironie. „Es geht doch darum, dass diese kompliziert verlogenen Wohlstandsmenschen von heute sich nicht bekehren wollen." Der ganze Ernst packt mich. Da ist es wieder, dem man nicht ausweichen kann. Dichtung nichts als ein Geschwätz mit pathologischem Redezwang, nein, Dichtung als Heil.

„Die Leute von Ninive wollten sich bekehren. Die Neuheiden von heute haben keine Ahnung mehr von dem zur Verfügung stehenden Gnadenschatz. Achtlos vorbeiziehende Spötter, die nur mehr sich selbst und ihren Trieben folgen." Er schaut mich an. Da bricht es aus mir heraus, ohne dass ich es verhindern kann. „Mir zieht es das Herz zusammen. Das ist doch alles unerträglich." Er versteht sofort, dass ich mit meiner Bemerkung nur äußerlich zufällig an Dürrenmatt anknüpfe. Da ist mehr. Es geht einzig um die gültige Letzthaltung.

Er muss fort. Mir steht die erste Begegnung mit Adrienne von Speyr bevor. Jemand führt mich in ihr großes Arbeitszimmer. Sie sitzt in einem Sessel an ihrem Schreibtisch. Die Mittagssonne flutet durch vier Fenster in den Raum.

Ich stehe vor einer ungewöhnlichen Frau, die ich mir ganz anders vorgestellt hatte. Ist sie krank? Nein, sie wirkt sehr lebendig, zugewandt, gegenwärtig. Ich verstehe es nicht. Ist sie eben aus dem Wasser gekommen? Was für ein abwegiger Gedanke? Warum trägt sie so ein seltsam lockeres Kleid ganz gegen den zeitmodischen Trend? Doch schon überreiche ich meine Blumen. „Ihr Buch habe ich gestern Abend schon bekommen." Gemeint ist der bei Grünewald erschiene Jugendroman „Der geheimnisvolle Anruf". Sie lacht wohlwollend. „Ich habe es sofort gelesen." Gott sei Dank. Das ist vielleicht eine Gesprächsbrücke. Ich versuche, etwas zur Entstehung des Buches zu sagen. Es liegt seitwärts auf einem kleinen Tisch. Ich komme gar nicht dazu; denn da ist auch schon ihr Urteil: „Ganz nett". Sie lacht wieder. „Wirklich! Sehr spannend geschrieben!" Merkt sie meine große Enttäuschung? Nur „ganz nett"? Nur eben so? Dann erwähnt sie den gestrigen Theaterbesuch, über den sie informiert wurde. Sie versteht meine derzeitige Vorliebe für Dürrenmatt. „In seinen Stücken wirkt sich sein Weltverbesserungsdrang aus. Man muss nur den richtigen und falschen Weltverbesserungsdrang unterscheiden", sagt sie. Ich horche auf. Ist sie nicht auch eine Weltverbesserin?

„Bei einem solchen Versuch kommt es eben darauf an, von wem oder was der Mensch bewohnt oder besessen ist. – Meinen Sie nicht auch?" Sie lacht wieder. Ich stimme ein und nehme wahr, dass diese Frau eine unwiderstehlich gute Laune verbreitet. „Ja, ja, Dürrenmatt provoziert schon sehr, aber es geht doch um einen wirklichen Ausweg für den Menschen." Ich höre weiter aufmerksam zu. Sie spricht dann über das „Spannungsfeld der poetischen Orientierung" und berichtet, dass sie früher in ihrer großen ärztlichen Praxis zur Behandlung bestimmter Patienten auch häufiger Dichtung eingesetzt habe, erfolgreich.

Später konnte ich hierzu Näheres in der von ihr verfassten Schrift „Arzt und Patient" (Johannes-Verlag Einsiedeln) nachlesen. Zuletzt kommen wir noch auf Gertrud von le Fort zu sprechen, die hier bei ihnen zu Gast gewesen war.

XVI. Vorbereitung auf die Lehrtätigkeit in den USA

Am frühen Nachmittag brachte Fräulein Cornelia Capol mich zum Bahnhof.

Sie hatte mich bei der Frauenärztin Dr. Madeleine Hutton abgeholt, die der Johannesgemeinschaft seit ihrer Gründung sehr nahe steht. Im Gastzimmer der Ärztin hatte ich logiert. Das Treffen und der Austausch mit ihr gehörten auch zur – wie ich bemerkte – gut vorbereiteten Planung meines ersten Besuches bei Adrienne von Speyr und Hans Urs von Balthasar. Frau Dr. Hutton hat sich jetzt im Alter in ihr Landhaus am Luganer See zurückgezogen, wohin sie mich immer wieder einlädt.

Im durchgehenden D-Zug zurück nach Bonn hatte ich ein Abteil für mich allein und konnte ungestört die Erlebnisse der letzten Tage noch einmal an mir vorbeiziehen lassen und fast sofort war – ähnlich wie gestern schon – wieder die Frage da: Was bedeutet das sich in meiner Vorstellung hartnäckig haltende „ZAHLEN-TOR" von 2 × 7? Vierzehn Jahre lagen hinter mir. Ein Stufenweg von Jahren, in denen sich je neue Begegnungsräume geöffnet hatten. Ich hatte ein weiteres Tor durchschritten, und während ich fuhr und fuhr, festigte sich die Gewissheit, dass mein langes bisheriges Unterwegs in Basel vor die letzte existentielle Frage gestellt worden war. Auch Herrn Dr. von Balthasar hatte ich wie nebenbei von meiner „Zahlen-Schau" berichtet, und er hatte bemerkt: „Vielleicht haben Frauen den konkreteren Zugang zum ganzheitlichen Gewebe der Wirklichkeit. Bei Frau Professor ging es auch nie ohne Zahlenspekulationen ab." Ich blieb noch ziemlich lange in meiner Zahlen-Schau, die, wie ich jetzt feststellte, doch im Laufe meiner Experimente ein nicht mehr fort zu denkendes Anschauungsmaterial für mein kontemplatives Denken darstellte.

Hans Urs von Balthasar hat diesen Hinweis in unserem ersten Gespräch nie vergessen, d.h. er bezog meine Entwürfe von da an stets mit ein. Gar nicht viel später sprachen wir wieder über einen solchen „Entwurf". Dazu angeregt gefühlt hatte ich mich nach einer Unterrichtsstunde bei Pater Erasmus in dessen Lehrsaal im „Uffgebott" (Aufgebot)-Haus in Flüeli-Ranft. An diesem Morgen war die Rede gewesen vom Dogma der leiblichen Aufnahme der Gottesmutter in den Himmel. Allerheiligen 1950. So wie Pater Erasmus es erläuterte, schien es mir, als sei mit der Verkündigung in der Mitte der Epoche ein wegweisendes brennendes Licht auf die Erde geworfen worden, das sich nun in einzelnen Feuerzeichen weltweit ausbreiten werde. Pater Erasmus sprach in die Zukunft.

Ich zog nun ein kleines Buch, die im Johannes-Verlag Einsiedeln von Hans Urs von Balthasar herausgebrachte Studie von Pierre Ganne über den Dichter Paul Claudel, „Claudel, humour, joie et liberté" aus der Reisetasche. Hans Urs von Balthasar hatte es mir als Abschiedsgeschenk überreicht und signiert. Es war das erste Buchgeschenk in der Reihe derer, die noch folgen sollten. Wir hatten gestern auch über Claudel gesprochen. Durch Ganne, so hatte von Balthasar berichtet, habe er während der ersten schweren theologischen Studienjahre in Fourvières/Lyon wesentliche Hilfe erfahren. Hier seien Ganne und er Freunde geworden. Ihm verdanke er es, dass er die ihn damals lähmende Düsternis habe überwinden können. Die gemeinsame Beschäftigung mit dem dichterischen Werk von Claudel sei daran sehr beteiligt gewesen.

Es versteht sich von selbst, wie aufmerksam ich seinen sehr lebendigen Ausführungen folgte. Hatte er denn damit nicht mein ureigenes altes Thema voll angeschlagen? Aber jetzt hörte ich einem erfahrenen Meister zu, der das Stück ganz gefüllt zu intonieren wusste: „Dichtung als Heil".

Hans Urs von Balthasar bemerkte meine Bewegung. „Sie denken wohl auch an Gertrud von le Fort?" Ich bejahte. „Ich bin ihr schon früh begegnet, 1934, als sie noch im Haus Konradshöhe in Baiersbrunn wohnte. Und von da an ging es zwischen uns eine Weile ganz zentral um Claudel. Wir planten eine gemeinsame Arbeit an bestimmten Claudel-Oden, die ich übersetzt hatte."

Dann kam er auf das pastorale Hauptanliegen von Ganne: Die Betrachtung des Heiligen Geistes. Das Geheimnis seiner Gaben, seiner Charismen. Er sagte einmal zwischenhinein: „Darüber war ich übrigens mit Baronin le Fort einer Meinung, dass das Glaubensbewusstsein und die Glaubenserfahrung mit der untrüglichen Auswirkung des Spiritus sanctus in den Herzen der heutigen Menschen weithin ‚ausgebrannt' ist." Rundete sich nicht mein bisheriger Weg hier? Hatte nicht Gertrud von le Fort 1944 am ersten Nachmittag auch vom künftigen Zeitalter des Heiligen Geistes gesprochen und deutlich gemacht, wie die Seelen ohne ihn nicht entzündet werden können, in Verkümmerung und Missbildung geraten? „Burn out", sagte von Balthasar „heißt es jetzt."

Balthasar hatte sehr genaue Fragen über den Straßburger Einsatz gestellt, um Einblick in die europäische Bildungsarbeit gebeten. Ich hatte auf die durch den inzwischen erfolgten plötzlichen Tod von Prälat Böhler und die dadurch eingetretene instabile Lage in unserem Büro hingewiesen. Hier war ich bald darauf mit dem Aachener Bischof, Dr. Johannes Pohlschneider, ins Gespräch gekommen. Begegnet waren wir uns schon früher, das erste Mal auf der Treppe vor dem Tor des Dürener Mädchengymnasiums. Ich saß auf einer der unteren Stufen wie ein Häufchen Elend mit einem wie üblich verknaxten Fußgelenk. Ich war zu schnell in einer Freistunde die Treppe hinuntergestürzt, um noch eben zwischendurch etwas unten in der Stadt zu erledigen. Der Schmerz war so heftig, dass ich einen Augenblick das Bewusstsein verlor. In diesem Moment fuhr das bischöfliche Auto vor, und der aussteigende Kaplan half mir auf und führte mich in die Schule. Nachmittags erhielt ich einen Anruf von Bischof Pohlschneider, der sich nach meinem Ergehen erkundigte. Er schlug ein Treffen in Aachen vor. Bei dem sich bald anschließenden Austausch zeigte er sich gut informiert und fragte, ob es beim derzeitigen Stand der Dinge nicht sinnvoll sei, auch die amerikanischen Bildungseinrichtungen kennen zu lernen, d.h. einen entsprechenden Lehrauftrag dort zu übernehmen. Er hatte schon ganz konkrete Vorstellungen und bot seine Vermittlung an. Warum nicht? Ich sagte zu und wusste, auf diesen tüchtigen tatkräftigen Kirchenmann, der als Oldenburger etwas herb auf die Aachener wirkte, ist Verlass. Anfangs, als er aus dem „strammen" Sachsenland in die heitere Stadt Karls des Großen berufen war, hieß es im Bistum: „Jetzt erleben wir die Rache der Sachsen an Karl dem Großen." Ich berichtete Hans Urs von Balthasar von dem vorgesehenen amerikanischen Projekt.

In dieser Angelegenheit musste ich auch nach Düsseldorf zum Schulkollegium. Meine Lieblingsdezernentin Frau Dr. Klasing war für mich nicht mehr zuständig. Stattdessen lernte ich Frau Oberschulrätin Dr. Luzia Sandrock kennen, und wie sich hinfort zeigen sollte, auch sehr schätzen. Beim Eintritt in ihr Arbeitszimmer sagte sie „frozzelnd", „Es freut mich, dass ich heute einem Ungeheuer begegnen darf." Ich war zuerst peinlich berührt. Frau Sandrock sagte aber sofort: „Es geht um den Wirbel Ihres verweigerten Amtseides, bzw. Ihren Eigensinn, diesen ohne „Gott-Formel" abzulegen." Jetzt fiel mir mein „Verbrechen" ein, das gar keines war, sondern, wie ich meinte und auch noch stolz darauf war, im Gegenteil ein mutiges Bekenntnis gegen Gotteslästerung. Dr. Sandrock bot mir einen Stuhl an und bat um Aufschluss. „Ohne Gott-Formel kommen Sie nicht nach Amerika, das steht fest. Wir müssen sicher sein, wen wir als Vertreter hinauslassen." Und weiter: „Frau Dr. Beermann in Köln war über Sie und Ihre Kollegin Dr. Liselotte Timmermann entsetzt, dass Sie beide als einzige in der großen Vereidigungsgruppe der jungen Beamten verweigerten, den Amtseid mit der Anrufung des Namens Gottes zu bekräftigen."

„So war das doch gar nicht, Frau Oberschulrätin", warf ich ein. Schon längst hatte ich eingesehen, dass wir mit unserem Protest zu kurz gegriffen hatten.

„Unsere Väter (Timmermanns Vater war Hauptschulrektor in Stolberg) haben als Beamte schon dreimal auf eine deutsche Staatsverfassung (Wilhelminisches Kaiserreich, Weimarer Republik, das Dritte Reich Hitlers) geschworen und sich bei der Anrufung Gottes auf einen für sie so gar nicht anwesenden und anerkannten Gott berufen. Wir möchten uns bei der heute von uns verlangten vierten Vereidigung auf die neue Staatsverfassung der Bundesrepublik Deutschland nicht einer ähnlichen Lästerung schuldig machen." So etwa hatte Dr. Liselotte Timmermann, eine stämmige Mathematikerin – wegen ihrer wuchtigen Gestalt hieß sie bei uns nur „der Kleiderschrank" – ihre Auffassung lautstark als Wortführerin klargemacht. Ich hatte dazu nur genickt. Wenn ich ehrlich bin, muss ich heute sagen, dass mir damals dieser Tumult längst peinlich geworden war. Pater Becher hatte, als er davon hörte, nur kopfschüttelnd gesagt, „Solchen Eseleien kannst auch nur du zustimmen, das kann deine ganze berufliche Laufbahn behindern."

Frau Sandrock wusste natürlich den Ausweg. „Sind Sie heute bereit, die Formel nachträglich zu sprechen?" – „Ja." – „Dann sprechen Sie mir nach." Sie las den Eid vor, ich sprach ihn nach. – „Und jetzt schön laut und deutlich." Sie hob die Hand. Ich tat es ihr nach und sprach feierlich nachdrücklich: „... so wahr mir Gott helfe." Damit war behördlicherseits der Weg für einen Lehrauftrag in Amerika frei.

XVII. Aufbruch nach Milwaukee, Wisconsin

Bis es wirklich zu meinem Aufbruch nach Amerika kam, waren noch turbulente Phasen zu überstehen. Nach dem Tod von Prälat Böhler hatte ich im Katholischen Büro so etwas wie meine vertraute Instanz verloren. Täuschte ich mich? Der Umgangston veränderte sich. Hektische Betriebsamkeit kam auf. Mit der ursprünglichen Gemütlichkeit des Hauses war es vorbei. In den regelmäßigen Sitzungen gab es so genannte vertrauliche Hintergrundinformationen. Sie sorgten für immer neue Beunruhigungen. Nein, es gab keinen Zweifel, unser junger westdeutscher Teilstaat wurde vom kommunistisch regierten ostdeutschen Teilstaat ausspioniert: DDR contra BRD. Einer der „roten Sendlinge" hatte sich bei mir als Teilnehmer in einem Seminar eingeschlichen. Bei ihm wurde, so informierte man mich, eine Namensliste gefunden, auf der auch der meine stand. Auf einem weiteren Papier war genau angegeben, welche Wissensgebiete auszuforschen und der Stasi zu melden waren. Solche Zwischenfälle kamen häufiger vor. Schließlich stellte man sich, so gut es ging, darauf ein und sah sich vor. Trotzdem gab es manchen Ärger, wenn gutgläubige Referenten wieder einmal getäuscht worden waren. Meist ging es um Benachteiligung und Unterdrückung, wenn jemand „von drüben" ein freimütiges Bekenntnis zu seinem Christ-Sein ablegte. Er erhielt hier Verständnis und sofortige Hilfe. Bitter war eben die Erfahrung, dass es auch ruchlose Gerissenheit gab, das Heilige zu missbrauchen. Aber war das etwas Neues? Was hatte mir Gertrud von le Fort so eindrücklich vom Standort des Christen gegenüber der Welt eingeschärft? Hier steht er wie sein Herr und Heiland auf „verlorenem Posten". Also?

Einmal traf ich zwei Vernehmungsbeamte vom Verfassungsschutz, die mit ihrem Dienstwagen vor meiner Wohnung parkten. Meiner Mutter, die gerade bei mir zu Besuch weilte, war es nicht gelungen, sie ins Haus zu bitten. Sie wollten mich allein sprechen. Als ich ihren Bericht hörte, stieg Ekel in mir auf. Die Männer zeigten mir den Nachweis, wie hinterhältig mir mitgespielt worden war. Ich habe mich damals zum Schweigen verpflichtet. Mir wurde offizieller Schutz zugesichert. Wenn ich diesen mich zunächst sehr niederdrückenden dunklen Untergrund von damals bis heute zu überschauen versuche, erscheint er mir heute noch giftiger.

Als die Beamten abgefahren waren, saß ich noch eine Weile mit meiner Mutter zusammen. Ihr war natürlich nicht entgangen, wie bekümmert ich war.

„Löse dich doch von dem ganzen politischen Kram", sagte sie ernsthaft besorgt. Da musste ich doch unwillkürlich lachen; denn mit ihrem Hinweis war sie wieder sehr nahe am mir bekannten Lieblingsthema. Sie riet mir: „Halt' du dich auf jeden Fall aus krummen Dingen heraus, und zwar strikt! Da bist du wie dein Vater. Ich kann mir so was schon eher erlauben." Meine wunderbare praktisch-weise Mutter Emma! Gegenüber den US-Plänen war sie ebenfalls äußerst skeptisch. „Sicher, es würde mich an deiner Stelle auch locken, aber ist nicht bereits genug Kraft vergeudet worden?"

Und damit zog sie sofort eine neue „Karte" aus dem Ärmel. „Was meint denn Professor von Eiff zu diesen neuen Plänen?" Diese beiden konnten es gut miteinander. Mutter Emma begleitete mich gerne zu den Arbeitsgesprächen auf dem Venusberg. Sie genoss die Spaziergänge durch das weitläufige Klinikgelände, und zudem gab es stets frische Holländer-Kirsch-Torte mit Sahne im Klinikcafé. Sie freute sich, wenn von Eiff sie hier begrüßte und sich stets bei ihr nach meinem Bruder Walter, dem Berliner Krebsforscher, erkundigte, auf den meine Mutter besonders stolz war.

Einmal erklärte sie von Eiff, als er sich für eine Weile mit an den Tisch gesetzt hatte: „Wissen Sie, Herr Professor, das feine Operationshändchen hat er von mir geerbt. Er hat sich schon ganz früh in meinem Nähzimmer in seinem Handwerk geübt. Da hat er sich den Stoff für Pistolentaschen selbstständig zugeschnitten und auf der schweren Singer-Nähmaschine zusammengenäht." Mir ist noch bestens in Erinnerung, wie erheitert von Eiff meiner Mutter zuhörte. Wäre allerdings Walter bei dieser mütterlichen Schilderung anwesend gewesen, hätte er diese bestimmt ergänzt durch die Mitteilung, dass die gleiche am „Tatort" erscheinende erboste Mutter ihm ein Strafgericht zugedacht hatte, weil er für seine Kreationen große Stücke der teuren schwarzen Atlas-Seide stibitzt hatte. Professor von Eiff hatte aber keine Bedenken gegen eine Lehrtätigkeit in den USA. Es handelte sich um das Dozenten-Austausch-Programm durch den US-Senator Fulbright, das so genannte Fulbright-Stipendium.

Beim letzten Austausch hatte ich mit von Eiff von meiner überraschenden Begegnung mit Hans Urs von Balthasar und Adrienne von Speyr in Basel berichtet. Bei seiner Reaktion staunte ich wieder einmal, wie fundiert von Eiffs theologisches Fachwissen war. Er nannte es sein „Hobby". In Kollegenkreisen wurde er deswegen auch als „unser Thomas von Aquin" bezeichnet. So war Hans Urs von Balthasar ihm kein Unbekannter. „Wissen Sie auch, Doktorin", sagte er, „dass dieser Hans Urs von Balthasar in eingeweihten Kreisen als Wunder eines wirklichen Genies gilt? Es heißt, er habe das absolute Gedächtnis. Eigentlich müsste man ursächlich vom absoluten Gehör sprechen." Als Hirnforscher musste er ja etwas davon verstehen. Aber auch nach meinen ersten laienhaften Eindrücken in Basel hatte ich wahrgenommen, dass ich dort mit einer neuen besonderen Strömung in Berührung gekommen war. Von Eiffs Beurteilung nahm ich gewissermaßen als Grundlage der späteren Zusammenarbeit mit Hans Urs von Balthasar mit nach Amerika.

Ich hatte in Basel Bescheid gegeben, dass ich mich für eine Zusage des Lehrauftrages in Milwaukee/Wisconsin entschieden hatte. Während der zehntägigen Schiffsreise mit der „Hanseatic" von Cuxhaven nach New York hatte ich reichlich Gelegenheit, die eindrückliche Begegnung mit Hans Urs von Balthasar und Adrienne von Speyr zu bedenken. Es sollte sich dann aber bald nach der Ankunft und vor allem in der Umstellung zeigen, dass eine Art Abbruch aller bisherigen Programme notwendig war.

Als Nicht-Anglistin kam ich zuerst an meinem neuen Wirkungsort nur schwer mit der alltäglichen sprachlichen Verständigung zurecht. Dazu erforderte der „middle-west-Akzent“ besonderes Einhören. Am meisten belastete mich aber die Frage, wie ich bei der erfahrenen Unzulänglichkeit in einem „full-time-job“ verantwortlich standhalten sollte? Ich war ja nicht als unverbindlich freier Tourist gekommen, sondern sah mich plötzlich als respektiertes Mitglied eines großen internationalen Lehrkörpers eingebunden. Auf einen solchen Abbruch des Vergangenen war ich nicht vorbereitet. Ich erlebte ihn wie einen Tod. Seltsamerweise gehörte dazu, dass ich plötzlich nicht mehr „Deutsch“ denken und folgerichtig auch nicht mehr wie gewohnt sprechen konnte. Mein Amerikanisch dagegen verbesserte sich von Tag zu Tag, nachdem ich für ca. drei Wochen eine ständige Begleiterin erhielt. Es war eine junge Studentin, Ellen, die mich schon früh vor sieben Uhr zum Besuch der Heiligen Messe vor meiner kleinen Wohnung auf dem campus des Collegs abholte. Diese hoch aufgeschossene, etwas schlaksige junge Dame half in allen Dingen ganz schlicht, taktvoll. Ich vergesse nicht, dass sie eines Morgens, während wir in der großen Kapelle nebeneinander knieten, mir ein Blatt zuschob – die lateinische Übersetzung des Eucharistietextes von Thomas von Aquin – während der Chor sang: “by this holy banket keep us joined to Thee”. Ja, so schien es langsam zu gelingen; Abbruch, Verwandlung, Austausch. „Nicht mehr ich lebe“ mit Hilfe der eucharistischen Passion, „by *this* holy banket.“

Als ich dann schließlich auch noch eines Morgens beim Erwachen feststellte, dass ich „amerikanisch“ geträumt hatte, erfüllte mich die beglückende Gewissheit, dass meine Stolperschritte in den „Sprachtod“ mich zu einer neuen sprachlichen Gangart führen würden.

Ich warf von Stund an die heimlichen Befürchtungen, dass ich das schöpferisch Ursprüngliche, das Poetische meiner Muttersprache verloren haben könnte, über Bord. Ich lehrte also unbekümmert Deutsch als „Fremdsprache“ mit Hilfe einer Maschine im „Language laboratorium“, kurz „Lab“ genannt. Ich lehrte German literature. Es folgten Vorträge: „World needs woman's power“. Die „public relations“-Abteilung in unserem College vereinbarte überall in den Staaten die betreffenden Termine. Mit den wachsenden Verpflichtungen wuchsen die Kräfte, die Freude kehrte reichlich zurück. Später habe ich mich öfter mit Hans Urs von Balthasar über meinen „amerikanischen Tod“ ausgetauscht.

Im Zusammenhang damit verfasste ich die in mehreren Fachzeitschriften veröffentlichte Studie „Deutschunterricht in einem US-College mit besonderer Berücksichtigung der Übungen im so genannten Sprachlaboratorium“. Es ging mir nämlich plötzlich bei dem langsam übenden Nachsprechen meiner Worte oder Sätze, die meine Studenten über Kopfhörer in sich aufnahmen und nachsprachen, auf, dass sich hier ein ähnlicher Prozess vollzog, wie er sich beim Kleinkind, das Stückchen für Stückchen sprechen lernt, abspielt. Hans Urs von Balthasar kam hierauf wiederholt zurück. Es mag komisch wirken, wenn ich zum Thema „Tod in Amerika“ noch berichte, dass einer meiner US-Kollegen mir ernsthaft und äußerst nachdrücklich vorschlug, meinen Lehrauftrag als „assistant professor“ mit dem viel einträglicheren „Job“ einer „Funeral-home-Direktorin“ (Begräbnisinstitut) zu vertauschen. Er rechnete mir das doppelte Verdienst für einen solchen Posten, den er konkret vermitteln wollte, vor.

XVIII. Lehrtätigkeit in den USA

Schon vor meiner Ankunft in Milwaukee hatte sich Paul im „Alverno"-College gemeldet. Ich fand seinen Begrüßungsbrief in meinem neuen „office" auf dem Schreibtisch. Das Schreiben bestätigte, dass meine Graubündener Freunde in Zizers Wort gehalten hatten, mir im „dairy-land" (Ackerbau und Viehzucht) Wisconsin einen Anhänger und Kenner der biologisch-dynamischen Lebensweise zu vermitteln. Amerika galt damals vor allem in der Ernährungswissenschaft als zurückgeblieben und antireformerisch. Der in Milwaukee lebende Briefschreiber Paul arbeitete als Architekt und gehörte einer Architekten-Kommunität in Chicago an. Als er mich zum ersten Mal besuchte, brachte er Fachzeitschriften mit, wo einige Vorträge von ihm über naturbelassene Früchte, gesunde Ernährung usw. veröffentlicht waren. Zusammen mit ihm hatte sich ein Kreis aufgeschlossener Farmer im Hinterland gebildet, der sich reihum auf einem der Höfe traf. Diese Experten widersprachen vor allem der allgegenwärtigen aufdringlichen Werbung, die natürliche Nahrung angeblich zu verbessern. Sie wiesen auf die Krebs erzeugenden Zusätze in allen möglichen Nahrungsmitteln wie z.B. Brot hin, wo es auf den Verpackungsbanderolen hieß: „We enriched with…", und dann wurden die krankmachenden „Bereichungen" aufgelistet.

An einem Wochenende war ich zusammen mit Paul auf einer biologisch-dynamisch arbeitenden Farm eingeladen. Ich begegnete dort einer sympathischen Großfamilie, die mich gastfreundlich aufnahm. Wir verlebten drei warme spätsommerliche Tage im hügeligen Wiesengelände. Unten glitzerte die Fläche von Lake Michigan. Auf die schon bunt gefärbten Blätter der Obstbäume in den großen Plantagen fiel der goldene Glanz der Sonne. Wir saßen draußen im großen Kreis und tauschten uns aus. Auch ich wurde um einen Beitrag aus der Sicht von „old Europe" gebeten. Ich hatte mich natürlich wegen der Fremdsprache gründlich vorbereitet und vorsorglich Abzüge meiner Thesen zum Thema „Leben und Denken aus dem Ursprung" mitgebracht. Auch meine Schau-Skizze hatte ich dabei. Es ergab sich ein lebhaft harmonischer Austausch, spürbares Engagement, dem verderblichen Raubbau an der Natur gegenzusteuern, die „Grenzen des Wachstums" (Club of Rome) anzuerkennen.

Überall roch es nach Ernte, reifem Obst und Nüssen. Ich genoss unbekannte biologische Gerichte, Kuchen, Suppen usw., die herrlich mundeten. Was mich aber am meisten freute, war die Erfahrung, dass ich in diesem Kreis auf keinen Eiferer stieß, der seine vegetarische Lebensweise religiös verbrämte.

Trotzdem hielt die Verbindung mit diesen Vorkämpfern nur bis Weihnachten. Vorangegangen war ein Treffen in Chicago in einem geräumigen Privathaus, wo Paul und ich zu meiner Überraschung in eine voll eingerichtete Kapelle mit Altar, Kommunionbank und Bänken rechts und links des Mittelganges geführt wurden. Und gleich nach unserem Eintritt begann eine von der Seite herein schreitende Priesterin in einem rosa Brokatgewand eine pseudo-katholische Messe zu zelebrieren. Paul flüsterte „christian community". Er ging auch zur Kommunionbank und ließ sich eine weiße Oblate reichen. Nach der Feier stellte ich mich der aus Deutschland stammenden Priesterin „Rosmarie" als Roman Catholic vor. Ich hatte den Eindruck, dass der stechende Blick aus ihren hellblauen Augen mich am liebsten getötet hätte, als ich mich ihr bekannt machte. Beim Betreten der Kapelle war instinktiv ein warnendes Gefühl in mir aufgekommen. Diese Frau mit hellblonder Knotenfrisur erinnerte mich an den rassisch reinen germanischen Vorzeige-Typ einer Maiden-Oberführerin im weiblichen Reichsarbeitsdienst im untergegangenen Nazi-Deutschland.

Auf der Rückfahrt von Chicago nach Milwaukee wussten Paul wie auch ich, dass unsere Verbindung in die Krise geraten war. Trotzdem besuchte ich noch vor seinem Florida-Winterurlaub mit ihm das terminlich schon lange angesetzte so genannte „presidental dinner" in der City Hall von Milwaukee. Hier erlebte ich die schöne Geflogenheit, dass der Präsident der Vereinigten Staaten einmal während seiner Amtszeit in der jeweiligen Hauptstadt der verschiedenen Staaten einen Besuch macht und mit ausgewählten Bürgern im Rathaus speist. So kam es, dass ich den Präsidenten J.F. Kennedy kennen lernte und mich angeregt mit ihm bei Celery hearts and Ambrosia Cocktail unterhielt. Man hatte ihm auch ein Exemplar des „Milwaukee Journal" vorgelegt, wo die Journalistin Jane Fairley über mich als deutsche „exchange teacher" und „Gertrud von le Fort-Forscherin" berichtet hatte. Durch „Mr. President" erhielt ich auch eine Einladung nach Washington ins Weiße Haus zum Gespräch mit seiner Gattin Jackie Kennedy. Dieser Besuch fand während der Weihnachtsferien von New York aus statt, wo ich mein festes Quartier hatte, und von wo aus ich mit der Eisenbahn nach Washington hinüberfuhr. Noch heute liegt der „Totenzettel" von J.F. Kennedy – den ich nach seiner Ermordung erhalten hatte – in meinem Gebetbuch zum Gedenken an einen gläubigen Politiker, der auch in Deutschland bei seinem Berlinbesuch die Menschen tief im Herzen angesprochen hat.

Die Osterferien verlebte ich in Kalifornien. In verschiedenen Colleges und germanistischen Instituten der Universitäten in Berkeley und Stanford waren „lectures" von mir vereinbart worden. In diesen Vorträgen und anschließenden Diskussionen ging es zumeist um das Bild der christlichen Frau, immer entlang dem Leitfaden aus dem Werk le Forts: „Die ewigen Frau".

Beim Abflug in die Osterferien in Milwaukee lag dort noch tiefer Schnee, und Eiseskälte blies ungeschützt vom Nordpol über Kanada in unsere Region. Bei der Zwischenlandung in Denver/Colorado wehte der Wind schon etwas wärmer herüber. Ich nutzte den Aufenthalt zu einem Automaten-Geldspiel und war regelrecht erschrocken, als der Blechkasten auf einmal anfing, mit Getöse hin- und herzurumpeln, während die Geldmünzen („dimes") in das untere offene Fach hinunterkollerten. Ich steckte zwei Hände voll Münzen in die Handtasche und beeilte mich, die Maschine zum Weiterflug nicht zu verpassen.

Bei der nächtlichen Landung in San Francisco war es frühlingshaft warm. Von oben hatte ich im Mondlicht den „Pacific ocean" gesehen. Auch die Umrisse der sieben Hügel um die in der Bucht liegende Stadt waren zu erkennen. „In San Francisco werden Sie die blühenden Lilien sehen", hatte mir meine Kollegin Helen Spalatin vor der Abreise gesagt. Und tatsächlich, als wir in den Park des „San Francisco College for Women" hinein fuhren, bewegten sich in den Rabatten überall am Wegesrand büschelweise kleine weiße Lilien im Wind.

Die Stellvertreterin der Präsidentin des Colleges, Professorin White begrüßte mich sehr freundlich und wies mit Blick auf das blühende Gelände auf die besondere Gunst meines Besuchstermins im Frühling hin. In Vice-president White hatte ich auch bald eine besondere Interessentin für mein Kartenmaterial zur Veranschaulichung des geistlichen Lebens gewonnen. Professor White gehörte dem Orden des Heiligsten Herzens Jesu an. Der „Clou" bei meinem in Milwaukee verbesserten Anschauungsmaterial war ein flauschiges olivgrünes Filztuch, das ich als Tafelersatz an jeder Wand oben befestigen und breitflächig nach unten abrollen lassen konnte. Ich hatte damit eine große Tafelwand. Der geistige Innenraum wurde von fünf getrennten weißen Karton-Scheiben gebildet, auf deren Rückseite „Krällchen"-Papier geklebt war. Dadurch hafteten die Scheiben fest auf dem „Tafel"-Tuch. Damit war es möglich, die kreisende Beziehungswirklichkeit des Lebens durch das „Tor" der Sinne in den geistigen Innenraum in einzelnen Schritten zu verfolgen und dabei festzustellen, wie viel unterschiedliche Intensitätsstufen erforderlich sind, um in die ursprüngliche quellende Mitte aus göttlich-schöpferischer Urkraft zu gelangen. Damals bedeutete es mir viel, den Beifall einer so erfolgreichen Pädagogin wie Professor White zu einer Arbeit zu bekommen, mit der ich keineswegs unumstritten war. Nach Jahren hörte ich in Rom während des Symposiums „Die kirchliche Sendung der Adrienne von Speyr" von dem US-Referenten Pater Fessio SJ, Professorin White, die er gut gekannt habe, sei an Krebs gestorben. Er war ihr Beichtvater und hatte ihr Sterben begleitet.

Seither habe ich oft genug im vermittelnden Umgang mit den Schauskizzen „Der innere Weg des Glaubens" erfahren, dass ernsthafte Betrachter am Ende eines Übungskurses erstaunt, aber bereichert erklärten, dass ihnen erst durch diese Arbeit aufgegangen sei, wie oberflächenhaft und wurzellos heute Bildung betrieben werde. „Alles fliegt in der gegenwärtigen Hektik wieder nach außen, während allein im Tiefengrund Sinn und Ziel von Leben und Denken entdeckt werden können." So sagte mir einmal ein Kurs-Teilnehmer. „Allerdings macht ein solches Studium Mühe, und hingebungsvoller Einsatz widerspricht weitgehend dem zeitmodischen Trend bequemer ‚pflegeleichter' Lernmethoden für unsere hemmungslos konsumierende Spaßgesellschaft im Wohlstandsüberfluss." Gerade über die geistige Knochen-Erweichung hatte ich mich lange mit Professor White ausgetauscht.

Später im persönlichen Gespräch mit Adrienne von Speyr, mehr noch beim intensiven Aufnehmen ihrer geistlichen Schriften, habe ich mit Gewinn in den Innenaspekten der Bildung weitergeforscht. Ich meine heute, dass solche Innenerfahrungen das besondere Charisma von Adrienne von Speyr darstellen, dass sie objektive theologisch-heilsgeschichtliche Ein-Sichten vermittelt, weitab von subjektiver Fühlung mit ständig wechselndem psychologischem Instrumentarium. Aber ein solcher Weg bedarf besonderer geduldiger Hinführung und beim Wahrheitssucher der Lernbereitschaft. Manche empfinden einen derartigen Weg als langweilig, und in etwa haben sie Recht. Die Sensationsgier der Menschen, ständig neue Methoden auszuprobieren bzw. zu konsumieren, kommt nicht auf ihre Kosten. Es wird plötzlich ungewohnt still um sie herum, was manche Kursteilnehmer nicht aushalten können. Erfahrene Lehrer rechnen bei solchen Übungen damit, dass bestimmte Teilnehmer auf einmal aus der Stille herausbrechen und laut schreiend in Angst vor einer auf sie zukommenden Macht flüchten, die sie zu ergreifen sucht. Es ist die Macht, die sie nicht kennen, die sie nicht zu beherrschen vermögen. Die ernsthaft Übenden brauchen also eine lange Weile, sich Schritt für Schritt in einen solchen „Denkweg des Heils" einspuren zu lassen. Dann wird ihnen aber klar, dass das kein Weg für Macher ist, denn diese geraten hier unweigerlich in einen sie verstörenden Schwindel-Zustand, wobei ihnen das Heft aus der Hand gleitet. Sie fürchten den Zusammenbruch der Ich-regierten Kräfte. Der Kursleiter muss also auf der Hut sein. Am besten bin ich selbst in all den Jahren in der betenden Obhut der Gemeinschaft der Heiligen aufgehoben gewesen.

XIX. „Therapie Communio“

Mit der Einladung, auf der Frühjahrstagung der Provinzoberinnen in Merril/Wisconsin den Hauptvortrag der Gastdozenten zu übernehmen, hatte ich meiner letzten Vortragsverpflichtung in den USA zugestimmt. Ich sah in der Einladung ein Zeichen, dass nach inzwischen zwei Semestern meine pädagogische Arbeit als Austauschlehrerin in den USA eine gewisse Beachtung gefunden hatte. Das gewünschte Thema „exchange“ – Austausch – erschien mir naheliegend und gemäß. Bei meinem Zuhörerkreis hielt ich es für angebracht, den Schwerpunkt des Vortrages auf die religiöse Dimension des Begriffes „exchange“ zu legen. Es ging also um den Liebesaustausch des schöpferischen Gottes mit der geschaffenen Welt, insbesondere mit dem nach dem göttlichen Ebenbild ins Leben gerufenen Menschen. Ich verweilte bei der eucharistischen Passion des göttlichen Sohnes, der sich an die durch die Sünde verloren gegangenen Menschen verschenkt: Eine unfassbare ewige Ordnung des Dreifaltigen Gottes im Geheimnis eucharistischer Substanz, durch das die Kirche in fortschreitender Zeugung die vergängliche Zeit überlebt und sie ins Ewige führt. Das Widergöttliche in der menschlichen Tiefe wird zurückverwandelt in das ursprüngliche göttlich-schöpferische Abbild. Die kreisende Beziehungswirklichkeit des Lebens zwischen Gott und dem Geschöpf ist wieder hergestellt. Der Nachdruck liegt hier auf der Klarsicht der spezifisch christlichen ganzheitlichen Einbeziehung des Leibes, so wie es der urchristlichen Schau entspricht, die damit an die biblische Offenbarung des Alten Bundes anknüpft.

Meine Ausführungen fanden Beifall. Ich kannte inzwischen eine Reihe der Zuhörerinnen persönlich, und im Gespräch mit ihnen mischte sich nun doch auch Bedauern, dass meine Austauschzeit schon so bald enden werde.

Während der Vorbereitungsarbeit an meinem Vortrag erreichte mich ein Brief aus Freiburg im Breisgau. Er sprach von der schwer erkrankten Ida Friederike Görres-Coudenhove, die mit ihrem Ehemann aus der großen Stuttgarter Wohnung in ein Pflegeheim nach Freiburg umgezogen war. Für uns Jüngere verkörperte Frau Görres nach dem Krieg die mutige Wegbereiterin eines unter der Verschüttung neu aufquellenden religiösen Lebens in Deutschland, auf das sie mit Elan verwies. Wir orientierten uns an ihrem mitreißenden, auch provozierende Kritik nicht scheuenden „Briefen an die Kirche“, die in den Frankfurter Heften veröffentlicht wurden. Ich entnahm der Mitteilung aus Freiburg, dass viele einstige Anhänger ihr zur Zeit schrieben. Das tat auch ich. Ihre Antwort erreichte mich noch auf hoher See per Luftpost. Es war eine Einladung, nach meiner Rückkehr sie am neuen Wohnort zu besuchen.

An den sich mehrenden Zeichen des sich nähernden Aufbruches erwuchs die Notwendigkeit, mich nunmehr bewusst auf die Rückkehr ins alte Europa einzustellen. Das bedeutete auch, die alten liegen gelassenen Aufzeichnungen über die Theorie meines pädagogisch-poetischen Schaffens neu in den Blick zu nehmen. Zu meiner großen Freude hatte ich festgestellt, dass mein „amerikanischer Tod“ zu Beginn meiner Lehrtätigkeit in Milwaukee den poetischen Springquell nicht für immer erstickt hatte, sondern dass er wieder zu sprudeln anfing. Wieder war es, genau wie in meinem bisherigen Leben, ein Traum, der die Sicht und die Gestaltungskräfte freisetzte: Zuerst die erschreckende Vision, mich geschwächt und erblindet auf einer Krankenbahre liegen zu sehen. Angegurtet an die Pfosten der Trage konnte ich mich nicht bewegen. Am Kopfende hinter mir stand die Augenärztin (Adrienne von Speyr), und eine Assistentin hielt meinen Kopf. Ein Lichtstrahl durchfuhr ihn und reinigte die Sicht. Rasender Schmerz durchzuckte mich kurz und verschwand ebenso schnell wieder. Ein bald darauf folgender zweiter Traum schloss sich an: Wieder sehe ich mich auf der Krankenbahre, wieder entkräftet, noch totaler als zuvor und dazu völlig entmutigt, unfähig aufzustehen. Diesmal tritt die Ärztin (wieder Adrienne von Speyr) aus dem Hintergrund von rechts an mein Lager. Sie beginnt, mich langsam und aufmerksam zu füttern. Ich spüre, wie die Kräfte allmählich in Leib und Geist zurückkehren. Das Gefühl eines bisher so noch nicht erlebten vollendeten Wohlbefindens breitet sich in mir aus. Wie in den aufsteigenden schwebenden Duft eingetragen, lese ich zwei Worte: „Therapie Communio“. Im Aufnehmen weiß ich sofort, es sind Schlüsselworte für das künftige Schaffen. Sie enthalten mehr, als ich jetzt fassen kann. Es sind weiterführende Worte der Bewahrung, der Zusammenfassung. Die alte Verszeile von mir tönt an: „Wissenschaft und Poesie neigen sich einander zu“. Das eine trägt das andere. An diesem Punkt befand ich mich wieder an der mich schon lebenslang beschäftigenden Frage nach dem Wesen der christlichen Mystik und wie sie bei der Durchgabe geistlicher Enthüllungen wie theologischer Zusammenhänge zur Sprache kommt.

Ich erkannte jetzt klar, wie nötig die jahrelange intensive Schulung durch die Schweizer Ordensfrau Schwester Oderisia Knechtle gewesen war, mit der ich systematisch in Theorie und Praxis so genannte „Kräfteschulung“ aufgebaut hatte. Eine Vorform der „visio intellectualis“ sollte später Hans Urs von Balthasar dazu sagen. Er kannte Schwester Oderisia, die Ingenbohler Kreuzschwester, die mit ihren zwei bei Herder erschienenen Büchern „Glaubensbelebung durch das Symbol“ und „Glaubensvertiefung durch das Symbol“ in der Schweiz weithin bekannt geworden war. Der weiterführende Austausch mit Hans Urs von Balthasar gab für mich endgültig den Ausschlag. Mit seiner Hilfe gelang es mir endlich, die in der Geschichte der christlichen Mystik so oft unausgewogen behandelte bzw. missverstandene Rolle der Leiblichkeit nun überzeugend zu klären. Es geht um eine tragfähige und tragfeste Mystik in der kreisenden Beziehungswirklichkeit der Sinnen- und Geisteskräfte – um die geheimnisvolle Heils-Mitte *Gott*. In dieser Schau erleidet die Leiblichkeit (z.B. durch Ekstase oder andere einschränkende Verlustphänomene) keinen Verlust. So ist es uns, stellte von Balthasar fest, etwa von Hildegard von Bingen überliefert, so hatte er es intensiv in unmittelbarer Nähe bei Adrienne von Speyr in persönlicher Erschütterung erlebt. Wer anders als er hatte die nicht zu überbietenden Voraussetzungen, meinen ganz eigenen kirchlichen Auftrag klar herauszustellen und mir den Weckruf einer unverwechselbaren besonderen Berufung zu bestätigen und lebendig zu erhalten?

Am tiefsten erreichten seine absolut schlichten und fast kindlich einfachen Weisungen meine Seele. Dabei wiesen er wie ich die Bezeichnung „Seelenführung", wie sie hier und da für unsere gemeinsame Arbeit verwendet wurde, gänzlich ab, ja, wir konnten gelegentlich bei solchen oder ähnlichen unzutreffenden Einschätzungen nur noch lachen. Ich sah in seinen Hinweisen neue erleuchtete Anhalte-Stützen, für die ich nach den bisherigen Mühseligkeiten auf dem Weg äußerst dankbar war. Es half mir mehr als alles andere, wenn er kurz und prägnant zum Beispiel zu den Schauungen mit Adrienne von Speyr sagte: „Seien Sie ganz gewiss, Adrienne pflegt so zu helfen." Das blieb haften, haften bis heute, weil solche Weisung, wie ich meine, von Heil unterfasst ist.

Ich folgte dem Angebot meines Freundes Niko Smolik in Milwaukee, mich mit seinem Pkw zum Hafen von New York zu fahren. Auf der dort erwarteten BREMEN war durch die deutsche Botschaft in Washington die Rückreise für mich nach Deutschland (Bremen) gebucht worden.

Wir gestalteten die Fahrt nach New York zu einer Wallfahrt, die uns über das von Benediktinern neu gegründete Kloster Mount Saviour führte.

Berufung

XX. Von Überlingen nach Oberstdorf

Die Zeit meiner Lehrtätigkeit in den USA gehört zu meinen schönsten und interessantesten Berufserfahrungen. Wieder ist auch hier die alte Prägelinie durch Gertrud von le Fort das innere Leitende in der sich ausweitenden Erziehungsarbeit am Menschen. Zuletzt war ich in Verbindung mit dem Bruce Marshal Verlag, Milwaukee, der die Übersetzung des le Fort'schen Essays „Die ewige Frau – Eternal Woman“ herausgegeben hatte. Der Verleger gab mir vor meiner Rückkehr nach Europa ein Exemplar dieser Auflage mit einem persönlichen Schreiben an die Dichterin in Oberstdorf mit auf den Weg.

Gertrud von le Fort war nun fast 87 Jahre alt. Bei meinem Besuch im September 1963 – es hatte inzwischen der Umzug aus der Freibergstraße zum Haslach 9 stattgefunden – begegnete ich einer natürlich älter gewordenen Frau, aber in der Veränderung trat ihr Wesen von innen her noch klarer in einer Art lichter Brüchigkeit des Lebens hervor. Vor allem in den Linien ihrer welken Hand hatte sich das lange Leben eingegraben. Jedoch überglänzte das Strahlen ihrer großen Augen die zarte Erscheinung. Sie hatte schon auf das Exemplar „Eternal Woman“, das ich vorher schriftlich angekündigt hatte, gewartet. Und da setzte sie auch ein. Ich hatte gefragt, ob sie ihre Gedanken über „Die Stellung und Bedeutung der Frau“, wie sie sie 1935 in ihrer Studie „Die ewige Frau“ publiziert hatte, auch heute noch so äußern würde. Es war mein vorletzter Besuch bei ihr. Mehrere Versuche, sie im Sommer 1969 nochmals zu sehen, scheiterten zunächst wegen des sehr wechselhaften gesundheitlichen Befindens der Dichterin.

Seit meiner Rückkehr aus den USA hatte sich der Schwerpunkt meiner Arbeit für mehrere Jahre in den Bodensee-Raum verlagert. So kam es, dass ich zu meinem letzten Besuch von Überlingen aus nach Oberstdorf reiste. Mir war bei diesem Aufbruch zuerst nicht klar, dass dieser Sommer in doppelter Hinsicht Abschied und Neubeginn bedeutete. Wieder einmal.

Trug die Arbeit in Überlingen am Anfang die Zeichen einer fruchtbaren und auch persönlich beglückenden Weiterentwicklung, trat in den letzten Monaten doch immer schärfer hervor, dass diese Phase, entgegen den eigenen Wünschen, zwar wichtiger, aber nur begrenzter Durchgang war. Der Rektor des Überlinger Vianney-Hospitals für Gemütskranke, Heinrich Spaemann, hatte mich längst darauf aufmerksam gemacht. Mit einigen psychotherapeutischen Fachkollegen trafen wir uns regelmäßig zum Austausch bei ihm. Ich hatte noch vor meiner Tätigkeit in den Staaten in München eine zusätzliche Fachausbildung beendet. In meiner Überlinger Beratungsarbeit hatte ich es vorwiegend mit Einzelführungen zu tun. Die meisten Persönlichkeiten, die unsere Hilfe suchten, waren durchweg Ordenschristen, Männer und Frauen, fast alle in führenden Positionen. Auch Priester aus der Pfarrseelsorge, vor allem jüngere, kamen zu uns. Wir erfuhren bei der Arbeit mit ihnen, wie viele Fragen nach dem Konzil aufgebrochen waren. Überall stand Reform durch Rückkehr zu den Quellen an. In Sinnkrisen wurden neue Heilswege gesucht.

Es wurde klar, dass wir uns mitten in einer fast modischen Meditationsbewegung befanden. In bekannten Klöstern wurden Meditationskurse in unterschiedlichen Stilen angeboten, gelehrt, geübt. Westliche und fernöstliche Heilswege standen sich hier gegenüber. Mich irritierte zunehmend die wachsende Unklarheit in den Begriffen des geistlichen Lebens, zu dessen Urquell aus göttlich-schöpferischer Kraft wir doch ausdrücklich in unserer therapeutischen Arbeit unterwegs waren. Stattdessen gerieten die Beratenden wie die Hilfesuchenden in ihrer sprachlichen Ausdrucksweise immer mehr in ein Kauderwelsch von Fremdwörtern. Ein künstlicher Fachjargon wurde üblich, in welchem die Sprache in leeren Formeln an Kraft verlor, verdarb.

Ich schreckte auf, warnte. Es erhob sich Widerstand. Auch Rektor Spaemann warnte vor dem sichtbar werdenden schrecklichen Dilettantismus. Geltungssüchtige aus allen Lagern hatten hier ein neues sensationelles Betätigungsfeld der „Entlarvung“ entdeckt. Bloßstellung um jeden Preis! Eher als draußen in der Welt begann in verschiedenen Klöstern ein verdeckter Kampf der Generationen bis aufs Blut, bei dem nicht selten unübersteigbare Gräben aufgerissen wurden, wie es sich bis in die jüngste Gegenwart hinein zeigt.

Die Einblicke, die ich bei der Beratungsarbeit gewann, stellten mich vor große Probleme. Die häufige Diagnose: „ekklesiogene“ Tiefenschädigung erschien mir zu leichtfertig. Die nach außen vertuschten Selbstmorde von zwei jungen Priestern fast unmittelbar hintereinander erschütterten mich. Ich war ihnen in unserem Team mehrfach begegnet und konnte kaum glauben, was geschehen war. In diesen schlimmen Tagen wurde der innere Weckruf gegen einen falschen Weg unüberhörbar. Dieses Erleben war der Hintergrund, ehe ich nach Oberstdorf aufbrach. Zuvor verweilte ich noch in Sonthofen, wo mein Neffe Stefan Eschbach, Josefs dritter Sohn, als Gebirgsjäger seinen soldatischen Dienst absolvierte.

Während meines Aufenthaltes wanderte ich bei meinen Spaziergängen in Oberstdorf jeden Tag an der Wohnung der Dichterin vorbei. Ihr Zustand war weiterhin außerordentlich schwankend. Dann ergab sich der Besuch plötzlich, unerwartet. Die Sekretärin sah mich vor dem Haus am Haslach 9 und bat mich hinein. Mehr oder weniger hilflos sagte die abgehetzte und mit der Pflege der alten Dame total überforderte Eleonore von La Chevallerie: „Gestern gingen wir noch über Tische und Bänke, heute hängen wir wieder ganz kaputt herum.“ Ich musste unwillkürlich über diesen hervorgesprudelten Bericht lachen. Frau von La Chevallerie hatte ihr Fahrrad am Hauszaun abgestellt und setzte den hoch gefüllten Einkaufskorb auf den Boden. Sie stimmte in mein Lachen ein. So gingen wir ins Haus. „Nicht zu lange“, sagte sie oben vor dem Zimmer der Baronin. Ich nickte und schaute auf die Uhr. Seltsamerweise war es gerade 16.30 Uhr. War ich nicht längst an diesen Zeitpunkt seit Jahrzehnten gewöhnt, seit ich zum ersten Mal zu den vier Besuchstagen im April 1944 zu ihr aufgebrochen war?

Gertrud von le Fort erkannte mich. Ich vermute, dass sie genau wie ich wusste, dass jetzt unser letztes Zusammensein begann. Sie saß in ihrem Sessel, sehr schwach, hielt meine Hand lange in der ihren. Sie lächelte. Ich erinnerte sie leise an die Szene in ihrem Roman „Kranz der Engel“, der auch bei meinem ersten Besuch eine so wichtige Rolle gespielt hatte. Damals hatte ich Teile daraus auf Druckfahnen gelesen, die sie mir mit ins Quartier gegeben hatte. Dabei war auch die Szene, wo die Studenten in Heidelberg zum Abschluss des Sommersemesters ein Fest im Hause des Professors, Veronikas Vormund, feiern. Ich erinnerte die Dichterin an die Stelle, wo die Studenten als Gestalten der romantischen Dichtung über die Hausterrasse abwärts ziehen, quasi in einer Abschiedsvorstellung. Ich hatte den Eindruck, sie habe mich verstanden. Zuletzt nickte sie ein, als ich den Volksliedvers zitierte, der aus einem Kahn auf dem unten vorbei ziehenden Neckar ins Haus herauf tönte:

„Und ich komme nimmer, wann ich komme,
Und ich gehe nimmer, wann ich geh –“

Die Dichterin war leicht zur Seite abgesunken. Sie schlief. Ich öffnete leise die Tür hinter mir und wanderte draußen den Wiesenweg entlang, stieg dann zum Stillachhaus hinauf. Später wurde dieser Wiesenweg von der Marktgemeinde Oberstdorf Gertrud-von-le-Fort-Weg genannt, als sie die Dichterin zur Ehrenbürgerin des Ortes erhob.

XXI. Der poetische Springquell

Nach meiner Rückkehr aus den Vereinigten Staaten erschien mir zunächst das Leben im „alten Europa“ überaus eng, irgendwie festgefahren. Ich bedauerte es nun sehr, dass ich das Angebot, für zwei weitere Jahre in Washington zu lehren, nicht angenommen hatte. Bonner Kollegen – richtiger hieße es „Mitstreiter im Aufbau einer christlichen Erziehung in Europa“ – hatten gedrängt. „Wir brauchen dich hier. Hier ist der Teufel los. Was willst du noch in dem Kaugummiland?“ So hatte es geklungen.

Als ich mich nun wieder in die alte Arbeit einspuren wollte, wurde mir von Tag zu Tag deutlicher, dass ich eigentlich nicht mehr mitreden konnte. In mir war anderes gewachsen. Jetzt brach es unversehens auf, als mir bewusst wurde, wie befremdend mich die internen Machtkämpfe mancher Kollegen um bestimmte Leitungsposten anmuteten, auf die sie Anspruch zu haben glaubten. „Und du stehst auch an!“

Aber bei mir stand ganz anderes an. So erwog ich zuerst ernsthaft, meine Lehrtätigkeit in den Staaten neu in Gang zu setzen. Die Verbindung mit den entsprechenden amerikanischen Stellen war ja noch sehr fest. Und schon hatte ich wieder Kontakt mit Father Dunne SJ in Washington. Es ging um eine Position an der Georgetown University. Dort lehrte auch Professor Götz Briefs, ein alter Eschweiler Bekannter meiner Mutter Emma. Die beiden waren ehemalige Partner im Tanzkränzchen. Er hatte als Betriebswissenschaftler in Berlin gelehrt und war wegen Schwierigkeiten mit den Nazis emigriert. Seine erste Frau konnte keine „reine“ arische Abstammung nachweisen. Noch kurz vor meiner Rückreise nach Bonn war ich ein paar Tage in Washington zu Gast bei ihnen in einem schönen Haus, nicht weit weg vom Fluss Potomac. Ich lernte nun seine zweite Frau und seine junge Tochter kennen. Professor Briefs konnte nicht verstehen, dass ich die angebotene Lehrstelle ausgeschlagen hatte. Nun schrieb ich ihm, versuchte ihm meine unerwartete Erfahrung klarzumachen, wie verrutscht mir die Gewichte nach meiner Rückkehr hier erschienen.

In der wieder aufgenommenen alten Arbeit mit Professor von Eiff ging mir dann aber auf, dass jetzt nicht die Zeit des weiteren äußeren Aufbaus der „Karriere“ sei. In den zurückliegenden „freien“ Jahren waren bei mir alte Häute geplatzt. Neues war aufgekeimt, hatte das Erdreich durchbrochen. So erschien es mir dieser Phase auch durchaus zugehörig, dass ich bei dem erbetenen Besuch im Düsseldorfer Schulkollegium vom stellvertretenden Dezernenten den Bescheid erhielt, es stehe z.Zt. gar keine freie Stelle für mich zur Verfügung. Es sei aber möglich, mich ans Staatliche internationale Nicolaus-Cusanus-Gymnasium in Bad Godesberg zu versetzen, um dort in der Abteilung DfA (Deutsch für Ausländer) mitzuarbeiten. Ich sagte fürs erste unter Vorbehalt zu. Mir lag daran, aus der Behörde herauszukommen. Vor allem wollte ich dem jovialen gönnerhaften Redeschwall des Dezernenten entgehen. Er war Anglist und erzählte flott von seiner früheren Lehrtätigkeit in England. Er wollte etwas von meinen Eindrücken in den USA hören, stellte seine Fragen im typisch näselnden blasierten Oxford-Englisch. Ich antwortete. Aber schon nach meinen ersten Worten wandte er sich künstlich entsetzt mit erhobenen Händen von mir ab: „You have a terrible American accent, Middle West." So war ich heilfroh, als ich wieder draußen auf der Königsallee war und zuerst umso intensiver meine Rückkehr nach Washington bedachte.

Es kam dann aber anders, als sich die Möglichkeit bot, in einem Team von Tiefenpsychologen mitzuarbeiten. Es war ein Kreis von Fachärzten, die in der Nähe von Überlingen/Bodensee psychisch Kranke betreuten. Die Arbeit fesselte mich so, dass ich die Pläne, in die USA zurückzukehren, für eine Weile, wie ich meinte, verschob. Durch einen älteren Kollegen, der lange mit dem bekannten C. G. Jung gearbeitet hatte, lernte ich dessen Tochter Grit Baumann kennen. An einem heißen Sommernachmittag folgte ich einer Einladung in ihr Haus in Feldmailen am Zürichsee. Sie stützte sich bei ihren Gutachten auf die astrologischen Daten der Ratsuchenden. Sie hörte mir aufmerksam zu, als ich ihr von meinen Kursen „kontemplatives Denken in der Realität des Lebens" berichtete. Wir saßen bei unserem Austausch locker nebeneinander in der Hollywood-Schaukel im Garten. Eisgekühlte Fruchtsäfte wurden serviert. Die Stunden flogen nur so.

Während der Arbeit am Bodensee erhielt ich einen unerwartet tiefen Einblick in die zeittypischen inneren Krisen mancher führender Persönlichkeiten aus kirchlichen Gemeinschaften.

In der gleichen Zeit erhielt ich, fast hintereinander, zwei Angebote, eine Schule zu leiten. Nach einer eben überstandenen ernsten Erkrankung riet Professor von Eiff aber dringend davon ab. Weiterhin standen noch Probe-Vorlesungen an drei Orten vor mir, an denen eine Dozentur für Deutsch zu besetzen war. Ich hatte als Thema für die Vorlesungen eine gattungs-ästhetische Untersuchung der alten epischen Kleinform Fabel vorgesehen.

Aber auch diese Pläne zerschlugen sich, weil die gesundheitliche Verfassung zu dieser Zeit immer noch nicht mitspielte. Zu meinem Glück.

Das erkannte ich aber erst Schritt für Schritt, als hinter den äußeren Enttäuschungen und Verlusten endlich wieder der innere Springquell lebendig wurde. Er bahnte sich seinen Weg – wie konnte es anders sein? – durch einen mich aufrüttelnden Traum: Ich stieg in einem alten Turm abwärts über viele steinerne Stufen, tiefer und tiefer, immer tiefer. Ich wusste, ich muss mich beeilen, sonst komme ich zu spät. Also drängte es weiter in mir, bis ich unter einem offenen Torbogen stand und in ein spärlich erleuchtetes Gewölbe schaute. Ich vernahm den Ton einer Glocke, das letzte Tonzeichen der Wandlungsglocke. Noch gerade konnte ich den erhobenen goldenen Kelch erblicken, den der zelebrierende Priester wieder auf den Altar setzte. In diesem Augenblick verstand ich. Tränen wie Sturzbäche brachen aus den Augen hervor. Erst jetzt bemerkte ich, dass die Augen, von Steinwürfen getroffen, verletzt und mein Gesicht unter Blut und Schmutz verschwunden war. Eine unsägliche Angst befiel mich. Hatte ich meine Wandlung verpasst?

Ich befand mich zu dieser Zeit noch in Überlingen bei einer mir vom Psychologenteam übertragenen Einzelführung. Der Hilfesuchende war ein katholischer Priester in mittleren Jahren. Er war drauf und dran, sein Pfarramt mit vielen Nebenstellen zu verlassen, mehr, aus der Kirche auszutreten. Beim letzten Zusammensein hatte ich ihn völlig verzweifelt erlebt. Trotzig hilflos wie ein Kind hatte er mit den Fäusten auf dem Tisch herumgetrommelt. „Ich werde Taxifahrer", stieß er immer wieder hervor. Plötzlich kam Hilfe für mich. Sie kam über die Stimme von Adrienne von Speyr, die mir bei der ersten Begegnung in Basel unvergesslich eindringlich gesagt hatte: „Man kann eine Berufung verpassen." Die Innenschau im Gedächtnis und die Bedrängnis der aktuellen Not dieser Stunde gingen ineinander über. Höchste Zeit also! Jetzt war alles klar. Noch war die Wandlung nicht verpasst. Aber wir mussten beide aus dem Gestrüpp heraus. Ich begann mit den „Stoß"-Gebeten. Und plötzlich brach eine unbekannte Energie durch. Ich bat den Priester in ganz schlichten Worten, Jesus Christus, seinen priesterlichen Bruder in der großen Glaubensnot heute nicht zu verlassen, ihn weiter treu in seinem Heilswerk zu unterstützen. Wir erlebten eine Stunde der Gnade, nicht der Psychologie. Eine ganz leise ab- und uns umschließende Stunde. Darüber wurde nie gesprochen, jedoch blieb es bis heute das offene „blühende" Unterpfand des Heils; denn der inzwischen hoch betagte Priester lebt noch. Und auch unsere Verbindung.

Als ich vom Überlinger Einsatz zurückkehrte, hatte Professor von Eiff eine neue Forschungsreihe über „Lärm- und Stressbekämpfung" begonnen. Ich willigte ein, wieder mitzumachen. Wie eh und je betrat ich die vertraute Medizinische Klinik. Aber nun erwartete mich eine neue seltsame Szenerie in einer Art Dunkelkammer mit Liege und gegenüber an der Wand angebrachtem Monitor. Eine Schwester trat aus dem Vorraum mit einer Vielzahl von Messinstrumenten, an die ich als der Proband angeschlossen wurde. Nach der ersten Ruhephase wurde ein mexikanisches Pfeilgift (Mecholyl) in die Blutbahn injiziert. Über Kopfhörer brachen Lärm, Kreischen, Hilferufe, Todesschreie etc. ein. Ich besann und konzentrierte mich bei dem ganzen Versuch auf die „Energie", die ich so wirksam in Überlingen erfahren hatte. Es schien mir, als sei dadurch die auf mich eindringende feindliche schädigende Energie außer Kraft gesetzt worden. Wie hatte ich es in Basel vernommen? „*Beten* bricht die Macht des Bösen!" Es kleidet den Betenden in ein Schutzgewand. Am Abend bat Professor von Eiff – den ich während des Versuchs überhaupt nicht zu Gesicht bekommen hatte – telefonisch um Aufschluss, wie es zu meinen ihn in Erstaunen versetzenden Messwerten in der Katastrophenphase gekommen sei. Der Austausch wurde noch länger fortgesetzt. Professor von Eiff sagte in dieser Zeit einmal: „Sie kommen in jedem meiner Lehrbücher als Ausnahme von der Regel vor." Meinetwegen. Mir wurde nun aber immer deutlicher, dass im Grunde die Versuchsarbeit in der Klinik nun auch abgeschlossen war.

Der Schwerpunkt der nächsten Arbeit musste auf dem „Studium" der *inspirierten* Theologie Adriennes liegen. Mittelpunkt ihrer zahlreichen unterschiedlichen Abhandlungen ist, so hatte ich in einer Einführung in ihr Werk gelesen, der „kritische Enthusiasmus für den Glauben", der dieser Frau von Kind an den Weg weist. Nach ihrer Konversion führt er in geistlicher Symbiose mit Hans Urs von Balthasar in die kirchliche Doppelsendung dieser beiden berufenen Persönlichkeiten. Trotz der Synthese bleibt die Eigenart des Werkes von Hans Urs von Balthasar wie die von Adrienne von Speyr bestehen.

Bei der nun einsetzenden intensiven Arbeit wurde ich immer vertrauter mit den ähnlichen Denk- und Sprachstrukturen, in denen die beiden ihre Glaubens- und Gotteserfahrung auszudrücken versuchen. Adriennes Anliegen, Theorie und Praxis für die Verkündigung dienlich zu machen, zog mich mehr und mehr an. Die eigenen Vermittlungsversuche waren wie erste Gehversuche. Ich konzentrierte mich darauf, so und so, pädagogisch und poetisch, Menschen an das Geheimnis pulsierender trinitarischer Göttlichkeit heranzuführen. Im Brief vom 30. Mai 1985 schrieb Hans Urs von Balthasar: „Ich hoffe, es öffnet sich in Honnef ein Weg für fruchtbare Arbeit: Suchende führen, beraten, Oberflächlichen die Tiefen öffnen. Das können Sie, das wird, so oder anders, Mitte bleiben."

Hier entzündete sich je neu meine Frage an die gegenwärtige Theologie, ob sie mit ihren weithin humanistisch eingegrenzten Heilswegen nicht dabei ist, dieses Geheimnis einzumauern und den Menschen die unerschöpfliche Quell-Nahrung zu versagen. Ähnlich besorgt richteten sich meine Fragen an die kaum gelehrte und daher nicht wirksame Karsamstag-Soteriologie. Es setzte sich nämlich nach dem Kriegsende und dem Bekanntwerden der Nazi-Greueltaten mehr und mehr die Auffassung durch, nach Auschwitz sei keine religiöse Verkündigung mehr möglich.

Wenn ich versuchte, hier gegenzusteuern, auf den von Adrienne von Speyr beschriebenen und mystisch erfahrenen „descensus" des göttlichen Sohnes hinzuweisen, ging mir immer deutlicher auf, wie ungenügend ich selbst, auch bei nur andeutenden Formulierungen vor begrifflichen Missverständnissen geschützt war. Ganz anders sah es dagegen aus, wenn meine betreffenden Fragen in Verszeilen in einem Text Gestalt annahmen: Später bezeichneten Fachkritiker diese reimlosen Langzeilen von mir gattungsästhetisch als neuen Spross der alten Psalmdichtung, in welcher die Menschheit seit jeher ihre Zwiesprache im Umgang mit Gott, ihre Auseinandersetzungen mit ihm ausgedrückt hat.

Hans Urs von Balthasar war der erste, der erkannte, dass ich hier zu einer ganz eigenen Ausdrucks- und Verkündigungsform geführt worden war, dem verstörten Gegenwartsmenschen Dichtung als Heil anzubieten. Vor allem im Blick auf die mystisch-prophetische Schau der Adrienne von Speyr, in die ich immer tiefer hineinfand, sah er meine Beiträge als zugehörig zur Sendung. Entsprechend publizierte er 1986 die Adrienne von Speyr gewidmete Sammlung geistlicher Lyrik von mir. Sie erschien unter dem Titel „Das weiße Kleid" im Johannes-Verlag Einsiedeln, Schweiz. In den erklärenden Hinweisen zu den Gedichten auf der Rückseite der Sammlung hebt Hans Urs von Balthasar sie wegen ihrer sprachlichen Qualität ab von der Fülle „dilettantischer Andachtsliteratur", wie sie in dieser Zeit, bunt gemischt, vor allem in Verbindung mit östlichen Meditationsformen üblich wurde. Mir sind die Einkehrtage für Katholische Schweizer Akademiker im Benediktinerkloster Einsiedeln unvergesslich, wo Hans Urs von Balthasar bald nach dem Krieg bis zu seinem Tod alljährlich in den Advent einführte.

In meiner Unterkunft im Ferienhaus der Ingenbohler Kreuzschwestern, wo ich in Einsiedeln gewöhnlich wohnte und mit Schwester Oderisia Knechtle an der so genannten „Symbolerziehung" arbeitete, brachen eines Nachts die Verse wie unter einem stürmischen Diktat, dem ich kaum folgen konnte, über mich herein. Ich füllte eine Masse Blätter mit Langzeilen und ließ sie zunächst unbeachtet. Nach der Heiligen Messe beschäftigte Schwester Oderisia sich damit und sagte: „Das wird deine ganz eigene Form, ich schreibe das in schöner Schrift in ein neues Heft. Wir sehen dann, was sich entwickelt."

So geschah es. Es entstanden zwei inzwischen gebundene Bücher. Sie erhielten den Titel: „Der innere Weg des Glaubens", Teil 1 und 2. Schwester Oderisia und später Schwester Alodia fügten den Texten entsprechende Zeichnungen zu bzw. klebten passende Bilder aus alten Kalendern ein. Ich zeigte die Bücher Hans Urs von Balthasar und begriff mit seiner und nicht weniger mit Schwester Oderisias unterstützender Ermutigung, dass ein seit Kindertagen geübtes Talent, Weltaufschluss poetisch-liedhaft zur Sprache zu bringen, neu zum Durchbruch gekommen war!

Inzwischen hatte es sich auch ergeben, dass ich mich durch eine vorzeitige Zurruhesetzung ohne offizielle berufliche Verpflichtungen ganz dem Schreiben widmen konnte. Wieder war es Hans Urs von Balthasar, der mich aufmerksam machte, in diesem Rückzug – vorwiegend in Flüeli-Ranft – die Erfüllung der alten Gertrud von le Fort-Empfehlung aus dem Jahre 1944 an mich zu sehen, aus der dichterischen Arbeit „keinen Broterwerb zu machen". Ich sei, so meinte er, durch langes, gehorsames Warten frei geworden, das Schreiben nun neu aufzunehmen. Die Texte führten von da an zunehmend in den objektiven Raum des Glaubens, des erfahrenen Heils. Natürlich spielt auch der subjektive seelische Zustand hinein, aber hier galt nicht primär *dessen* Erforschung, sondern die Prüfung, ob die bildhafte Dichte der Sprache es als solche vermag, die weit gespannte Ganzheit der sichtbaren und unsichtbaren Wirklichkeit des Lebens zu Wort kommen und aufleuchten zu lassen.

So kam im Rückzug meiner „cella continuata" in Bad Honnef ein pädagogisch poetisches Konzept in Gang, wo in regelmäßigen Einzelberatungen (Geheimnis der Einzelseele) längere oder kürzere Besinnungstage mit Priestern und Laien, jüngeren und älteren Menschen, die sich bei mir meldeten, durchgeführt wurden.

In den meisten Fällen war die Form und Zeitdauer dieser Besprechungen oder Exerzitien mit Hans Urs von Balthasar vorbesprochen. Dasselbe galt auch für die Lesungen aus meiner geistlichen Lyrik. Allmählich mehrten sich nämlich entsprechende Anfragen, und Hans Urs von Balthasar war es vor allem wichtig, den Ort der Veranstaltung und die betreffenden näheren Umstände vorher kritisch zu prüfen. Hier muss man bedenken, dass es zu diesem Zeitpunkt im kirchlichen Raum noch im Zuge der seit dem Konzil erlaubten Experimente auch zu missbräuchlichen Praktiken gekommen war, die vermieden werden sollten. Es war die Zeit, wo Hans Urs von Balthasar seine ernste Mahnung „Meditation als Verrat" in „Geist und Leben" an die christliche Fachwelt richtete. Er erntete heftigen Protest.

Die Arbeit mit den Menschen wie das Schreiben, fügten sich wie von selbst in den Schwingkreis einer betenden Existenz, wo Leben und Denken aus dem göttlichen Ursprung bewegt werden. Es ist das innen Leitende, durch das sich in der Stille ausgewogenes Gleichmaß einstellt. Es waren die stillen Jahre intensiven Schaffens, das die ruhig dahin fließenden Tage bestimmte. Es ergab sich eine fast selbstverständliche Zuordnung zwischen dem inneren und äußeren Leben. In Basel in der Johannesgemeinschaft hörte ich hin und wieder Adrienne von Speyrs Auffassung dazu: „Wir erholen uns bei der einen Arbeit von der anderen." Edith Stein sagt dazu: „Es kommt nur darauf an, dass man zunächst einen stillen Winkel hat, in dem man mit Gott verkehren kann, als ob es sonst überhaupt nichts gäbe. Und das täglich."

So lernte ich den Dienst an der Sprache im gesprochenen verkündigenden wie im geschriebenen Wort. Es geht um das höchstem Anspruch genügende Ringen mit der lebendigen Wahrheit des Wortes, wobei Wahrheit und Liebe eine Einheit bilden müssen.

In der zeitgenössischen Forschung und Lehre von Sprachwissenschaft stieß ich auf meine Auffassung ablehnenden Widerstand. In der Leere und im Stillstand der geschlossenen Sprachsysteme gilt der Bezug auf das göttlich-schöpferische Wort als unwissenschaftlich. So wird man – ähnlich wie es seit den späten 60er Jahren Gertrud von le Fort geschah – mundtot gemacht, ins Abseits geredet. Hans Urs von Balthasars Einschätzung meiner Gedichte als „therapeutische Dichtung" beginnt sich dennoch in kleineren, meistens kirchlichen Kreisen durch mündliche Empfehlung durchzusetzen. Gertrud von le Forts mahnend prophetisches Wort: „Es ist der Dichter, der seiner Zeit die Medizin reichen muss", wird in den verschiedenen Lesungen und Konferenzen, zu denen ich eingeladen werde, immer besser verstanden.

In diesen Jahren arbeitete ich auch regelmäßig mit Ordensfrauen. Die mir besonders lieben Ordensseminare mit den Klarissen nahmen den größten Teil dieses Aufgabenbereiches ein. Hier muss man sich vergegenwärtigen, dass seit dem Konzil auch in den verschiedenen Orden im Zuge der Erneuerungsbestrebungen vor allem im Blick auf die unterschiedlichen Meditationsformen zeitmodische Strömungen einflossen. Zwischen den Generationen ergaben sich Meinungsverschiedenheiten. Vor allem die Jüngeren suchten in Erweiterungskursen nach ganz neuen Erfahrungen. In manchen Klöstern wurde es unter heftigen Spannungen unruhig, wenn immer mehr Experimente Verwirrung hervorriefen.

Im Rückblick wird mir klar, dass ich mit meiner Arbeit in den Klöstern oder auch Einzelführungen bei mir zu Hause nur einen bestimmten kleineren Teilnehmerkreis ansprach. Von unschätzbarem Wert waren mir deshalb während dieser Einsätze die Hinweise und Empfehlungen des erfahrenen Fachmannes Hans Urs von Balthasar. Ihm war es bei mir zunächst unverständlichen Krisen in bestimmten Kursen bald klar, ob es sich um Wesentliches oder nur um „Sturm im Wasserglas“ handelte.

Grundsätzlich galt es klarzumachen, dass nicht das Reden über Gott oder das fast konsumhafte unverbindliche Ausprobieren ständig neuer Heilsmethoden die Seele ernährt, sondern die verwandelnde praktische Alltagserfahrung, sich Gott ganz und gar zu überlassen. Das anfängliche Erschrecken bei der Begegnung mit der wirklichen Tiefe seiner selbst weicht einer äußersten Nüchternheit und Wachsamkeit. Es geht mühsam und oft glanzlos zu, wenn der Mensch begreift, er kann außerhalb seiner selbst nur das bewirken, was er *in* sich entschieden hat. Er sieht sich plötzlich in der abgründigen Verantwortung vor wurzeltiefem echtem religiösen Leben oder nur vorgetäuschtem Reden darüber. Die Erinnerung geht zurück zu Marianne Geulen und Elsbeth Lagier, den einstigen Freundinnen im beginnenden Studium der Theologie. Wir drei wurden einst bei den Bonner Theologen die „drei Päpstinnen“ genannt, vorne nebeneinander in der ersten Reihe. Marianne, die Jüngere, war eigentlich immer die Vernünftigere. Elsbeth und ich, nur wenige Tage in Geburtsjahr und –tag getrennt, waren von Anfang an „Abenteurer“. Brannte nicht das Herz in uns? Wir ließen keinen „Blödsinn“ aus, aber wir wussten um die gleiche Leidenschaft für den „unus necessarius“.

Wem verdankte ich die je neue „Abschabung bis auf die Knochen“? Elsbeth, Schwester Annunciata, die sich 1942 restlos ins Kloster der Klarissen in Köln-Kalk hineinopferte. Nirgendwo habe ich drastischer den „descensus“ miterlebt und in etwa mit vollzogen. Hier am Gitter war die nackte Wirklichkeit des in bräutlicher Treue geheimnisvoll in die Kirche hineinsterbenden Lebens, die vollendete Schönheit der Armut. Elsbeth sprach jeweils „Klartext“. Rückblickend muss ich sagen, nirgendwo anders habe ich tiefer eindringende Worte über Berufung vernommen als in unseren manchmal im Flüsterton endenden Gesprächen am Gitter. Ich sah die junge Braut Elsbeth 1946 im reichen Faltenwurf des Seidenkleides, den Kranz mit weißen Rosen tief in die Fülle ihres hellblonden Haares gedrückt. Ich sah die greise Goldbraut Elsbeth, die fünfzig Jahre später hinter der großen Osterkerze, gefolgt von Kardinal Meisner in den Altarraum schritt. Die Besucher in der dicht besetzten Kapelle reckten die Hälse, währen die Prozession unter brausendem Orgelklang einzog. Marianne und ich saßen wieder wie vor fünfzig Jahren nebeneinander. Die Tage nach dem Jubelfest waren gezählt. Die einstige Äbtissin Schwester Annunciata, langjährige Präsidentin der Ordensseminare, in denen ich so gerne mitgewirkt hatte, verschwand plötzlich, völlig unerwartet, aus der alten Gemeinschaft. Ich hörte erst später, dass das letzte „Abenteuer“ in einem stillen Krankenzimmer eines Hospitals geendet hatte. Elsbeth, die mir so liebe und von mir bewunderte Braut Christi war in letzter stiller Hingabe, im Beisein der Mitschwestern in die Ewigkeit abberufen worden.

In der Erinnerung würde ein letztes weiterführendes Kapitel mit den Klarissen in jüngster Zeit fehlen, wenn ich nicht der Begegnung mit der tschechischen Äbtissin Schwester Anesča und Schwester Georgis OSC im Klarissenkloster Bad Neuenahr gedächte. Es begann mit der Anfrage, ob man mir dort bei der Vorbereitungsarbeit zur Herausgabe meines Briefwechsels mit Gertrud von le Fort und Hans Urs von Balthasar behilflich sein könne. Seit meinem Umzug von Bad Honnef in die kleinere Wohnung auf dem Bonner Venusberg verfüge ich nämlich nicht mehr über die früheren Gegebenheiten, Texte für einen Druck vorzubereiten. Da man mir abgeraten hatte, die Arbeit in einem unbekannten Profi-Betrieb in Auftrag zu geben, wo weder Diskretion noch Vertrauenswürdigkeit gesichert waren, wollte ich mich in Neuenahr beraten. Die beiden Ordensfrauen, die leitende Äbtissin wie die in der gefragten Arbeit an den Maschinen kundige Schwester Georgis reagierten ohne Zögern bereitwillig. Damit war die Angelegenheit, die wie ein Zentnergewicht auf mir lag, angestoßen.

Viel wichtiger als der äußere Beginn war nun aber, wie es sich zeigte, in Verbindung mit den Arbeitsgesprächen der Austausch mit einer literarisch hoch gebildeten Ordensfrau sehr eigener Prägung aus dem vormals kommunistischen Osteuropa, einer glühenden Kämpferin für den „verlassenen Jesus". Wir erkannten fast sofort die gleiche Wellenlänge, und die anfängliche kleine Sprachbarriere spielte bald keine Rolle mehr. Schwester Anesča gehört für mich zu den seltenen Persönlichkeiten, die den „Wesenston" meiner Texte sofort vernehmen. Sie war es nun, die still aber beharrlich drängte, die begonnene Arbeit zügig voranzutreiben, und zwar sie als rückhaltloses Sich-Verschenken an die Kirche zu verstehen.

Wen wundert es, dass ein neuer, mich in tiefsten Tiefen ansprechender Traum mir half, der Aufforderung der Äbtissin zuzustimmen: Ich sah die an der Kommunionbank neben mir kniende Schwester Anesča. Vor uns stand der Heilige Vater mit erhobener Hostie. Seine ganze Gestalt war in drängender, fast beschwörender Bewegung. Schwester Anesča und ich sprachen nur kurz andeutend über die Schau. An diesem Nachmittag ließ ich die Kindfigur, meinen „unus necessarius" im Kloster bei den Ordensfrauen. Am Abend kam ein Anruf von Pater Dr. Hans Langendörfer SJ aus Rom, der mir mitteilte, der Heilige Vater habe mich mit einem hohen päpstlichen Orden ausgezeichnet, der mir demnächst durch den zuständigen Erzbischof von Köln, Joachim Kardinal Meisner, überreicht werden sollte. Ich solle mich darauf einstellen und vorbereiten. Ich war sprachlos und zuerst einmal froh, am nächsten Tag in die Schweiz reisen zu können, Gott Lob ins Flüeli, den für mich einzig „richtigen" Ort, eine solche Nachricht „gemäß" zu verarbeiten.

Auf der Rückreise Anfang Mai holten wir den „unus necessarius" im Kloster ab. Er befand sich bereits in seinem Korb, sorgsam eingepackt und mit samtenen Polsterrollen abgestützt, an der Pforte. Es musste schnell gehen, denn wir waren auf der langen Reise schon ziemlich verspätet. Zudem tobte ein Gewitter, und ein Platzregen kam herunter, gerade als wir ausstiegen. Hinter der offenen Türe sahen wir eine Schar von Besuchern. Der Korb wurde uns durch das Gedränge hindurch zugereicht. Draußen prasselte es noch heftiger. Der Korb war in einen Plastiküberzug gehüllt. Ich saß hinten im Wagen, neben mir stand der Korb. Wir fuhren eilig los. Der Regen ließ allmählich nach, die dunklen Wolken zogen ab. Ich wollte nun feststellen, in welches Gewand die Klarissen die Kindfigur gekleidet hatten. Ich meinte unter dem Plastiküberwurf zuerst einen Zipfel des weißen Brokatkleides gesehen zu haben. Ich zog an dem Plastiktuch und prallte einen Augenblick zurück. Wieso ist das weiße Kind so „schmutzig?" fragte ich mich. Was haben die Klarissen damit angestellt? Ich zog nun die ganze Hülle vom Korb herunter und sah auf einmal, dass der „unus necessarius" in ein ganz neues weißes Gewand, mit himmelblauer Seide unterfüttert, gekleidet war. Die blaue Unterfütterung hatte durchgeschimmert und den oberen Weißton dunkler erscheinen lassen. Sofort war mir klar, die Klarissen hatten es wieder einmal exakt getroffen, das einzige Kleid, das dem „unus necessarius" in der liturgischen Gewänderreihe noch fehlte, war ein „marianisches". So setzten wir bei der Rückkehr in die Wohnung die Kindfigur wieder auf ihren Platz, beteten eine Weile, und meine Freunde machten sich auf die letzte Wegstrecke weiter bis nach Paderborn.

XXII. Sankt Gallen

Wegen der anhaltenden gesundheitlichen Krisen, über deren Wurzel es widersprüchliche Urteile gab, nahm ich den Rat der Johannesgemeinschaft in Basel an, mich in einer ihnen bekannten Klinik in St. Gallen während einer Kur auf Herz und Nieren überprüfen zu lassen. Das kam mir deswegen entgegen, weil Professor von Eiff in dieser Zeit unerreichbar war. So reiste ich nach St. Gallen in die Kur-Klinik „Oberwaid". Sie liegt oberhalb der Stadt mit weitem Blick über den Bodensee. Baldegger Schwestern haben sie aus einem alten Erholungsheim in eine renommierte Klinik umgestaltet. Lange galt sie in der Helvetia sozusagen als Geheimtipp für Erholungssuchende, die in der besonderen Atmosphäre dieses Hauses den „mondänen Wüsten" – so Hans Urs von Balthasar – der heutigen Hotellerie- und Klinikbetrieben entgehen wollten. Pater Thomas Herzog SJ amtierte als geistlicher Rektor des Hauses. Mit seinen Gottesdiensten und Vorträgen zog er auch viele Menschen „von draußen" an. In seiner klaren ruhigen geistlichen Führung gelang es ihm, Schwestern, Pflegepersonal wie auch Patienten ihren oft schweren Alltag meistern zu helfen. Er bot mir, während ich mich in die Behandlung einspurte, regelmäßige Gespräche an, richtiger müsste ich sagen, ich erhielt in genau vorgelegten und weitergeführten Betrachtungen ignatianisch aufgebaute Einzelexerzitien. Ich war erleichtert, dass sich die gesundheitlichen Schwankungen allmählich ausglichen und ich lange Streifzüge von der Höhe hinunter bis Mörschwil oder unten entlang dem See unternehmen konnte.

In den Gesprächen mit Pater Herzog ging es oft auch um den Austausch über das Werk von Hans Urs von Balthasar und Adrienne von Speyr. Der Pater verfolgte dessen allmähliches Hervortreten, war von dem kirchlichen Auftrag der beiden überzeugt. Es ließ sich gar nicht verbergen, wir waren beide zutiefst fasziniert von einer verheißungsvollen kirchlichen Doppelsendung. Wir fanden es nur konsequent, dass Papst Johannes Paul II. – etwas gegen den noch zögernden Hans Urs von Balthasar – die Durchführung eines römischen Symposiums unter dem Leitthema „Die kirchliche Sendung der Adrienne von Speyr" durchsetzte. Das war im September 1985.

Auch einzelne theologisch arbeitende Ordensfrauen in der Oberwaid teilten unsere Auffassung und lasen vor allem gern in den geistlichen Schriften der Adrienne von Speyr. Von einer „Ferien"-Schwester aus dem Mutterhaus Baldegg (am Baldegger See, Kanton Luzern), hörte ich, dass Adrienne von Speyr bei der dortigen „Frau Mutter" (Generaloberin) persönlich vorgesprochen hatte und sich anschließend ein Briefverkehr ergeben habe. Heute im Rückblick erscheint es mir bemerkenswert, dass sich in den klösterlichen Gemeinschaften, mit denen Adrienne von Speyr in Verbindung stand (wie z.B. auch mit den Benediktinerinnen in der Eibinger Abtei St. Hildegard), der Aufbruch und Wandel nach dem Konzil in ruhigen gemäßen Wachstumsschritten organisch vollzog. Ich frage mich heute, hängt es womöglich damit zusammen, dass sich im strikt beibehaltenen Offizium eine Art geistliches

Bollwerk bildete, mitten in den unterschiedlichen Auffassungen, das konziliare Reformstreben erstlinig *betend* zu unterstützen?

Manche Besucher und Patienten müssen es wohl ähnlich empfunden haben, wenn sie sich häufig beim kirchlichen Stundengebet bei den Schwestern einfanden. Ich meine, in solchem objektiven Gebetsstrom des die Epochen überdauernden Psalmengebetes hat der hektische Gegenwartsmensch eine wirkliche Chance, je neu mit dem schöpferischen Kraftstrom des Ewigen in Berührung zu kommen.

Öfter fand das Gebet auch in der Krypta statt, die der hl. Clara von Assisi geweiht ist. Hier konnten die Besucher die Worte der Heiligen nachlesen und bedenken:

> „Stelle deine Gedanken in den Spiegel der Ewigkeit,
> stelle deine Seele in den Glanz der Glorie,
> vertraue dein Herz dem Herzen Jesu an
> und lass es ganz und gar von ihm umbilden."

Es war natürlich auch eine schöne Erfahrung für mich in der Oberwaid, dass die Ordensfrauen für meine spezielle Arbeit offen waren und es schließlich zu gemeinsamen Veranstaltungen in der Kapelle wie zu den kirchlichen Festen in den Gesellschaftsräumen kam. Hierbei war es ein großer Vorteil, dass die Schweizerinnen selbstverständlich ihre bekannte Appenzeller Landsmännin Schwester Oderisia Knechtle und deren „Symbolerziehung" kannten.

In der St. Galler Leo-Buchhandlung lernte ich die leitende Buchhändlerin Frau Anna Maria Demund kennen, die auch häufig zu Gast in der Oberwaid war. Sie, Schwester Dorita Ochsner, die in der Kurklinik mit der Gästeseelsorge betraut war, und ich bildeten bald ein lebhaftes Arbeitstrio. Es wurde bald erweitert durch den Germanisten Professor Peter Ochsenbein, den Leiter der berühmten St. Galler Stiftsbibliothek. Er sprach mich in der Leo-Buchhandlung auf meinen dreistrophigen Text über den hl. Gallus, den Gründer des Klosters, an. Als Fachmann für mittelhochdeutsche Gebetstexte ging er sofort auf formale Einzelheiten meiner der alten Psalmdichtung nahe stehenden Langverse ein. Er berichtete, der Bildhauer, der die neue von ihm in Auftrag gegebene Gallusfigur im Torbogen über dem Eingang zur Stiftsbibliothek geschaffen habe, sei durch mein Gallusgedicht „Aus der Wildnis wächst die Gründung" inspiriert worden. Das freute mich natürlich, und später war auch Hans Urs von Balthasar sehr angetan von Peter Ochsenbeins Aufsatz über meinen Gallustext, der in der benediktinischen Monatszeitschrift „Erbe und Auftrag" veröffentlicht wurde.

Der Stiftsbibliothekar brachte zu unserem nächsten Arbeitstreffen seinen Freund, Professor Hannes Schwander, mit, den Präsidenten der Schweizerischen Gesellschaft für deutsche Sprache und Literatur. Seine bevorzugten deutschen Dichter waren Gertrud von le Fort und Werner Bergengruen. Es versteht sich von selbst, wie wir von Begegnung zu Begegnung tiefer in unsere Fachgebiete eindrangen. Es gab vor allem unvergessliche abendliche Zusammenkünfte im hoch über dem See gelegenen Ochsenbein'schen Hanghaus in Rohrschacherberg.

Peter Ochsenbein war nicht nur wissenschaftlicher Interpret mittelhochdeutscher Texte, sondern selbst auch Autor vieler mittelhochdeutscher Gedichte, die er dem Minnelied nachgestaltete. Er gestaltete und vertonte seine Lieder so echt, dass wir beim ersten Anhören oft nicht wussten, ob wir alten oder seinen neuen Versen lauschten. Er saß dann meist gestikulierend an seinem Flügel und dirigierte unseren Gesang, der hier und da auch unter seiner Führung in bestimmte, der Epoche zugehörige Tanzschritte überging. Manchmal wurden die großen Flügeltüren geöffnet, und wir bewegten uns draußen über dem Steilpfad abwärts auf den See zu.

Besonders gern verweile ich bei der Erinnerung an die letzte Osternacht in Peters Leben. Wir waren nach der langen liturgischen Lichtfeier des Karsamstags nach Rohrschacherberg hinaufgefahren und saßen still beim zuckenden Schein von Peters alter Militärlampe zusammen und schauten über den See. Über steinernen Wasserkrügen war junges grünes Laub gebreitet. Alles atmete Frische, Sieg des Lebens. Zwischenhinein stimmte Peter je neu einen alten lateinischen Hymnus an, ein Preislied auf den göttlichen Sieger Jesus Christus. Vor einem Jahr erlag Peter in St. Gallen seinem Lungenleiden. Noch kurz vor seinem Tod vertonte er auf seinem Krankenlager das Gedicht von Gertrud von le Fort, das sie der St. Galler Dichterin Regine Ullmann zu deren 70. Geburtstag gewidmet hatte. Peter liebte vor allem die Verszeile: „Schmerz, ich bin dir bereit, ich will dich Freude nennen – Freude im dunklen Kleid." Bei meinem Besuch im Kantonsspital sangen wir seine Komposition gemeinsam, so gut es noch ging und fassten dabei einander fest ins Auge. Es war uns beiden klar, dass wir unsere Abschiedsstunde erlebten.

Unter den Nachrufen für den verstorbenen St. Galler Stiftsbibliothekar war auch ein Gedenken der Katholischen Bischofskonferenz Deutschlands. Der damalige Leiter des Böhler-Klubs, Prälat Paul Bocklet, hatte Peter Ochsenbein nach Bonn zu einer Veranstaltung unter dem Leitthema „Quellen Europas" eingeladen, die in der Kapelle auf dem Kreuzberg oberhalb von Bonn stattfand. Es war eine Vesper mit einer Lesung aus meinen Gedichten, in die Peter Ochsenbein einführte. Gerade hier ging es ihm darum, den Zuhörern zu erklären, dass meine geistliche Lyrik wesentlich Gebetstexte sind. In dieser Beurteilung stimmte Professor Schwander mit Peter Ochsenbein überein. Der ganze Schweizer Freundeskreis kompetenter Fachleute – allen voran natürlich Hans Urs von Balthasar – gewährte mir unter dem gemeinsamen Verstehenshorizont „Dichtung als Heil" eine Art geistig-geistlicher Beheimatung, wie ich sie im innerlich und äußerlich gespaltenen Nachkriegsdeutschland mit der im Bildungsbereich wachsenden ideologischen Engführung nicht finden konnte.

In einem der letzten Briefe, die Gertrud von le Fort 1948 an Hans Urs von Balthasar schrieb, ist die Rede von der Verzweiflung der Menschen in Deutschland, deren abgründige Not sie versteht.

Ich frage weiter, intensiver. War nicht doch der Schweizerische Heilige Klaus von Flüe, der betende Politiker in der Ranftschlucht der wegweisende christliche Europäer nicht nur für alle Schweizer, sondern über alle Konfessionen hinweg, für alle Völker Europas? Die Schweizer sehen es so und nennen den Ranftheiligen einmütig ihren Landesvater, dessen fürbittendem Gebet sie es zuschrieben, dass die kleine gefährdete Schweiz nicht doch von Nazideutschland überfallen und in den Krieg gezogen wurde.

Bei diesem Schweizer Aufenthalt in der gemeinsamen Arbeit mit den Freunden erreichte mich eine Einladung der Gertrud-von-le-Fort-Gesellschaft zur Jahresversammlung in der oberschwäbischen Bildungsstätte Irsee. Ich sprach mit Peter Ochsenbein und Hannes Schwander darüber, wir erwogen die Teilnahme. Peter war aber gesundheitlich bereits so geschwächt, dass seine Ärzte die Reise nicht erlaubten. So beschlossen Hannes Schwander und ich, allein nach Irsee zu fahren, um einen Eindruck von der Gesellschaft zu gewinnen und gegebenenfalls deutsch-schweizerische Zusammenarbeit anzubieten. Hannes Schwander verwies auch auf das Schweizer Bürgerrecht der Dichterin. So fuhren wir beide von St. Gallen in das schwäbische Oberland nach Irsee, ins ehemalige Kloster, das jetzt nach dem Umbau als gefragte Bildungsstätte zur Verfügung steht.

Die Gertrud-von-le-Fort-Gesellschaft war 1982, sieben Jahre nach dem 100jährigen Oberstdorfer Gedenkfest, in Würzburg gegründet worden. Der dortige Politikwissenschaftler Professor Lothar Bossle und der Münchener Theologe Professor Eugen Biser hatten sie ins Leben gerufen. Ich wurde damals – gewissermaßen in der ersten Stunde – eingeladen, im Führungsgremium der Gesellschaft mitzuwirken. Die beiden Gründer hatten aber volles Verständnis für meine Bitte, mich als einfaches Mitglied zu akzeptieren. Bei den eigenen, mich ganz einfordernden beruflichen wie persönlichen Aufgaben fehlten einfach die Kräfte für eine weitere, wie mir schien, umfassende und verantwortungsvolle Verpflichtung.

Die Veranstaltung in Irsee erwies sich als spannungsgeladen im Zusammenprall von grundsätzlich widerstreitenden Auffassungen im westdeutschen Literaturbetrieb, der unverhohlen ideologisch ausgerichtet war. Dazu belasteten interne Schwierigkeiten der Gesellschaft die Atmosphäre der Tagung.

Am Abend des ersten Arbeitstages wurden die Teilnehmer zum Austausch in den Weinkeller des Bildungshauses eingeladen. Auch hier setzte sich das Gegeneinander fort, bis es zu einem peinlichen Zwischenfall kam. Da mir jeder nähere Einblick fehlte und mir auch die meisten Teilnehmer unbekannt waren, verließen Professor Schwander und ich das Kellergewölbe mit den laut und hemmungslos Streitenden. Wir spazierten noch eine Weile draußen herum. Ich verstand Schwanders Entschluss, vorzeitig aufzubrechen und eineinhalb Tage früher als geplant den Sommerurlaub in der Bretagne zu beginnen. Als nichtdeutscher Fachmann wollte er sich, wie er sagte, aus einem sehr deutschen und emotional hochgehenden Widerstreit heraushalten. Wir verabschiedeten uns in altem Einvernehmen und mit dem Vorsatz, uns wie bisher weiterhin mit allen Kräften für eine sachgemäße und kompetente Erschließung der Dichtung, insbesondere der christlichen, einzusetzen – jenseits kurzlebiger zeitmodischer Engführungen.

XXIII. Ida Lehner

Ida Lehner und ich begegneten uns erst zu später Lebensstunde im Frühjahr 1995 in St. Gallen im Hause Lehner, Davidstraße 23. Mir war bisher nur allgemein bekannt gewesen, dass Gertrud von le Fort während ihres Aufenthaltes in der Schweiz gleich nach dem Krieg auch zweimal in St. Gallen zu längeren Besuchen weilte, jedoch kannte ich weder die Adresse noch hatte ich Einblick in die Gegebenheiten dieser St. Galler Besuchszeiten. Insbesondere war ich ahnungslos, welch große Bedeutung gerade diese Notstation für die Dichterin gehabt hat. Durch Frau Anna Maria Demund, die Geschäftsleiterin der St. Galler Leo-Buchhandlung, wo die Geschwister Lehner als langjährige gute Kunden ein- und ausgegangen waren, gewann ich allmählich eine Vorstellung. Zuletzt hatte die hochbetagte und gehbehinderte Ida Lehner Frau Demund einen Brief der Gertrud von le Fort an ihre Schwester Anna geschenkt als Zeichen des Dankes für ihre aufmerksame Bedienung, Zeichen des Abschieds vor dem Rückzug in die Stille des Alters.

Frau Demund brachte mir diesen Brief mit in die Oberwaid, wo ich, gerade von Wien kommend, eingetroffen war. Zur fünfzigsten Wiederkehr meines Doktorates am 7. März war mir in der Universität das so genannte „Goldene Doktorat" mit einem Orden verliehen worden. Von dem alten Thema meiner Dissertation, der Untersuchung der „Hymnen an die Kirche" der Gertrud von le Fort war natürlich auch die Rede gewesen. Ein Wort gab das andere im Gespräch mit Frau Demund. Schließlich fragte ich sie: „Lebt Frau Lehner noch?" „Ich habe lange nichts von ihr gehört. Ich werde versuchen, das zu klären." Am nächsten Tag kam der Anruf von Frau Demund. Frau Lehner hatte uns zum Tee eingeladen. So wanderten Frau Demund und ich am Nachmittag durch St. Gallen. Ich lauschte dem Bericht von Frau Demund über die Spitzenfabrik Lehner, „klein aber fein". Der gewerbliche Betrieb und die Büroräume waren im Untergeschoss und im ersten Stock untergebracht. Die Firma hatte es zu Wohlstand gebracht. In den oberen Stockwerken befand sich der private Wohnbereich. Nach dem Tod der Eltern betrieben die Geschwister Lehner das Unternehmen noch eine Weile unter der Führung von Anna Lehner, die aber an Krebs erkrankte und gestorben war. Die jüngere als Fürsorgerin ausgebildete und in Zürich berufstätige Ida kehrte ins St. Galler Elternhaus zurück, um dem großen Hauswesen, auch mit Versorgung des Personals, vorzustehen. Vor allem ging es Ida, so berichtete Frau Demund, darum, das harmonische Zusammenleben der schwierigen bzw. kranken Familienmitglieder zu ermöglichen und zu erleichtern. Was das bedeutete, habe ich erst später von Ida Lehner selbst, mehr noch aus ihren Tagebüchern, die sie mir zuletzt schenkte, erfahren.

Jetzt war es zunächst einfach spannend, das St. Galler Quartier der Gertrud von le Fort im Hause Lehner und ihre Gastgeberin Ida kennen zu lernen, zu erfahren, wieso es ausgerechnet dieses Haus, diese ihr fremde Familie war, in welcher sie, sogar zweimal, zu längeren Erholungszeiten weilte.

In der Schweiz, so klärte Frau Demund mich auf, machten damals nach dem Krieg Hiobsbotschaften über die Notlage einiger deutscher Dichter die Runde. Nicht zuletzt wurde von der 71jährigen, gesundheitlich recht mitgenommenen Gertrud von le Fort gesprochen, der man beistehen müsse. Anna Lehner, die einem einflussreichen gesamtschweizerischen Literaturkreis angehörte, erklärte sich bereit, Baronin le Fort in ihr Haus nach St. Gallen einzuladen. Frau Demund hatte auch die verstorbene Anna Lehner, die tüchtige erfolgreiche Fabrikantin sowie die begeisterte Literaturexpertin noch persönlich gekannt und sie, wie auch die anderen Lehner-Geschwister, in der Leo-Buchhandlung beraten und bedient.

Dann standen wir vor dem großen behäbigen Haus in der Davidstraße 23. Auf unser Klingeln öffnete sich die alte schwere Haustür einen Spalt. Wir mussten durch ein großes Treppenhaus bis zum dritten Stock hinaufsteigen. Oben vor der Wohnung standen wir vor einer Trennwand aus Bauglas, in der sich eine Türe öffnete. Im Rahmen sah ich eine große grobknochige Frau, die sich vorbeugte und dann sichtlich erschrocken bei meinem Anblick zurückwich. Ich war irritiert. Die tiefe Stimme der Ida Lehner drang jetzt an unser Ohr: „Verzeihen Sie – treten Sie bitte ein. Einen Augenblick hatte ich den Eindruck, Baronin le Fort stehe auf der Türschwelle.“ Sie lachte jetzt, nahm mich bei der Hand, drehte mich ein wenig herum und sagte: „Ist das denn möglich, wissen Sie überhaupt, wie sehr Sie der Dichterin gleichen?“

Ida Lehner war nicht die erste, die mich darauf hinwies. Auf meinem 50. Geburtstag hatte ich es das erste Mal bei einem festlichen Zusammensein im Flüeli gehört. Ich hatte es bisher mehr oder weniger ernst, einfach zur Kenntnis genommen. Bei Ida Lehner war das aber ganz anders. Aus der heutigen Sicht will mir scheinen, dass sie diejenige war, die tiefer als jeder andere die Dichterin ganzheitlich erfasste. So gewann ihre Feststellung der Ähnlichkeit zwischen ihr und mir mehr Gewicht als die betreffenden früheren Hinweise.

Durch Ida Lehner fand die erschöpfte Dichterin in der Mitte einer sie bergenden Familie den Ruheort, dessen sie bedurfte. Die 45jährige Ida hatte ihre eigenen geistlichen Erfahrungen, aus denen sie ihr Leben von innen her ordnete. Sie hatte ein mystisches Lichterlebnis, das der jungen Frau am Ende einer langen Wahrheitssuche zuteil geworden war, das ihr Leben von Grund auf änderte. Das erfuhr ich aber erst nach und nach von Ida Lehner, als wir nach der ersten Begegnung zu unserem großen Erstaunen und dann wachsender Freude begriffen, dass wir beide ein Tor in einen neuen wunderbaren Erlebnisbereich durchschritten hatten.

Am ersten Besuchsnachmittag hatte Frau Lehner die Korrespondenz mit Gertrud von le Fort auf dem Tisch ausgelegt. Nach dem Tee gingen wir in einen kleinen Salon und schauten uns die wohlgeordneten Briefe der Gertrud von le Fort an die Geschwister Lehner an. Viele Mitteilungen bezogen sich auf bestimmte Einzelheiten, wenn die St. Gallener Gertrud von le Fort in Oberstdorf besuchten und diese auf den mehr oder weniger langen Bestell-

Listen um das Mitbringen bestimmter Lebensmittel bat, die in Deutschland immer noch fehlten bzw. nicht die Qualität der Schweizerischen aufwiesen.

Ida Lehner schenkte mir die gesamte Korrespondenz, weil sie überzeugt war, sie sei bei mir am rechten Ort der forschenden Bewahrung und späteren Weitergabe. Sehr bald zeigte sie mir auch ihre Tagebücher, dicke braune Kladden, die sich, jahreweise geordnet und beschriftet, auf einem hohen Regal in ihrem Wohn-Schlafzimmer befanden.

Wir trafen uns nun regelmäßig, hatten unseren „jour fixe". Das Vertrauen wuchs. Ich erfuhr dann, dass Ida Lehner seit ihrem St. Galler Gnadenerlebnis von einem an der Kathedrale amtierenden Geistlichen offiziell kirchlich begleitet wurde. Dafür war sie dankbar. Sie sprach sehr einfach, fast nüchtern, von einem „dunklen Licht der Liebe", das ihr innerlich den Weg wies. „Ich kann es erst sehen, seit mein Ich blind geworden ist und ich ganz vom heiligen Licht her zu sehen versuche. Es dringt durch den Nebel der Welt, und ich darf es weiterschenken. Meine früheren Depressionen verschwanden in diesem Licht. Aus ihm kam auch die Entscheidung, den Beruf in Zürich aufzugeben und Fürsorgerin meiner Familie zu werden."

Mir ging immer mehr das Herz auf bei den Stunden in der Davidstraße. Vom geräumigen Balkon sah man hinter Gärten und Hinterhöfen die Türme der Kathedrale. So einen großen, fast wie ein gemütliches Wohnzimmer mit Tisch und Korbsessel eingerichteten Balkon hatte ich bisher so noch nirgendwo angetroffen. Das alte Haus hatte eben seinen ganz eigenen Charakter, seine eigene Sprache. Von der Hauswand hingen Efeuranken wie ein grüner Vorhang vor der offenen Balkonseite herunter. Am interessantesten waren die breiten, rechts und links in Augenhöhe angebrachten Hängebretter. Auf ihnen sah ich Gefäße, Vasen, Gläser, Kerzenleuchter und dergleichen. „Alles Mitbringsel von unseren Reisen", erklärte Ida Lehner.

Einmal an einem heißen Sommertag, als wir uns hier wegen der angenehmen Kühle zum Gespräch aufhielten, holte Ida zwei Alabastervasen vom Regal herunter und stellte sie auf den Tisch. „Ein Geschenk der Baronin", sagte sie. „Ich erinnere mich noch gut", fuhr sie fort. Bei der Überreichung der Vasen hielt Gertrud von le Fort so etwas wie eine kleine Betrachtung in Verbindung mit dem Gleichnis von den fünf Jungfrauen, die mit gefüllten Öl-Krügen auf den Bräutigam warten. Sie verwies auf die Notwendigkeit wartender Bereitschaft, ohne die kein Organismus wachsen kann.

An diesem Nachmittag vermittelte mir Ida Lehner einen tiefen Einblick in die Schwierigkeiten einer von schwerem Erbe und Schicksal belasteten Familie.

„Wenn man dem anderen wirklich helfen will", sagte sie, „muss einem klar sein, wie unterschiedlich die Menschen ihre Lebenskrüge füllen. Jeder hat sein eigenes Maß, jeder sein eigenes Wachstumstempo. Sie müssen voll berücksichtigt werden und Ausgangspunkt der Hilfe sein, nicht künstlich entwickelte Theorien, übergestülpte Konzepte, die dem Leben widersprechen."

„Damit agieren die ‚Totengräber', die den Menschen ihre ‚Verschlimmbesserungen' als Fortschritt verkaufen", warf ich ein. „'Totengräber' stammt von Hans Urs von Balthasar", ergänzte ich. „Ich dachte es mir", erwiderte Ida Lehner schmunzelnd.

Manchmal saßen wir auch im „Zimmer der Baronin", das auf der anderen Wohnseite der so genannten Winterwohnung lag, beieinander. Ida erzählte, wie ihr damaliger Gast sich nach und nach entspannt habe. Heute ist viel die Rede von „emotionalem Stress". Mir scheint, in dieser schwierigen Phase war sie mit ihrer Not in Ida Lehners Nähe geborgen. Gertrud von le Fort war zu dieser Zeit mitten im heftigen Meinungsstreit über ihren weithin missverstandenen Roman „Der Kranz der Engel". Die Nachrichten aus Deutschland belasteten sie. Ida Lehner berichtete, über betreffende Einzelheiten sei nicht viel gesprochen worden. Sie habe aber Sorge dafür getragen, dass die Dichterin zur Ruhe kam. Sie schirmte sie ab. „Lassen Sie nun auch die Gedanken wieder ruhen", so habe sie es ihr jeden Tag neu „verordnet". Ich denke mir, Gertrud von le Fort hat damals die Wirkung der Persönlichkeit Ida Lehners genau so erfahren wie ich jetzt in diesen letzten Jahren. „Man wirkt nicht mit dem, was man sagt, sondern mit dem, was man ist", so hatte ich es bei Hans Urs von Balthasar gelesen.

Ida Lehner vermittelte auch die Bekanntschaft der Baronin mit der St. Galler Dichterin Regina Ullmann, die seit ihren frühen Jahren in enger Verbindung mit Rainer Maria Rilke stand. Regina Ullmann hatte als gebürtige Jüdin den Weg in die katholische Kirche gefunden, nicht zuletzt durch Mithilfe von Hans Urs von Balthasar, der am Zustandekommen der Konversion beratend mitbeteiligt gewesen war. Die beiden Dichterinnen trafen sich wiederholt im Hause Lehner (Regina Ullmann, geb. 14 Dezember 1884, gest. 6. Januar 1961). Zum 70. Geburtstag sandte Gertrud von le Fort ihr das Festgedicht „An die Freude":

„O Freude, holde Freude, wie hat man dich bedrängt:
Im ganzen Weltgebäude wirst du hinweggekränkt!
Da haust ein böses Grauen, da herrscht ein bittres Nein,
Und keiner will vertrauen und keiner will verzeihn.
Und doch schließt jeder Morgen hoch auf das Tor der Nacht,
Und über allen Sorgen erstrahlt die ewge Pracht.
Es blühen Korn und Reben, es schmückt sich Baum und Strauch,
Und du und ich wir leben, die Vöglein leben auch.
Und Kinderhände winken und schlingen Ringelreihn,
Und junge Herzen trinken uraltes Glück zu zwein.
Singt eure dumpfen Weisen, bedrängt, die schon bedrängt:
Ich will die Freude preisen, auch wenn sie grauverhängt,
Ich will sie hoch erheben, ist sie gleich tief gebeugt,
Will Gott die Ehre geben, daß ihn das Licht bezeugt.
Und mag der Schmerz auch brennen –
Schmerz, ich bin dir bereit,
Ich will dich Freude nennen –
Freude im dunklen Kleid."

Ida Lehner wiederholte in ihren Berichten über Gertrud von le Fort gern, wie überpünktlich sich ihre Besucherin stets zu den Mahlzeiten eingefunden habe. Immer wieder kamen andere Erinnerungen hoch, wenn sie von le Forts Bemühungen erzählte, dem kranken Bruder Paul, der mit am Tisch saß, kleine Freuden zu machen. Am meisten habe bei ihm gewirkt, wenn sie ihn liebevoll anschaute und für eine Weile seine Hand in die ihre legte. Nach der Siesta machten die beiden Damen einen ausgedehnten Spaziergang. „Auch darauf habe ich bestanden", erklärte Ida Lehner lächelnd. Die Dichterin liebte den Weg zur höher gelegenen Brücke der Gallusquelle, von wo man in den Tobel der Gallusschlucht hinunterschauen und das Rauschen des Felswassers hören kann. Am Schluss gingen die beiden Spaziergängerinnen meistens zu einem verweilenden Gebet in die Kathedrale.

Ida Lehner berichtet in ihren Tagebüchern interessante kleine Einzelheiten, Erlebnisse während der Besuchstage der Dichterin. Eines Tages lag die „le Fort"-Kladde auf dem Tisch. „Ich möchte sie Ihnen schenken." Wie oft habe ich seither schon durch das dicke Heft geblättert und je neu einen Satz daraus wie eine Medizin eingenommen.

Die Gebrechlichkeit von Ida Lehner nahm nun doch deutlich zu. Sie ließ sich für ein paar Wochen in der St. Galler Geriatrie behandeln. Auch hier war unser Zusammensein immer gestaltet. Ida Lehner bereitete es sorgfältig durch Auswahl von le Fort-Texten vor, die ich lesen musste. Dann tauschten wir uns, wenn sie es wünschte, noch darüber aus. Immer mehr blieben wir aber in der Stille des dichterischen Wortes, das wir in uns nachklingen ließen. Viel mehr als mir selbst war ihr damals bewusst, dass Begegnungen Lebensgeschenke sind, die verpflichten. Erst jetzt beim derzeitigen Niederschreiben wird mir das immer klarer, dass ich als Zeitzeugin in einem Gottesdienst des Lebens stehe.

In den letzten Wochen ihres Lebens begab sich Ida Lehner in das mitten in der Altstadt gelegene Pflegeheim „Kursana", wo sie viel ruhte. Einmal saßen wir in dieser Zeit am kleinen Tisch, und ich schälte ihr einen Apfel. Sie sah zu und sagte: „Nie hätte ich mir träumen lassen, in so späten Jahren noch einmal so voll aufzublühen." Ein unbeschreibliches Lächeln verklärte das schmal gewordene Greisinnengesicht. Ida war nur noch Haut und Knochen. Dann aber – nach einem Moment des Schweigens – begannen wir zu lachen, lachten und lachten, bis mir die Tränen aus den Augen rollten. Eines Tages hielt sie bei meinem Kommen einen Zettel in der Hand. Sie hatte einen Text notiert. „Schauen Sie mal. Der ist von Tolstoi. Baronin le Fort hat mich darauf verwiesen." Ich las: „Liebe deine Geschichte; denn sie zeigt dir die Wege, die Gott dich geführt hat. Fürchte dich nicht!"

Ich war noch kurz vor ihrem Tod bei ihr. Sie wartete friedlich auf das Ende. Wieder eine ganz stille Stunde über Mittag. Sie schlief. Ich saß bei ihr. Eine Lichtbahn der Mittagssonne zog durchs Zimmer. Als das Licht auf ihrem Kopf lag, öffnete sie die Augen, sah mich, lächelte. Ich hielt das Bild der „Lichtkrone" auf ihrem Haupt als Erinnerung fest.

Immer, wenn ich Ida Lehner jetzt auf dem St. Galler Westfriedhof, gar nicht so weit von der Oberwaid entfernt, besuche, sitze ich auf der nahe gelegenen Bank, öfter auch zusammen mit Frau Demund, die wie ich eine besondere Vorliebe zu diesem uns anziehenden Ort hat. Leichtes Buschwerk umgibt „unsere" Bank und vermittelt den Eindruck, man säße geschützt unter einem lebendigen grünen Torbogen, der einen herrlichen Ausblick freigibt: An hellen Tagen bis zum Säntis, unten der „Vielvölker-See" mit seinen bunten Dörfern entlang des Ufers. Hier verweilten Frau Demund und ich auf unseren Spaziergängen, wenn wir unsere Erinnerungen durchgingen. Frau Demund kannte längst das Erzähltalent der Ida Lehner. Sie wusste auch um die Tagebücher, aus denen Ida Lehner gelegentlich Passagen vorlas. Als ansässige St. Gallerin verstand sie natürlich besser als ich, was Ida Lehner hier schriftlich erzählte und auf welche Lokalereignisse sie anspielte. Nach Idas Tod kümmerte sich Frau Demund zusammen mit ihrer Nichte um die Sicherung der zahlreichen Tagebücher, die sich meines Erachtens als wertvolle Fundgrube erweisen werden, wenn Ida Lehner zu gegebener Zeit entdeckt wird.

Noch gehört das „Lebensgelände" dieser begnadeten Frau uns, die wir vorsichtig in den noch unbekannten Raum vorbereitend hineinleuchten. Einmal hatte Ida, im Beisein von Frau Demund, länger und nachdrücklicher als sonst, darauf hingewiesen, wie bedeutsam es sei, die St. Galler Aufenthalte der Gertrud von le Fort als Umformungsphase zu begreifen. Es war ihr wichtig, unseren auch ihr bekannten Arbeitskreis über ihre Eindrücke und Erfahrungen im Zusammenleben mit Gertrud von le Fort zu informieren. Einmal noch gelang eine „Vollversammlung" in Ida Lehners Wohnzimmer, wo uns ihr junger Neffe Fridolin Eugster ein Videoband über Gertrud von le Fort eingelegt hatte. Es stammte von der Gertrud-von-le-Fort-Gesellschaft und war Ida durch die letzte Sekretärin der Dichterin, Eleonore von La Chevallerie zugekommen. Die Damen kannten sich durch die wiederholten Besuche der Lehner-Geschwister in Oberstdorf. Nach dem Tod der Anna Lehner war Frau von La Chevallerie auch einmal in St. Gallen in der Davidstraße zu Besuch gewesen. Beim Anschauen des Videobandes war Ida enttäuscht; sie reagierte später sogar verärgert. „Das ist doch nicht Gertrud von le Fort…" Ich hatte bei der Aufnahme ganz genau so empfunden und war eher beschämt, dass ein solches unzulängliches „Sammelsurium" (Ida Lehner) in Umlauf gekommen war. Recorder und Video-Kassette spielten dann auch keine Rolle mehr. Der junge Eugster packte seine Apparate wieder zusammen und zog sich zurück.

Wir sprachen weiter über den Gedanken, St. Gallen als „europäisches geistliches Zentrum" zu entwerfen, in dem eine Gertrud von le Fort einen bedeutsamen Platz einnehmen könnte. Mich bewegte hierbei am meisten, dass hierfür die Gründungsgeschichte des St. Galler Klosters und der Stadt gar nicht besser ins Bild passen konnten. Längst war ja auch mein Gallus-Text darüber publiziert („Erbe und Auftrag", Benediktinische Monatszeitschrift).

Ich „sah" den alten fieberkranken irischen Ordensmann Gallus in Begleitung der beiden anderen jungen Missionare auf dem Weg zu einer Klostergründung in Bobbio/Oberitalien. Wir sind im Jahre 605. Bei der wichtigen und dringenden Missionsarbeit, die den Wandermönchen aufgetragen ist, wird Gallus zur Belastung. Die jungen Eiferer fühlen sich berechtigt, den erschöpften, fast schon sterbenden Mitbruder um der größeren Aufgabe willen zurückzulassen. Sie stürmen weiter. Gallus schleppt sich noch bis zur jungen Steinach weiter und will aufgeben. In diesem Augenblick tritt das „braune Wildtier“ (Bär) aus dem Wald auf ihn zu. Gallus erkennt seine Rettung und gebietet dem Tier, Holz zu holen, dass er ein Feuer machen und sich wärmen kann. Er teilt sein Brot mit dem Bären. Diese Legende, so berichtete Ida Lehner, kam bei Gertrud von le Fort immer wieder zur Sprache. Ihr Thema: Einbruch der Gnade. Von keinem der jungen dynamischen Heilsbeflissenen ist heute ein Name bekannt. Der alte kraftlose Gallus, der scheinbar Ungeeignete ist es, der den Auftrag, das christliche Europa zu begründen, ausführt. „Aus der Wildnis wächst die Gründung.“

Wer Gertrud von le Fort persönlich kannte wie Ida Lehner und ich, kann es nur bestätigen, wie sich die Vorstellungskraft der Dichterin gerade an solchen Beispielen entzündete. So berichtete Ida Lehner, am Ende der Spaziergänge habe die Dichterin in der Kathedrale immer den gleichen Platz angesteuert, erste Bank, linke Seite. Ich musste lachen. Es war mein eigener Lieblingsplatz mit dem Blick auf das Gallusglöckchen, das in der ersten alten Siedlung zum Gebet gerufen hatte.

XXIV. Ordensgemeinschaft Agnus Dei

Beim nächsten Zusammentreffen in Basel gab es hier wie bei mir Probleme. Hans Urs von Balthasar teilte mir mit, der Papst wünsche für das nächste Jahr – also 1985 – ein römisches Symposium unter dem Titel „Adrienne von Speyr und ihre kirchliche Sendung". „Aber darauf warten wir doch alle schon lange", sagte ich. Er nickte, wirkte aber eher müde und erschöpft. Dann hörte ich leiser die Frage: „Warum lässt der Papst mich nicht vorher sterben?" Diese Frage richtete er natürlich nicht an mich persönlich. Sein Blick ging durchs Fenster. Er sah klar voraus, welche Belastung mit der Vorbereitung eines Symposiums auf ihn und die Gemeinschaft zukam. Als Termin war ein Triduum für Ende September vorgesehen. Das bedeutete, auch die vorerst nur in Privatdruck vorliegenden Werke von Adrienne von Speyr mussten bis zum Symposium publiziert sein.

An diesem Abend spürte ich das Phänomen der Grenze. Ich selbst war todmüde und voller Fragen im Blick auf die neu gegründete Ordensgemeinschaft AGNUS DEI, die mich zu einem Einführungskurs in Kräfteschulung und Symbolerziehung in ihr Kloster eingeladen hatte. Von diesem Einsatz in Bodman/Bodensee war ich am Nachmittag in Basel angekommen. Dort hatte ich mir wegen der kurzfristigen Planung ein klösterliches Quartier gesucht und rief von da aus im Hause Balthasar an. Es dauerte aber noch keine halbe Stunde, bis Frau Capol mich abholte und ins vertraute Refugium in der Arnold-Böcklin-Straße 42 brachte. Bis zu diesem Blitzumzug hatte ich es bisher noch nie so deutlich wahrgenommen, wie sehr geistliche Häuser sich in der Atmosphäre unterscheiden können. Schon beim Eintreten ins Haus Balthasar fühlte ich mich wie befreit von einer seltsam einschnürenden frommen Betriebsamkeit, die in meiner vorherigen Unterkunft störend auf mich eingewirkt hatte. Wie man es beim Langstrecken-Schwimmen erleben kann, geriet ich in der Böcklin-Straße bereits im Korridor in eine warme Unterströmung, auf der ich in die Bergung einer stillen Bucht gelangte.

„Morgen vormittag sehen wir weiter", sagte Hans Urs von Balthasar, als wir den Tag beschlossen. Und tatsächlich, der neue Tag war wie ein Tor, durch das wir die Begrenzungen des Vortages durchschreiten konnten. Ich berichtete ihm von der jetzt sieben Jahre bestehenden deutschen Gemeinschaft, deren Mitglieder als „Aussteiger" aus einer sie frustrierenden Wohlstandsgesellschaft versuchten, ein fruchtbares alternatives Leben im christlichen Sinn zu führen. Eine befreundete Ärztin, die ein krank gewordenes Mitglied der Gemeinschaft behandelte, hatte mich auf die Gruppe aufmerksam gemacht und meine Kurse bei ihnen vermittelt. Sie selbst leitete im oberbayerischen Murnau am Staffelsee eine kleine psychosomatische Privatklinik. Sie stand auch in Verbindung mit dem Überlinger Vianney-Hospital, wo ich – so wie es sich ergab – in gezielten Einsätzen mitarbeitete. Zum Kloster der jungen Ordensgemeinschaft in Bodman gehörte auch ein Bauernhof, wo die nicht zölibatären Mitglieder – zwei Ehepaare mit ihren Familien – wohnten. Es beeindruckte mich sehr, wie die etwa dreißig jungen Mitglieder sich in einem überaus anfordernden harten Alltag ganz und gar vom Gebet bestimmen und formen ließen. Ein Trappist hatte sich bereit erklärt, sich der jungen Aussteiger anzunehmen. Zumeist stammten diese aus wohlhabenden privilegierten Familien. Mir erschien das Experiment geglückt. Sieben Jahre hatte der Ordensmann sie im halbzerfallenen Kloster zu einer schweigenden betenden Gemeinschaft geformt.

Nun waren sie auf der Suche, mit ihrem besonderen Apostolat in die Welt zurückzukehren und dort nach ihren eigenen Erfahrungen mit Drogen, Sex usw. die christliche Botschaft zeitgemäß zu verkündigen. Sie hatten bereits – vor allem als Abtreibungsgegner – großen Widerstand erfahren. Ich wollte ihnen durch Vermittlung und Unterstützung vom Bund katholischer deutscher Akademikerinnen helfen, sich den Weg in die christliche Verkündigungsarbeit zu bahnen. Der Aachener Katholikentag, der während der alten berühmten Heiligtumsfahrt im Jahr 1986 stattfand, erschien uns als günstige Gelegenheit, die Gemeinschaft der Öffentlichkeit offiziell vorzustellen, und zwar in Verbindung mit einer schon lange angesetzten Lesung geistlicher Lyrik von mir. Ein Mitglied hatte einen meiner Texte („winzig kleine Kinderhände") vertont und seinen Vortrag mit ein paar Sängern der Gemeinschaft eingeübt. Dazu gab es eine Begleitmusik auf alten Instrumenten. Insgesamt wurde diese Veranstaltung in Aachen ein großer Erfolg für die Gemeinschaft. Sie gelangte hier zu neuen Verbindungen in Belgien, die sich anschließend entwickelten.

Mir waren bei der Arbeit – besonders auch im Einzelgespräch mit den jungen Leuten – viele Gedanken, ja, genauer ernste Bedenken gekommen, wie sie auf die Dauer ihr radikales Programm halten wollten. Noch waren sie im Besitz ihrer schier unerschöpflichen jugendlichen Kräfte, auch wenn lange Stunden der nächtlichen Anbetung hinter ihnen lagen.

Ich hatte ein ganzes Bündel Notizen bei mir mit betreffenden Fragen und Hinweisen, die ich Hans Urs von Balthasar nach meinen persönlichen Erlebnissen vorlegen wollte. War ich in Bodman einem jungen, in der Verborgenheit wieder betenden Deutschland begegnet, mitten in einer lärmenden, kitschigen Spaßgesellschaft, die sich dem ganzheitlichen Leben verweigerte? Ich kam nicht los von meinen Eindrücken, wie junge Menschen sühnend bereit standen, dem tödlichen Irrweg eines Volkes gegenzusteuern. Wie lange hatte ich schon nicht mehr in solche reinen gesammelten Gesichter von jungen Frauen gesehen! Eine der Schwestern brachte mir eine Nummer der Illustrierten STERN, der eine Liste namhafter deutscher Frauen herausgebracht hatte, die herausfordernd bekannten: „Ich habe abgetrieben..." „Hier müssen wir doch etwas tun" und „Unser Volk manövriert sich selbst in den Untergang", klang es noch in meinen Ohren nach. Dies hatte ein junges Mitglied engagiert gesagt. Sie wusste zu diesem Zeitpunkt noch nicht, wie krank sie war. Später hörte ich, sie habe ihr Leiden und Sterben ganz bewusst für die „Bekehrung Deutschlands" auf sich genommen.

Hans Urs von Balthasar war nach dem Frühstück schon in seine Wohnung im ersten Stock hinaufgegangen. Die Tür zu seinem Arbeitszimmer stand einladend offen. Ich sah wieder seinen blank polierten leeren Schreibtisch, auf dem wie üblich nur sein Brevier lag. Gegenüber stand der Sessel für den Besucher. Zunächst trat ich in einen leeren Raum ein, sah von Balthasar dann aber im angrenzenden Raum vor einem Bücherregal stehen. Dieser Raum war eine kleine Bibliothek, in dem sich das ehemalige Arbeitszimmer (Schreibtisch und Sessel) von Adrienne von Speyr befand. Mir blieben also noch ein paar Minuten Zeit, mich auf das Gespräch einzustellen. Ich hatte meine DIN-A-4-Notizblätter wie in einem Kreis – nach Punkten geordnet – um mich herum auf dem Fußboden ausgebreitet. Gerade als ich mein Werk beendet hatte, trat Hans Urs von Balthasar in sein Arbeitszimmer zurück und sah verblüfft auf mein Arrangement. Oder lächelte er etwa? Ich weiß es nicht.

Er kam einfach auf mich zu, bückte sich wortlos, hob ein Blatt nach dem anderen auf und legte es auf den Vorsprung des hinter mir stehenden Eckschrankes. Dann kehrte er zum Schreibtisch zurück, sah mich fest an und sagte: „Sie bedürfen ihrer nicht. Bitte, beginnen Sie!" Seine gestrige Müdigkeit war wie weggeblasen. Mir fiel wieder auf, wie frisch seine Gesichtsfarbe war. Er hörte sehr interessiert zu, als ich von meinen Erlebnissen in Bodman berichtete und weiterhin die Planungen in Aachen erwähnte. Dann stellte er eine Reihe von Fragen. Längst war er an das Thema Neugründungen gewöhnt, sein Einblick war hier umfassend. Was mir noch ungewohnt und problematisch erschienen war, begegnete ihm in der damaligen kirchlichen Experimentierphase als tägliche Kost. Er prüfte sehr genau, gewissenhaft. „Hier müssen wir uns in der Kirchengeschichte umsehen. Übertreibungen sind unfruchtbar, überleben nicht. Vergessen Sie nicht die Welt- und Kirchensünde bis zuletzt."

Dann waren wir auch schon wieder bei seiner Idee, jetzt die Herausgabe eines neuen Bandes geistlicher Lyrik von mir ins Auge zu fassen. „Im zeitlichen Umfeld des Symposiums vielleicht ganz günstig." In diesem Augenblick wusste ich, diese neu geplante Sammlung würde ich Adrienne von Speyr widmen. Ich sah bereits die Innenseite „- Im Gedenken an Adrienne von Speyr -" vor mir. Und schon waren wir bei der Einteilung in Zyklen. Mir erschien seine Überlegenheit Vertrauen erweckend. Ich glaube, hier gibt es gar keine andere Erklärung, als dass ich immer wieder neu, immer wieder anders das Wunder eines Genies erlebte, auf das ich zutiefst stolz war. Dazu gehörte die konzentrierte Einfachheit seines absoluten Gedächtnisses. Bei entsprechenden Gelegenheiten, meistens beim Unterrichten, bei Vorträgen oder Gesprächen hatte ich es früher selbst häufiger als hilfreich erfahren, manche Passagen aus bestimmten Werken der Dichtung frei zitieren zu können. Im Vergleich zu seinem Vorrat aber war mein Repertoire eher kläglich.

Dabei wirkte er in seinen Darlegungen „leicht". Seine Formulierungen strengten trotz aller geforderten Konzentration nicht an, sondern befreiten Sinne und Geist zu besonderem Mitgehen. Wie erlebe ich Menschen – meistens ältere -, die sich als Zuhörer enttäuscht zurücklehnen, wenn sie den Vortragenden akustisch nicht vernehmen, weil er zu leise oder undeutlich spricht. Hier erwies Hans Urs von Balthasar sich als besonders aufmerksam, wenn er darauf achtete, seine Zuhörer mit klaren, deutlichen Worten zu erreichen. Übrigens achtete er darauf nicht nur in seinen mündlichen Interpretationen, Predigten usw., sondern auch in den schriftlichen Darlegungen seiner berühmten Schriftkarten.

Ich erinnere mich, wie er nach dem Vortrag eines geistlichen Kollegen dessen Nuscheln bzw. sein Effekt suchendes Flüstern beanstandete. Für ihn widersprach ein nachlässiges Sprechen dem Dienst am Wort, dem jeder Verkündiger des Wortes unterworfen sein sollte, einem Dienst, vor dem das sprechende Ich – sei es sich zurücknehmend oder auch durch Sprecherziehung Verbesserung anstrebend – zurücktreten muss, so dass schließlich nur noch die Sache im Licht steht. Hier hatte Hans Urs von Balthasar für alle, die ihn kannten, eine unbestrittene Meisterschaft erreicht. Dieses fast lautlose Dienen war auch in den anderen Lebensbereichen typisch für ihn. Wenn er in der Gemeinschaft Tischdienst hatte, entging ihm nichts, alles lief wie am Schnürchen, aber eben – wie mühelos selbstverständlich – in gelöster Grundstimmung

Je länger ich ihn erlebte, wurde mir klar, dass mein Verstehen auf bei mir ähnlich gelagerten Denk- und Gestaltungsstrukturen beruhte, in denen wir uns mühelos bewegen konnten. Hier mag auch der bei uns beiden gegebene literaturwissenschaftliche Ansatz hilfreich gewesen sein und damit das Gesetz des Bezüglichen bestätigen. Sei es, wie es sei. Ich kann nur feststellen, dass ich nie mehr einem Menschen begegnete, der unter gemeinsamem Verstehenshorizont meinem Wesensgrund so nahe und vertraut war wie er.

Nur mit Staunen kann ich daran zurückdenken, wie glatt sich nun die Wahl der Texte für die geplante neue Sammlung vollzog. Nur wenige Klarstellungen waren erforderlich. Ähnlich ergab es sich bei den theoretischen Abhandlungen, wie z.B. „Leben und Denken aus dem Ursprung“, die ich ihm vorlegte. Erst heute ist mir klar, wie sehr er sich bemühte, seine universale Begabung als Gottesdienst des Lebens zu sehen und sich vorbehaltlos dafür einzusetzen. In diesem Sinne kann man Hans Urs von Balthasars Lehrer in Lyon, Henri de Lubac, nur zustimmen, wenn er ihn für den gebildetsten Menschen unserer Zeit ansah (Communio, Ein Zeuge Christi in der Kirche, 1975, S. 392).

XXV. Auf dem Bonner Venusberg

Bei seinem Besuch brachte Pater Langendörfer SJ das Manuskript meiner fast fertig zu Papier gebrachten Erinnerungen zurück. Er wusste, wieviel Bedenken bei mir zu überwinden gewesen waren, bis ich mich ans Schreiben gab. Ich war nämlich recht unsicher, ob ich in den dafür gemäßen Erzählton hineinfinden würde. Hatte ich überhaupt noch die sprachliche Dynamik, von der mir gattungsästhetisch in den letzten Jahren mehr vertraut gewordenen geistlichen Lyrik auf Epik „umzuspannen"?

Das Urteil des Paters ermutigte mich: „Es ist Ihnen, wie ich meine, durchaus gelungen, den Leser mit Ihrer Lebenserzählung zu fesseln. Sie nehmen ihn mit auf Ihren Glaubensweg mitten durch die Welt und Kirche des zwanzigsten Jahrhunderts. Das Werk offenbart das Lebensapostolat einer modernen Frau. Es erscheint mir wie ein weiträumiges geistiges Haus, ein Haus der Geschichte." Ich werfe ein: „Hier in Bonn haben wir ja schon ein viel besuchtes Haus der Geschichte. Dann bin ich das ‚alte Haus auf dem Bonner Venusberg'." Wir lachten.

„Nein, im Ernst. Gerade auch der Buchtitel gibt viel her. Unter dem Leitspruch von Hans Urs von Balthasar ‚Glauben heißt, der Liebe lauschen' erscheinen einmal die drei geschilderten Hauptpersönlichkeiten in der Einheit solcher Glaubensschau. Und weiter bietet dieser Titel den umfassenden Verstehenshorizont für die Begegnung mit den überraschend zahlreichen weiteren Persönlichkeiten, denen Sie in Gesellschaft, Politik und Kirche begegneten. Eigentlich weltweit."

„Darum kam es ja zuletzt auch zur Erweiterung des Titels durch den Zusatz ‚Begegnungen und Briefwechsel'."

„Ja, Sie öffnen in dem, was Sie dem Leser anbieten, Türen in Tiefen, die für viele Heutige mehr oder weniger zugefallen sind."

„Es geht um die Darstellung der ganzheitlichen Wirklichkeit. Dabei soll der Lebens-Zusammenhang von Zeit und Ewigkeit neu wahrgenommen werden."

„Es ist etwas wie eine Vibration zwischen den Zeilen." Pater Langendörfer überlegte: „Sie bekennen sich zur Glaubensschau, Sie rufen auf, Sie begeistern."

„Wenn das stimmen sollte", sagte ich, „dann wäre ja die angestrebte sprachliche Energie im Erzählton der Erinnerungen anwesend."

„Soweit ich das als literaturkritischer Nichtfachmann beurteilen kann, ja, es ist gelungen. Wie leicht und wie selbstverständlich verknüpfen Sie die verschiedenen Lebensbilder mit rück- und vorwärts gerichtetem Blick."

„Gerade damit habe ich befürchtet, dass mit den wechselnden Aspekten der Erzählfluss ins Stocken gerät."

„Im Gegenteil. Gerade der Wechsel von Innehalten und Verweilen und dann wieder neu Ansetzen erzeugt ja die Vibration."

„Ich habe, wie Sie wissen, insgesamt versucht, eine ‚durchlässige' Sprachform zu finden. Der Heilige Geist muss durchwehen. Wenn er da ist, ergibt sich der lebendige Dialog."

„Und so wird das Buch zum Brennspiegel der Zeit, in dem die drei herausragenden Gestalten sichtbar werden, meistens, wie Sie selbst, querstehend zur Epoche der Halbbildung mit ihrem ‚Markenzeichen' der Wahrheitsvertauschung bzw. –verkürzung."

„Um hier zur Heilung zu kommen, bedarf es letztlich des Gebetes und der Nachfolge", wie Hans Urs von Balthasar seinem Gesprächspartner Eugen Koller in der ZDF-Sendung „Zeugen des Jahrhunderts" am Schluss des Interviews sagte.

„Ich bin wirklich froh, dass ich davon eine Videokassette habe, dass ich mich immer neu erinnern kann."

Pater Langendörfer fuhr fort: „Ich sehe Sie noch mit dem Verleger Ferdinand Schöningh nach der Feierstunde zur Verleihung des Päpstlichen Gregoriusordens an Sie am Tisch des Festsaals zusammenstehen. Schöningh blätterte in der Korrespondenz, die Sie mit ins erzbischöfliche Haus gebracht hatten. Auf der Fahrt zum Mittagessen sagten Sie: ‚Ich bin mit Herrn Schöningh einig geworden. Er übernimmt das Erinnerungsbuch.'"

„Und dann der Schock seines plötzlichen Todes bald nach dem ebenso unerwarteten Tod meines Bruders Walter."

Einen Tag vor seiner Einlieferung ins Aachener Klinikum hatten wir noch lange telefoniert. Sein letztes Wort an diesem Abend war: „Halte du deine Termine. Da steht ja jetzt einiges an." Er meinte vor allem die vorgesehene Publikation in Paderborn, über die er sich freute.

„Es folgten die schwankenden Tage, wo ich Sie mehrfach an den Hinweis Ihres Bruders erinnerte."

„Ja, Sie waren wirklich in der Nähe."

„Und so haben Sie die anschließende Veranstaltung in Oberstdorf unter der Regie des Kölner Künstlerseelsorgers Domkapitular Josef Sauerborn doch gut durchgestanden."

„Da war zuerst alles wie im Flugsand, Stunde um Stunde im Flugsand, bis ich wieder Boden unter den Füßen hatte."

„Sie meinen auch sprachlichen Boden, das neue Gelände der Erzählsprache."

„Ja, das ist zusammengehörig. Es war wie ein Prozess in ruhigen Schritten, wie auf einer Wallfahrt."

„Und wann schrieben Sie den ersten Satz?"

„Sie waren selbst dabei, Herr Pater."

Er beugt sich vor und sieht mich fragend an. „Wo?"

„In Paderborn bei der Bischofsweihe im Dom. Genau an der Stelle, wo die Allerheiligenlitanei gesungen wurde und die Anrufung der Heiligen Maria Magdalena ertönte. Da sprang die Sprachtüre auf. Noch am selben Nachmittag habe ich mit der Aufzeichnung der Erinnerungen begonnen. Es war, als habe bei dem Litaneianruf ein Klöppel angeschlagen.

Dieses Erleben habe ich in zwei Verszeilen gefasst:

> Wie ein Klöppel schlägt das Wort
> an das Staubgefäß der Stunde.

So war der Erzählton jetzt auf diese Weise einfach da. Und nun heißt es, allmählich den Schlusspunkt hinter alles zu setzen."

„Und wie ging es weiter?"

„In Paderborn ergab sich die Verbindung mit der Witwe des verstorbenen Verlegers Schöningh, Frau Christiane Voßhans-Schöningh. Ich hatte ihr die Fotos des Verstorbenen zugesandt, seine letzten, die in Köln während der Feierstunde aufgenommen wurden. Und damit ergab sich der Neu-Anstoß, den Druck des Erinnerungsbuches vorzubereiten."

Die Besuchszeit von Pater Langendörfer ging dem Ende entgegen. Er hatte die Abendmesse unten in St. Winfried im früheren Regierungsviertel.

Wir waren daran gewöhnt, zum Ausklang eines Zusammenseins jeweils mit etwas „Passendem" abzuschließen. Ich sagte deshalb zur Überleitung: „Schon länger wollte ich Ihnen von einem Erlebnis in Oberstdorf bei meinem letzten Aufenthalt dort erzählen. Eine schöne Geschichte: Ich war nach dem Abendessen von meinem Quartier aus noch einmal auf den Friedhof gewandert. Als ich näher kam, sah ich zwei Jugendliche vor dem Grab von Gertrud von le Fort stehen. Ich wunderte mich, wie reglos sie verharrten. Und was murmelten sie so unentwegt? Ich trat näher heran. Ist gar Missbrauch im Spiel? Ich atmete auf. Nein. Ganz anders! Was ich zu hören bekam, war der Wechselton eines Psalmliedes, und gleich erkannte ich die Verfasserin: Gertrud von le Fort. Hymnen an die Kirche, aus dem letzten Zyklus: Die letzten Dinge. Ich lese Ihnen jetzt den Text vor, den die jungen Leute einander zusprachen:

> Die Stimme der Kirche spricht:
> Wer bist du, Welt, daß du mir bange machtest!
> Ich sterbe tausendfach mit meinen Kindern!
> Wo ist dein Urteil, das mich beugen könnte?
> Meine Seele ringt mit dem Gericht des Ew'gen!
> Siehe, ich stehe als Letzte auf der großen Brücke
> des Abschieds, ich halte in den Armen alle,
> die das Leben wegstößt.
> Meine Ohren werden nicht mehr still
> von ihrem Jammern, und mein Angesicht ist bleich
> von ihren Ängsten,
> Meine Füße sind mit Asche bedeckt bis an die
> Knöchel, und meine Kleider wollen nicht
> trocknen vom feuchten Hauch der Grüfte.
> Wahrlich, ich bin müde des Grauens, und meine
> Furcht ist schwach geworden wie die Hände
> eines Kindleins.

Meine Liebe hat sie überwältigt, sie hat sie ins
Knie geworfen, daß sie nimmermehr aufsteht!
Wehe dir, Welt, die du an den Tod glaubst, weil
du kalt bist: du wirst einen Tod finden,
den du dir nicht träumst!
Du wirst einen Tod finden,
den du ewiglich nicht stirbst.
Tröstet euch, ihr Weinenden, frohlocket,
die ihr nicht vergesset,
Denn ich will eure Treue zur Verheißung machen,
ich will die Becher eures Gedenkens
mit Sinn füllen bis zum Rande!
Ich will euer Herz zur Freiheit aufrichten
wider alle Sklaven der Vernunft!
Die Glühenden will ich annehmen,
und die Entsagenden will ich verschmähen!
Ich will den Liebenden Recht geben
im Antlitz der Vernichtung: ich will sie
auf den Thron des ewigen Lebens setzen!
Ich will sie über die Gerechtigkeit erheben:
ich will Sie tragen bis an die Barmherzigkeit
des Herrn!"

Es blieb jetzt noch eine Weile still zwischen uns.

„Wissen Sie, wer die jungen Leute waren?"

„Ja, ich bin auf sie zugegangen, nachdem sie ihre Lesung beendet hatten. Wir haben einander vorgestellt. Die beiden kamen aus Polen. Sie ist Germanistikstudentin, er Ingenieur. Sie hatten einen großen Strauß mit Sommerblumen in einem breiten Glastopf in das mit Immergrün bepflanzte Erdreich des Grabes eingedrückt. Die Fresien in der Grabvase, die ich vor zwei Tagen gebracht hatte, waren auch noch frisch. Ja, genau so habe ich es erlebt." Ich lehnte mich in den Sessel zurück. „Was sagen Sie?"

Der Pater schwieg. Ich fuhr fort: „Ist das nicht ein Weckruf an eine sich öffnende Zeit? Wie sagte die greise Dichterin: ‚Die Schwemmflut gegen die Kirche wird diese reinigen'. Ähnlich sagten es Hans Urs von Balthasar und Adrienne von Speyr. Es kommt mir jetzt so vor, als beginne gewissermaßen ein neuer Feldzug, zu dem wir alle ‚einberufen' sind in der je eigenen ‚Berufung'. Hier einbezogen zu sein und auf die eigene kleine Weise mitwirken zu dürfen, bedeutet Sinn und Glück meines Lebens."

Pater Langendörfer nickte nur. Beim Abschied segnete er mich und sagte: „Das war ein schöner Nachmittag hier mit Ihnen. – Glauben heißt, der Liebe lauschen …" Dann schloss sich die Türe.

Gertrud von le Fort
Foto Rast, St. Gallen

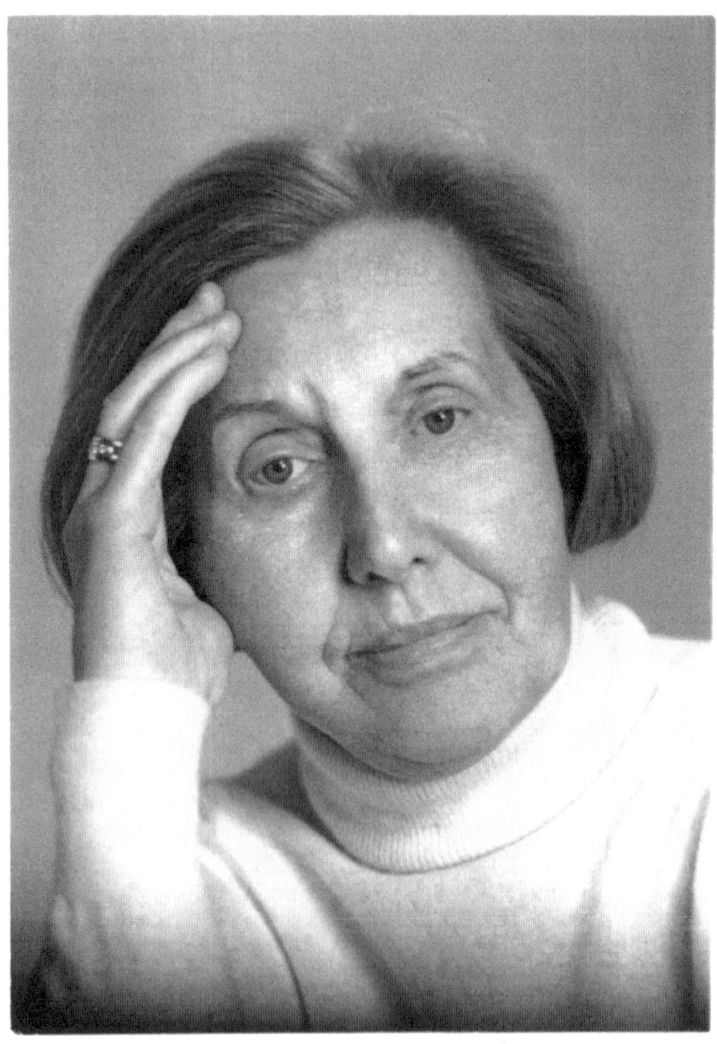

Maria Eschbach
Foto Schafgans, Bonn

Hans Urs von Balthasar
Foto von Balthasar-Archiv, Basel

Adrienne Kaegi-von Speyr
Foto von Balthasar-Archiv, Basel

Oberstdorf, Allgäu
Landhaus Fischer b. 5. III. 44

Liebes Fräulein Eschbach!

Es gehört zu meinen täglichen übergroßen Kümmernissen, daß ich vor der nackten Unmöglichkeit stehe, auch nur einen ganz kleinen Teil der zahllosen Briefe u. Sendungen, die ich bekomme, beantworten zu können. Es würde selbst dann schwer sein, wenn ich noch, wie vor dem Kriege, eine Sekretärin u. eine tüchtige Hausgehülfin hätte. Da ich aber jetzt mir noch außerdem ganz allein, oder mit einer einzigen sehr [illegible] gelegentlichen, alten Hülfe bin, so ich selbst [illegible] helfen muß, komme ich nicht einmal meinen eigenen Arbeiten nicht so nach, wie ich sollte. Diese Situation muß ich an den Anfang meines Briefes stellen, denn ich sehe aus Ihren Zeilen, daß ich schon ein wenig verziehen bin wegen meiner Schweigsamkeit. Auch Ihrem Herrn Bruder habe ich zu Weihnachten nicht geantwortet, nicht antworten können. Nun kommen Sie mit dem Wunsch einer persönlichen Unterredung. Sie ist natürlich in Ihrem Fall für mich viel einfacher, als wenn ich Ihnen schriftlich Rede stehen sollte. Nur muß ich Sie auch [illegible] ich kann das [illegible].

die große Schwierigkeit aufmerksam machen, daß hier in Oberstdorf keine Unterkunftsmöglichkeit mehr besteht – denn
wahrscheinlich müßten Sie doch hier nächtigen. Der Ort ist
mit Evakuierten überfüllt, alles ist für diese beschlagnahmt. Die Hotels sind in Lazarette, Mütterheime ect.
umgewandelt. Ich selbst aber habe kein Fremdenzimmer,
das ich Ihnen anbieten könnte. Mein Haus bei München
ist aber die Kriegszeit für einen anderen Zweck dienstbar
gemacht worden. Ich wohne hier in einer ganz kleinen
möblierten Wohnung, wo ich Sie nur zum Tee einladen [oder zu einem Mittag]
aber nicht logieren könnte. Auch in der Umgebung wäre
es sehr schwer unterzukommen sein. Es würde mich drängen
zu erkunden, ob Ihre Reise irgendwelche Möglichkeiten
bietet, um auf einen kurzen Abstecher von irgendwoher
bei mir vorbei zu kommen. Dann bin ich gerne bereit, mich ein paar Stunden für Sie frei zu
machen, wir können alles durchsprechen, was
Ihnen für Ihre Arbeit nötig ist. Den Zeitpunkt, den
Sie nennen, ist mir recht; ich möchte Sie nur
bitten, mich bei guter Zeit zu verständigen, damit
ich mir den Tag für Sie frei halte, denn es kommen
nicht nur viele Besuche, sondern auch viele Arbeiten.
Bitte grüßen Sie Ihren Herrn Bruder u. erklären Sie
ihm meinen Schmerz.

In der Hoffnung, daß sich unsere Begegnung doch
ermöglichen lasse, grüßt Sie herzlich

Ihr ergebener Fr.

Eine günstige Verbindung [illegible] ... Adolf Hitlerstr. 357.

Wenn es Ihnen möglich wäre, bitte ich die Entscheidung über den Reisetag [illegible] ...

Doktordiplom-Abschrift

Die Philosophische Fakultät der Universität Wien

verleiht

unter dem Rektorate des ordentlichen Professors der Anatomie Dr. Eduard Pernkopf
und unter dem Dekanate des ordentlichen Professors der Petrologie Dr. Arthur Marchet

Fräulein Maria Eschbach

aus Eschweiler

den Grad eines

Doktors der Philosophie

(doctor philosophiae)

nachdem sie in ordnungsmäßigem Promotionsverfahren durch die Dissertation

„Hymnen an die Kirche" der Gertrud von Le Fort"

sowie durch die mündliche Prüfung ihre wissenschaftliche Befähigung erwiesen und dabei das Gesamturteil *sehr gut* erhalten hat.

Wien, den *7. März* 194*5*

Der Rektor der Universität:
Dr. Eduard Pernkopf e. h.

Der Dekan der Fakultät:
Dr. Arthur Marchet e. h.

Die Rektoratskanzlei der Universität Wien beglaubigt die wörtliche Übereinstimmung dieser Abschrift mit dem von dieser Universität ausgestellten Doktordiplom.

Wien, den *7. März* 194*5*

Rektorat der Universität Wien

Wagner

Der Direktor der Rektoratskanzlei
der Universität Wien.

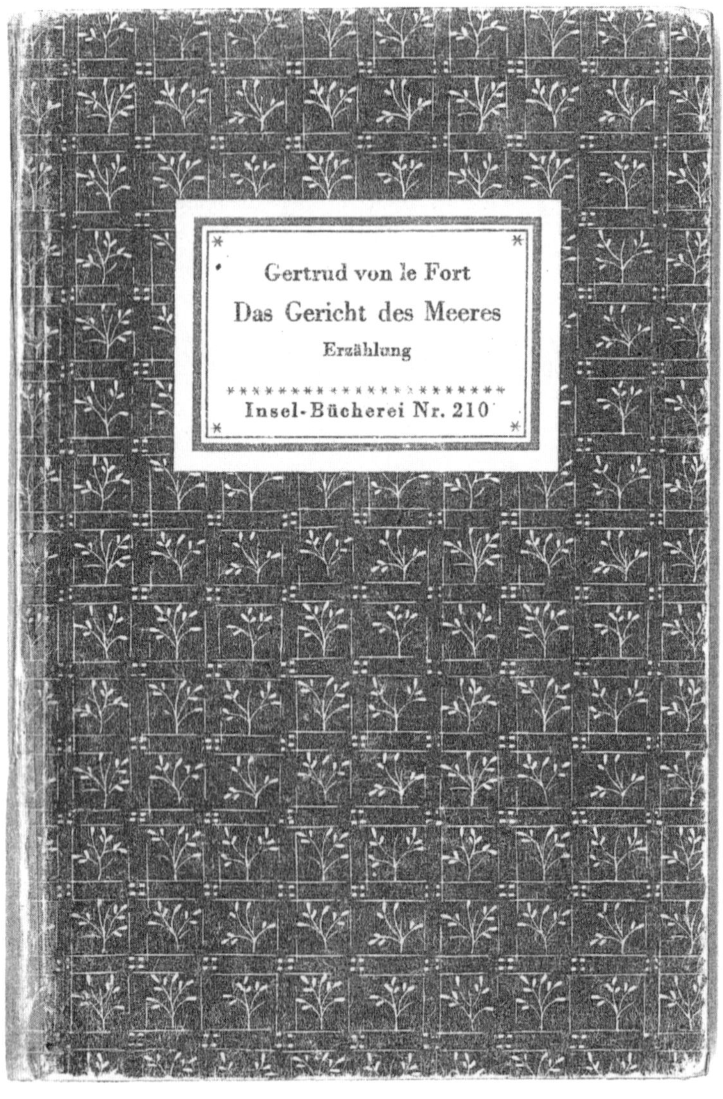
Gertrud von le Fort
Das Gericht des Meeres
Erzählung
Insel-Bücherei Nr. 210

– es war ihr, als sei Gott Mensch geworden S. 51

Für Maria Eschbach

G.l.F.

Oberstdorf, im April 1944

CH-4051 BASEL, DEN 20.3.85
ARNOLD BÖCKLINSTRASSE 42

Liebe Frau Eschbach,
Dank für Ihren langen Brief. Ich muss kurz sein, heut nachmittag beginnen die Exerzitien in St Peter (Priesterkandidaten), anschliessend die der Gemeinschaft ebenda, bis Ostermontag abend zurück; Sie kommen Dienstag vorbei.

Was das Buch angeht, lassen Sie sich Zeit mit der Auswahl (mit oder ohne Sr. Petronia). Die Einleitung stelle ich mir kurz vor (falls es überhaupt eine braucht: verstellt sie nicht den Zugang? Oder eher Nachwort? siehe Goethes Notizen zum „Divan"). Ich lese gern die abgeschlossene Auswahl, möchte aber nicht dazwischenfahren. Vielleicht könnten Sie mir (nach vollzogener Wahl) noch ein paar Stücke beilegen, von denen Sie das Gefühl haben, sie kämen eventuell in Frage. Mit der Distanzierung von Aachen bin ich voll einverstanden.

Ich habe persönliche Bedenken gegen den Begriff »Seelenführung«, ein erwachsener Christ kennt seinen Weg, hat sein zuverlässiges Gewissen. Sicher ist ein regelmäßiger Beichtvater wünschenswert, Sie müßten einen in Ihrem Raum (um Köln) ohne viel Schwierigkeit finden können.

Dank für das liebe Sarnerkindchen; ich kann Ihre Zuneigung verstehen, auch die sehr richtigen Assoziationen.

Ich hoffe, es öffnet sich in Honnef ein Weg für fruchtbare Arbeit: Suchende führen, beraten, Oberflächlichen die Tiefen öffnen. Das können Sie, das wird, so oder anders, bitte bleiben.

Mit allen Segenswünschen für die Heiligen Tage. Ihr

Hans Balthasar

Briefe von Gertrud von le Fort an Maria Eschbach März 1944 – August 1963

[Brief von Gertrud von le Fort an Maria Eschbach, Oberstfort, Allgäu, Landhaus Fischer d. 5. III. 44]

Liebes Fräulein Eschbach!

Es gehört zu meinem täglichen übergroßen Kummer, daß ich vor der nackten Unmöglichkeit stehe, auch nur einen ganz kleinen Teil der zahllosen Briefe u. Zusendungen, die ich bekomme, beantworten zu können. Es würde selbst dann schwer sein, wenn ich noch, wie vor dem Kriege, eine Sekretärin u. eine tüchtige Hausgehülfin hätte. Da ich aber jetzt nur noch entweder ganz allein, oder mit einer einzigen sehr gebrechlichen, alten Hülfe bin, der ich selbst beständig helfen muß, komme ich nicht einmal meinen eigenen Arbeiten mehr so nach, wie ich sollte. Diese Situation muß ich an den Anfang meines Briefes stellen, denn ich sehe aus Ihren Zeilen, daß ich schon ein wenig verrufen bin wegen meiner Schweigsamkeit. Auch Ihrem Herrn Bruder habe ich zu Weihnachten nicht geantwortet, nicht antworten können. Nun kommen Sie mit dem Wunsch einer persönlichen Unterredung. Sie ist natürlich in Ihrem Fall für mich viel günstiger, als wenn Ich Ihnen schriftlich Rede stehen sollte. Ich kann das einrichten. Nur muß ich Sie auf die große Schwierigkeit aufmerksam machen, daß hier in Oberstdorf keine Unterkunftsmöglichkeit mehr besteht – denn wahrscheinlich möchten Sie doch hier nächtigen. Der Ort ist mit Evakuierten überfüllt, alles ist für diese beschlagnahmt. Die Hotels sind in Lazarette, Mütterheime ect. umgewandelt. Ich selbst aber habe kein Fremdenzimmer, das ich Ihnen anbieten könnte. Mein Haus bei München ist über die Kriegszeit für einen anderen Zweck dienstbar gemacht worden. Ich wohne hier in einer ganz kleinen möblierten Wohnung, wo ich Sie nur zum Thee oder zum Mittag einladen, aber nicht logieren könnte. Auch in der Umgegend soll es sehr schwer unterzukommen sein. Es würde nun darauf ankommen, ob Ihre Reise irgendwelche Möglichkeiten bietet, nur auf einen kurzen Abstecher von irgendwoher bei mir vorüber zu kommen. Dann bin ich gern einverstanden, mich ein paar Stunden für Sie frei zu machen, u. wir könnten alles durchsprechen, was Ihnen für Ihre Arbeit nötig ist. Der Zeitpunkt, den Sie nennen, ist mir recht; ich möchte dann nur bitten, mich bei guter Zeit zu verständigen, damit ich mir den Tag für Sie frei halte, denn es kommen nicht nur viele Briefe, sondern auch viele Besuche. Bitte grüßen Sie

[Randnotiz links:] ...ine junge Besucherin, ...ie vor einiger Zeit bei ...ir war, nächtigte hier ... einer Jugendher-...erge, deren Adresse ...h aber nicht weiß. ...elleicht könnten Sie ...e erfragen: Mein Be-...ch hieß: Dr. Siegrid ...necht Freiburg i/Br. ...dolf Hitlerstr. 354.

[Randnotiz rechts:] Wenn es Ihnen möglich wäre, bitte ich die Unterredung auf den Nachmittag zu legen, Vormittags ist es für mich sehr schwer, mich frei zu machen.

Ihren Herrn Bruder u. erklären Sie ihm mein Schweigen.

In der Hoffnung, daß sich unsere Begegnung doch ermöglichen läßt, grüßt Sie herzlich

Ihre Gertrud le Fort

[Postkarte von M. Knecht an Maria Eschbach, Freiburg Brsg., den 28. März 1944.]

Geehrtes Fräulein Eschbach!

Auf Ihre an meine Tochter, Frl. Dr. Sigrid Knecht gerichteten Zeilen vom 24. III. teile ich Ihnen mit, dass meine Tochter seit einer Woche auf dem Balkan zu Vorträgen vor der Wehrmacht eingesetzt ist.

Soweit ich unterrichtet bin genügt für die Unterkunft in der Jugendherberge der Studentenausweis. Meine Tochter reist immer mit einem Schlafsack. Hierdurch hat sie sich leicht bei der Unterbringung über Schwierigkeiten hinwegsetzen können, da sie mittelst des Schlafsackes auf jedem Sofa übernachten kann ohne Bettwäsche zu gebrauchen.
Ihr Schreiben vom 22. III. habe ich an meine Tochter weitergeleitet.

Mit deutschem Gruss

M. Knecht

[Postkarte von G.Buhl an Maria Eschbach, Oberstdorf, 29.3.44]

Sehr geehrte Fräulein Eschbach!

Auf Ihre werte Anfrage teile ich Ihnen mit, daß ich Sie bei uns für die zwei Nächte beherbergen will. Seien Sie aber bitte so gut und bringen Sie Bett wäsche und Handtuch mit. Wir haben zufällig unser Dienstbotenzimmer frei, bis gestern war es auch noch belegt mit einer Obdachlosen von Augsburg. Schreiben Sie aber bitte kurz noch einmal ob Sie bestimmt kommen. Bitte sagen Sie recht viele Grüße an Frl. Delhey.

Mit deutschem Gruß

G.Buhl.

[Karte von Gertrud von le Fort an Maria Eschbach, 15.4.44]

Liebes Fräulein Eschbach!

In Besitz Ihres Briefes u. Ihrer Karte teile ich Ihnen mit, daß ich mir den Dienstag Nachmittag, wie Sie vorschlagen, für Sie frei gehalten habe.

Vielleicht mögen Sie um ½ 5 Uhr zum Thee kommen?

Mit herzlichem Gruß Ihre Gertrud le Fort

[Brief von Gertrud von le Fort an Maria Eschbach, Oberstdorf d. 25. Juli 44]

Liebes Fräulein Eschbach!

Es ist mir eine Beruhigung daß ich Ihnen bei Ihrem Hiersein etwas davon sprach, wie wenig es mir möglich sei, all' den unendlich vielen Anrufen von Briefen u. Besuchen Antwort zu geben. So darf ich hoffen, daß Sie mein langes Schweigen auf Ihren lieben Brief nicht mißverstanden. Ich wollte Ihnen dem Wunsch nach, längst dafür danken u. auch für die schönen Blumen, die mich noch lange an Ihren Besuch erinnerten. Sehr leid tat es mir, daß dieser Besuch mit einer so bösen Nacht in München endete. Ich hatte, als Sie reisten, solche Unruhe um Sie - wissen Sie noch, wie ich gerne wollte, Sie würden die Nacht in München vermeiden? Es war wie eine Ahnung! Gott sei gedankt, daß Sie wenigstens unversehrt blieben! Aber solche Nacht wird nie von Ihnen vergessen werden.

d. 8. Oktober 1944

Dieser Brief, vor fast einem Vierteljahr begonnen, soll dem heutigen als Bruchstück vorangestellt bleiben, damit er Ihnen bezeugt, daß ich an Sie denken sollte. Seine Unvollendung bis heute ist mir sehr leid. Aber nun stellen Sie eine direkte Frage u. das zwingt mich, ihn endlich fortzusetzen. Ich kann Ihnen leider niemand nennen, der bereit sein würde Ihnen unter den heutigen Verhältnissen sein Exemplar der ersten Hymnenausgabe zur Einsicht zu senden. Diese Ausgabe, die nur eine kleine Auflage umfaßte, ist etwas Kostbares geworden u. man wird sie nirgend einer Gefahr aussetzen wollen. Auch haben viele Menschen ihre Bücher nicht zur Hand, weil sie irgendwo verpackt u. sichergestellt wurden. Zu Ihnen selbst kenne ich niemand, der in Frage käme, u. mein eigenes - letztes - Exemplar möchte ich auch nicht exponieren. Ich meine aber, daß das auch garnicht nötig ist. In den späteren Ausgaben der Hymnen ist gegenüber der ersten am Text nichts verändert worden, die Ausgaben sind nur um einige neue Hymnen erweitert: Die neuhinzugekommenen Hymnen sind: 1) „Nun sei gebunden du Gewaltige" - (IV. Hymne des Abschnitts Corpus Christi mysticum) 2) u. „Denn überall auf Erden weht der Wind des Verlassens" 3) Neiget euch ihr Jahre (I. Stück zum Abschnitt: „Das Jahr der Kirche") 4) Litanei des Allerheiligsten Herzens. 5) Vigil von Mariä Himmelfahrt. 6) Das Königsfest Christi. *) - Genügen Ihnen diese Angaben nicht, so bleibt nur übrig das Buch bei mir einzusehen wenn Ihr Weg Sie einmal wieder in der Nähe vorbei führt.

*): Ferner fehlen in den ersten Ausgaben die Überschriften („Jahr der Kirche, Advent ect.) Die Reihenfolge ist die gleiche.

Nun muß ich Ihnen noch ein Wort über Ihre eigenen Dichtungen sagen, die Sie mir damals sandten. Ich finde sie nicht hoffnungslos, sondern es sind sehr feine, echt lyrische Töne darinnen, die wohl berechtigen, dieses Talent zu pflegen. Vor allem scheint mir, müssen Sie lernen, der inneren Stimme zu Ende zu lauschen, denn was Sie mir sandten sind durchweg nur Ansätze zu Gedichten, aber keine wirklich ausklingenden Gedichte - es sind Strophen zu solchen. Ich kann mir oft denken, wie es zu solch' abgerissenem Musizieren kommt, denn ich weiß aus Erfahrung, daß zuerst alles nur abgerissen in uns auftönt. Aber man muß dann innerlich auf den Ton gesammelt bleiben, dann kommt er schon wieder u. fährt auch fort zu klingen, Vers um Vers, bis ein wirkliches Gedicht dasteht. Daß es auch einmal ein echtes ganz vollendetes Gedicht geben kann, was nur aus 4 Zeilen besteht, bedarf keines Wortes, aber dann muß es eben erfüllt sein - bei diesen bleibt der Eindruck eines bloßen Anfanges. Aber der Anfang als solcher ist gut - fahren Sie fort! Ich grüße Sie mit allen guten Wünschen u. Gott behüte u. stärke sie u. die Ihren in allen Gefahren unsrer leidvollen Tage.

nnigen Dank für Ihre
ieburtstagswünsche.
a, hier ist immer noch
riede in unserem stil-
en Tal, aber ich habe
loch viel Leid durch
ndere mit denen ich
ühle. Meine Veronica
st vollendet, ich be-
ann ein andres Werk
die Dichtung ist mir
rost u. innere Zuflucht.

Herzlich Ihre

Gertrud le Fort

[Brief von Gertrud von le Fort an Maria Eschbach, Oberstdorf d. 10.III.46]

Liebes Fräulein Eschbach!

Wie lange warten Sie schon auf meine Antwort! Aber Sie können sich nicht vorstellen, welch' ein Platzregen von Briefen u. Anforderungen aller Art mit dem neuerwachten deutschen Geistesleben über mich hereingebrochen ist. Dazu werden eine ganze Reihe meiner Bücher gedruckt u. die Korrekturbogen halten mich in Atem. Trotzdem ist das alles nicht der Hauptgrund meines Schweigens. Der ausgehende Krieg hat in meiner Familie viele schmerzliche Veränderungen gebracht, die in ihrer Folge viel Kraft u. Zeit kosteten. So komme ich erst heute dazu, Ihnen meine Freude auszusprechen, daß Sie u. Ihr Bruder aus allen Gefahren gnädig gerettet wurden. Und daß Sie auch das elterliche Haus in der Heimat noch bewohnbar fanden! Es ist das ein großes Gnadengeschenk, das heute nur wenigen in unserm armen Volk zu teil ward.

Freude macht es mir auch, daß Sie also wirklich Ihre Dr.Arbeit meinen Hymnen widmen konnten, u. daß Sie damit den Doktor erwarben! Und nun wollen Sie die Arbeit drucken lassen, u. ich soll sie vorher lesen! Natürlich nehme ich sehr Anteil an Ihrem Werk, dessen Linien Ihr Brief zeichnet, Linien, die mir zeigen, mit wie viel Liebe Sie sich in die Dichtung versenkten. Wie gerne würde ich persönlich mit Ihnen darüber sprechen! Darum wäre es natürlich am schönsten u. richtigsten, Sie könnten Ihren Plan, herzukommen, ausführen. Nur sehe ich im Augenblick keine Möglichkeit, weil die Unterkunftsfrage allzu schwierig wäre. Oberstdorf steht vor dem Empfang eines großen Flüchtlingstransports aus dem Osten. Er wird schon seit Anfang Januar erwartet, verzögert sich aber immer wieder, doch blieb die Bereitschaft mit all' ihren Konsequenzen für den Fremdenverkehr bestehen. Sie bedeutet in der kalten Jahreszeit wirklich äußerste Schwierigkeit der Unterkünfte, u. der Ernährung - nur Marken der amerik. Zone gelten - da die Zentralheizungen nicht in Betrieb sind u. die wenigsten Zimmer Ofenheizung haben. Aus diesem Grund möchte ich Sie bitten, erst in der guten Jahreszeit zu kommen. Dann ist alles leichter weil dann manche, jetzt nicht in Frage stehenden Zimmer bereit werden u. hoffentl. auch die Verpflegungsbestimmungen sich bessern. Auch ich werde dann vermutlich freier sein als jetzt, wo ich fast an Korrekturbogen ersticke. Viel-

Sollten Sie aber, was jetzt doch zu erwägen ist, die weite u. schwierige Reise scheuen, so gibt es jetzt wohl wieder die Möglichkeit der Schickung von einer Zone in die andre – ich würde Ihr Manuskript lesen u. Ihnen genau drüber schreiben. Die Reisen sollen schrecklich sein!

leicht schreiben Sie mir bei guter Zeit eine Karte, damit ich dann für Sie bereit bin wie damals, als wir so schöne, fruchtbare Stunden miteinander hatten. Es wird Sie gewiß freuen, daß ich hoffen darf, zu Ostern mein im Kriege entstandenes Buch - die Fortsetzung des „Schweißtuchs der Veronica" fertig vorliegen zu sehen. Es heißt „Der Kranz der Engel" u. wird jetzt eben gedruckt. Daneben kommen 5 meiner ältesten Bücher zur Neuauflage. Oberstdorf ist von allem Kriegsgeschehen behütet geblieben - Sie werden, wenn Sie kommen, alles Vertraute wiedersehen. Ich freue mich auf Sie, liebes Fräulein Eschbach! Bitte grüßen Sie Ihren Bruder u. seien Sie selbst herzlich gegrüßt

von Ihrer Gertrud le Fort.

[Brief von Gertrud von le Fort an Maria Eschbach, Oberstdorf, d. 22.V.46]

Liebes Fräulein Eschbach!

Leider muß ich Ihnen nun doch abschreiben. Ich erhielt eine Einladung in die Schweiz, u. da ich durch die lange Arbeit an meinem letzten Buch ganz unbeschreiblich herunter bin, da ferner meiner Freunde in der Schweiz später verreisen, muß ich dem Ruf baldmöglichst folgen, d.h. so wie die Druckbogen meines Buches erledigt sind. Dies wird in der übernächsten Woche der Fall sein. Seien Sie mir deshalb nicht böse, zumal es vielleicht auch sonst ganz gut ist, wenn Sie im Augenblick die weite, mühevolle Reise nicht unternehmen. Hier in Bayern steht alles unter dem Zeichen der Ost-Flüchtlinge, Fahrt u. Unterkunft sind dadurch sehr schwierig geworden. Und vor allem, Sie werden mich jetzt nicht sehr aufnahmefähig finden. Ich schreibe Ihnen, wenn ich aus der Schweiz zurück bin, dann läßt sich unser Zusammensein in Ruhe u. fruchtbar gestalten. Wenn Sie aber den Druck Ihrer Arbeit nicht länger hinaus schieben wollen, so lassen Sie ruhig ohne Rücksprache mit mir drucken - Ihr Werk wird schon recht sein.
Nun Gott befohlen!

Mit vielen lieben Grüßen

Ihre Gertrud le Fort.

[Karte von Gertrud von le Fort an Maria Eschbach (durch die Sekretärin Sr. Anneliese Knortz), Poststempel Oberstdorf 2.12.46]

Allen, die mir zu meinem siebenzigsten Geburtstag freundliche Glückwünsche sandten, sage ich meinen herzlichsten Dank.

Gertrud von le Fort

[Karte von Gertrud von le Fort an Maria Eschbach, (kein Datum)]

Allen, die zu meinem Geburtstag freundliche Wünsche sandten, sage ich herzlichen Dank für ihr Gedenken.

Gertrud le Fort

[Karte von Sr. Anneliese Knortz an Maria Eschbach, Oberstdorf, 19.12.46]

Sehr geehrtes Fräulein Eschbach!

Baronin von le Fort befindet sich schon seit einiger Zeit in der Schweiz, um dort Vorträge zu Gunsten des Roten Kreuzes zu halten. Der Zeitpunkt ihrer Rückkehr ist noch ganz unbestimmt, doch wird wohl in den nächsten Wochen, vielleicht auch Monaten nicht damit zu rechnen sein. Die Beanspruchung der Baronin in der Schweiz ist eine viel größere als zu erwarten war, daher die Verzögerung der Rückkehr, die sich, wie schon erwähnt, noch länger hinziehen kann. Aus demselben Grund kann keinerlei Post nachgeschickt werden, sonst würde die Belastung eine zu große sein. Ich muß Sie daher bitten, sich wenn möglich, bis zum Frühjahr zu gedulden. Ich werde Ihre Arbeit sicherheitshalber wieder zurückgehen lassen, denn ich kann für Manuskripte keine Verantwortung übernehmen.

Mit freundlichem Gruss!

Anneliese Knortz

[Karte von Sr. Anneliese Knortz an Maria Eschbach,
Poststempel Oberstdorf 30.1.47]

Sehr geehrtes Fräulein Eschbach!

Bitte beunruhigen Sie sich nicht, Ihr Manuskript ist noch hier, ich bin selbst zu der Überzeugung gelangt, daß es hier besser aufgehoben ist als auf der Bahn. Die Rückkehr von Baronin le Fort wird aber wohl noch einige Zeit auf sich warten lassen.

Mit freundlichem Gruß!

Anneliese Knortz.

[Karte von Sr. Anneliese Knortz an Maria Eschbach,
Oberstdorf, den 27. Mai 1947]

Sehr geehrtes Fräulein Doktor!

Baronin von le Fort ist noch nicht zurückgekehrt und ich erwarte sie vor Juli auch nicht, da sie augenblicklich wieder mit Vorträgen und sonstigen Arbeiten sehr in Anspruch genommen ist. Es kann aber auch noch später werden, doch lässt sich darüber nichts Bestimmtes sagen.

Mit bestem Gruss

Anneliese Knortz
Sekretärin

[Brief von Anneliese Knortz an Maria Eschbach, Oberstdorf, den 16. September 47]

Sehr geehrtes Fräulein Doktor!

Ihr Brief vom 14. ds. Mts. hat mich etwas in Erstaunen versetzt. Als Sie damals aus St. Blasien schrieben, baten Sie ausdrücklich, die Nachricht an eine bestimmte Anschrift, die nicht St. Blasien war, zu senden. Das ist auch umgehend geschehen und wenn das Schreiben nicht in Ihre Hände kam, so bedauere ich das aufrichtig, muss aber jede Verantwortung dafür ablehnen. Jm Übrigen kann ich nicht finden, dass damit viel verdorben ist, denn es ging Ihnen doch darum zu wissen, ob die Baronin zurück sei oder wann ich sie erwarten würde. Da sie nun immer noch nicht in Oberstdorf ist und da auch der Termin der Rückreise sich immer wieder verzögert und selbst ihr und mir noch nicht bekannt ist, da also immer noch der selbe Zustand herrscht wie schon vor Monaten, so wird das Unglück wohl nicht allzu gross sein.

Was nun Ihre Mitteilungen über den „Kranz der Engel" betrifft, so sind mir diese natürlich schon lange bekannt. Und nicht nur das. Wir alle, die wir zum engeren Freundes- oder Mitarbeiterkreis gehören und das Buch wachsen sahen, wussten längst vor seinem Erscheinen, dass sich darum ein Streit der Meinungen erheben würde, daher waren wir ausnahmslos auf diese Wirkung vorbereitet und sie hat uns keineswegs in Erstaunen versetzt oder gar bekümmert. Es war nur noch die Frage, von welcher Seite der erste Gegenstoss erfolgen würde und da hat es uns allerdings schmerzlich berührt, dass ihn ausgerechnet die Jesuiten führten. Wenn nun aus diesen Reihen wiederum eine andere Stellungnahme vernehmbar wird, so ist dies durchaus zu begrüssen und würde nicht nur bei der Baronin, sondern auch bei vielen anderen grosse Freude und Genugtuung hervorrufen. Deshalb sollte der Autor keinen Augenblick zögern, sein Manuskript der Dichterin vorzulegen, sie wird ihm bestimmt mit Freuden zur Seite stehen, wenn er etwa noch einen Hinweis braucht. Natürlich kann das erst nach ihrer Rückkehr erfolgen, aber diese wird, so hoffe ich, doch nicht mehr allzulange auf sich warten lassen.

Trotzdem scheinen Sie selbst von dem Streit um den „Kranz der Engel" nur eine Seite zu kennen und zwar die negative. Es gibt aber auch eine positive Seite, die uns viel wesentlicher erscheint und mit der wir uns viel mehr beschäftigen. Denn dass es immer Leute gibt, die päpstlicher sind als der Papst, wussten wir längst. Aber gerade in Österreich hat Universitätsprofessor Dempf, Wien, glänzend auf die Angriffe der Jesuiten geantwortet und ihnen wohl im Wesentlichen das Wasser abgegraben. Jn der Schweiz haben führende Blätter vorzügliche Besprechungen gebracht, Frankreich bereitet schon eine Übersetzung des Buches vor und bedeutende Verlage in London und New York haben das Buch schon von unserem Verlag angefordert. Zuletzt hat einer der führenden Theologen der Universität Fribourg in einer langen Unterredung mit der Baronin dieser ausdrücklich versichert, dass theologisch nicht das Geringste gegen das Buch unternommen werden könne.

Was nun Ihren Wunsch, das Manuskript persönlich zu überbringen betrifft, so tun Sie ganz nach Ihrem Ermessen. Tatsache ist, dass Baronin le Fort nach ihrer Rückkehr hier zuerst einmal eine Fülle von Arbeit vorfindet, die sie wochenlang in Anspruch nehmen und beschäftigen wird. Dass diese Arbeit durch nichts unterbrochen und gestört werden darf, steht ebenfalls fest. Dazu ist sie für die Baronin selbst und für ihr Werk zu wichtig. Ob es Ihnen gelingen wird, sich trotzdem noch einzuschieben, kann ich Ihnen nicht versprechen. Das muss ich Ihnen selbst überlassen. Nur dürfen Sie nicht enttäuscht sein, wenn der Besuch nicht so ausfällt wie Sie ihn sich wünschen. Es steht also ganz bei Ihnen wie Sie es halten wollen.

Mit bestem Gruss!

Ihre ergebene
Anneliese Knortz

[Telegramm von Cäcilie Frohn an Maria Eschbach, Oberstdorf, 16.10.]

Rueckkehr aus der Schweiz fruehestens Mitte November

Caecilie Frohn

[Brief von Cäcilie Frohn an Maria Eschbach, Oberstdorf, d. 16.X.]

Liebes Fräulein Eschbach,

dem heute morgen abgeschickten Telegramm soll gleich ein Brief mit näheren Erklärungen folgen. - Frl. Knortz - sie war genau so wie sie sie mir beschrieben haben - nahm Brief u. Manuskript an u. antwortete auf meine Anfrage: sie habe vor wenigen Tagen Frau Baronin an der Grenze gesprochen. Frau Baronin habe noch nicht das Visum u. es würde, so habe sie erklärt, nach Erhalt des Visums noch 4 Wochen dauern, ehe sie nach Oberstdorf kommen könne. Da Frau Baronin von ihrem Aufenthalt in der Schweiz - (pfui über die Schweiz!) sehr erschöpft sei, hätte sie mit Frl. Knortz verabredet, vor Weihnachten u. Neujahr keinen Besuch zu empfangen um erst 1x alle in der Zeit ihrer Abwesenheit liegengebliebenen Arbeiten erledigen zu können. Auf Ihren früheren Brief hin hat Frl. Knortz Ihren Fall mit der Baronin ganz bes. erwähnt u. besprochen, aber auch Sie werden dringend gebeten bis Januar zu warten. - Das Manuskript behielt Frl. Knortz u. sagte, ohne dass sie es gelesen hatte, es müsste unbedingt veröffentlicht werden damit es unter die Leser käme. - Gerne hätte ich Ihnen Erfreulicheres mitgeteilt. - Ich sitze beim Schein einer ganz trüben Lampe auf meinem Bett um überhaupt etwas sehen zu können. Der Strom funktioniert heute abend nicht. - Ansonsten ist es unsagbar schön. Herrlichstes klares Wetter bis heute mittag, das ich zu Wanderungen am Oytbach u. zur Breitlochklamm benutzte, sehr schöne Unterkunft u. bessere Verpflegung als ich erwartete. Sogar auf der Reise habe ich Glückspilz immer 1 Sitzplatz gehabt!! - Ich schlafe viel und freue mich schrecklich. Viele herzliche Grüsse

Cäcilie Frohn

[Brief von Gertrud von le Fort an Herrn Pater Dr. Hubert Becher SJ, Arosa, d. 26.XI.1948]

Hochwürdiger Herr Pater!

Sie danken mir für einen Brief, den ich Ihnen nicht geschrieben, u. den ich auch nicht inspiriert habe. Meine Sekretärin ist befugt, den größten Teil meiner Korrespondenz selbständig zu beantworten. Es ist dies z.Z. leider die einzige Möglichkeit, mir die notwendige Zeit für meine dichterische Arbeit zu retten, denn ich erhalte täglich Stöße von Briefen über den „Kranz der Engel". Da ich mit der Vollendung meiner augenblicklichen Arbeit an die Benutzung der hiesigen Bibliotheken, d.h. an meinen nicht ewig dauernden Schweizer Aufenthalt gebunden bin, u. andrerseits durch eine Kur täglich einige Stunden verliere, werden Sie es gewiß freundlich verstehen u. mir nicht als Undankbarkeit auslegen, wenn ich Ihnen für Ihre Würdigung meiner kleinen Veronica bisher nicht persönlich dankte. Ich hole dies nun heute nach, denn Sie wünschen von mir selbst eine Auskunft über Ihre von Dr. Grenzmanns Ausführungen abweichende Meinung.

Hierzu kann ich nun freilich nur sagen, daß mir die ganze Kontroverse um mein Buch nur sehr schwer verständlich ist. Denn der Dichter <u>als solcher</u> hat ja im Grunde kein Verhältnis zur moraltheologischen Schau u. ihrem Drängen zu überklaren Entscheidungen. Er hat es mit der Darstellung des Lebens u. seinen schwebenden Accenten zu tun. Er richtet seine Helden auch nicht, sondern er überläßt dies denen, die sich dazu berufen fühlen. Kurzum, es ist mir hier weder um die Herausarbeitung einer subjektiven noch einer objektiven Schuld im Blick auf die Möglichkeit einer kirchlich nicht gesegneten Ehe gegangen, sondern um ein <u>Symbol</u> für die letzte Liebesbereitschaft den ungläubigen Brudermenschen gegenüber.

Bitte lassen Sie mich mit diesen wenigen Hinweisen schließen u. Ihnen nur noch einmal herzlich danken für Ihre einfühlenden Worte über mein Buch – Sie haben damit nicht nur mir, sondern unendlich vielen Freunden meiner Dichtung sehr wohl getan.
Mit dem Ausdruck der Verehrung grüßt Sie, hochwürdiger Herr Pater,

Ihre Ihnen sehr ergebene Gertrud le Fort.

[Karte von Gertrud von le Fort an Maria Eschbach]

Sehr geehrtes Fräulein Eschbach!

Leider kann ich Sie nicht um den mir vorgeschlagenen Besuch bitten, da ich in der Osterwoche, die von Ihnen aus in Frage käme, schon mit den verschiedensten Besuchen belegt bin u. nicht mehr übernehmen kann.

Mit freundlichem Gruß

Gertrud le Fort
Oberstdorf 23.III.1955

[Brief von Eleonore La Chevallerie an Maria Eschbach, Oberstdorf, d. 22.7.1962]

Sehr geehrte Frau Eschbach!

Nach Rückkehr von einem längeren Kuraufenthalt hat Baronin le Fort Ihren Brief vom 10.7. und Ihr Päckchen mit der englischen Übersetzung von „Die Ewige Frau" hier vorgefunden und dankt Ihnen sehr sowohl für Ihren Brief als auch die Mitbringung des Buches, worüber sie sich sehr gefreut hat.
Bei der Fülle der vorgefundenen Post, ist es Baronin le Fort leider nicht möglich, Ihnen persönlich zu danken, zumal sie sich auch gesundheitlich immer sehr schonen muss, und sie bittet Sie daher, Verständnis dafür zu haben, wenn sie Ihnen ihre Grüsse und besten Wünsche durch mich übermittelt.

Mit freundlichen Grüssen

Eleonore LA Chevallerie
Sekretärin

P.S. Baronin le Fort bittet Sie noch sehr, bei einer evtl. Neuauflage Ihres Buches über sie, sich vorher mit ihr in Verbindung zu setzen, da doch leider einige Irrtümer hineingeraten sind, die sie dann gerne verbessert sehen würde.

[Telegramm von Eleonore La Chevallerie an Maria Eschbach, Oberstdorf, 2.8.63]

Besuch zur Zeit unmöglich da Gesundheit nicht gut
von La Chevallerie

Briefwechsel Gertrud von le Fort – Hans Urs von Balthasar

[Brief Gertrud von le Fort an Hans Urs von Balthasar, z.Z. Arosa (Schweiz), Haus Florentinum, d.6.August 35]

Sehr geehrter Herr Balthasar!

Ihre Zeilen erreichen mich in Arosa, wo ich, von einer chronischen Erkrankung Heilung suchend, vorerst nicht arbeiten kann. Ich fürchte, daß ich nach meiner Herstellung große Mühe haben werde, mit meinen eigenen Arbeiten nachzukommen u. bestehende Versprechungen einzulösen. So scheint es mir sehr fraglich, wann ich zu der Übersetzung kommen kann, die mich allerdings sehr gelockt hat. Es wäre unendlich schade, wenn durch diese Umstände eine schnellere Möglichkeit, diese herrliche Dichtung in's Deutsche zu übertragen, verloren ginge. Ich bitte Sie also herzlich in Ihrem Werk fortzufahren.

Mit Gruß u. Empfehlung

Ihre sehr ergebene Gertrud le Fort

[Brief Gertrud von le Fort an Hans Urs von Balthasar, Haus Konradshöhe Telf. 793 163, Baierbrunn d. 26. Juli 36]

Hochwürdiger Herr Pater!

Sicher gehe ich nicht fehl wenn ich annehme, daß der heutige Sonntag der hohe Festtag Ihrer h. Weihe ist. Ich gedenke Ihrer im Sinne des Spruches: Du bist gesegnet u. Du sollst ein Segen sein.

Mit großer Freude würde ich Ihnen begegnen wenn Sie es in der kurzen Zeit möglich machen könnten. Leider bin ich an den Tagen, die Sie nennen, nur den 29. Juli frei - wäre Ihnen der Nachmittag möglich? Ich bin zur Zeit sehr mit Arbeit gehetzt u. morgens könnte ich es schlechter einrichten da die Vormittagsstunden immer meine besten sind. Aber nachmittags freue ich mich sehr! Ich bin ja ganz nah an Pullach bitte geben Sie mir telefonisch Antwort. Über die Übersetzungen könnten wir auch am besten persönlich sprechen.

Mit besten Grüßen Euer Hochwürden ganz ergebene

Gertrud le Fort

[Brief Gertrud von le Fort an Hans Urs von Balthasar, Baierbrunn d. 17.9.36]

Hochwürdiger Herr Pater!

Es würde auch mir eine große Freude sein, Sie noch einmal zu sprechen. Mir ist jeder Tag, d.h. jeder Nachmittag recht. Ich bin infolge einer Grippe noch ganz an's Haus gefesselt u. also stets zu Hause: bitte sagen Sie sich telefonisch an, wann es Ihnen am besten paßt! (Telf. 793 163) Vielleicht mögen Sie mir die Freude machen, wieder zum Thee zu kommen?

Ihre sehr ergebene

Gertrud le Fort

[Brief Gertrud von le Fort an Hans Urs von Balthasar, Baierbrunn d. 1. Dez. 36]

Hochwürdiger Herr!

Ich muß sehr herzlich Ihre Verzeihung erbitten, weil ich Ihnen noch immer nicht für die Briefsendung u. für Ihren freundlichen Brief dankte, dessen Angaben meiner Freundin (= Dr. Mathilde Hoechstetter) für Ihre Übersetzungsarbeiten gewiß nützliche Fingerzeichen sein werden. - Ich bin leider noch nicht zur Lektüre der Bücher gekommen, sie warten auf mich bis meine Arbeit fertig ist, die wieder einmal durch allerlei gesundheitliche Störungen aufgehalten wurde. Ich muß darum leider auch das versprochene Vorwort zu Claudels großen Oden noch warten lassen, bis Januar bestimmt, da ich keinesfalls schon dann mit meinem Buch fertig bin. Ob zum Februar ist deshalb ungewiß, weil ich nie meiner Gesundheit so sicher bin, wie ich sein möchte, um auf bestimmte durchgehende Arbeit gut rechnen zu können. Sie werden mir nicht zürnen, da ja dies alles nicht von meinem Wunsch u. Willen abhängt, welche natürlich nach wie vor auf die Erfüllung meiner Zusagen gerichtet sind. Ich werde Ihnen schreiben, sobald ich ein Ende absehe, dauert es Ihnen oder Ihrem Verleger zu lange, so verstehe ich vollkommen, wenn Sie über mich hinweg drucken. - Ich war sehr erschrocken, daß Claudel so krank war u. freue mich nun dankbar seiner Genesung.

Ich schicke Ihnen um alles Unbefriedigende dieser Zeilen ein klein wenig gut zu machen meine erste kleine Veröffentlichung im Insel-Verlag, den Sie damals so sehr als meinen Verlag begrüßten. Es ist nur ein Bruchstück aus einem größeren Werk. „Magdeburg" soll folgen, wenn es - wie ich hoffe - im Frühling erscheint. Ich denke mit großer Freude an Ihren Besuch zurück!

Mit der Bitte meiner im Gebet gedenken zu wollen u. mit Dankbarkeit, daß Sie dies bisher taten,

Ihre Ihnen sehr ergebene

Gertrud le Fort

[Karte Gertrud von le Fort an Hans Urs von Balthasar, Arosa, Florentinum. d.9.5.37]

Hochwürdiger Herr! Erst heute sandte man mir von daheim Ihre Zeilen nach. Ich bin seit langer Zeit in Arosa, durch meine Gesundheit in der eigenen Arbeit so weit zurück, daß es mir ganz unmöglich ist, die Einführung zu übernehmen, um die Sie mir schreiben. Ich habe vom Arzt den dringenden Rat erhalten, mich überhaupt nur noch auf meine Bücher zu beschränken, da sonst weder das eine noch das andere geleistet würde. Verzeihen Sie mir bitte! – Das Buch sende ich zurück wenn ich im Juni heimkehre – es ist leider niemand da, der es erreichen kann.

Ihre ergebene

G. le Fort

[Brief Gertrud von le Fort an Hans Urs von Balthasar, Arosa, Kurhaus Florentinum d. 29.7.37]

Hochwürdiger Herr!

Ihre Bitte findet mich sehr schuldbewußt, weil ich bei meiner seinerzeit ziemlich plötzlichen Abreise neben vielem anderen auch die Rücksendung der beiden Bände Claudel an Sie vergaß. Bitte verzeihen Sie es freundlich! Es trifft sich nun wenigstens, daß meine Schwester jetzt nach auch längerer Abwesenheit wieder zu Hause ist. Ich schreibe ihr gleichzeitig u. bitte sie, Ihnen die beiden Bücher so bald wie möglich zukommen zu lassen. Den Dank für die lange Leihgabe kann ich Ihnen vielleicht mündlich sagen, wenn ich wieder daheim bin - ich freue mich, daß Sie nun ganz in München sein werden.

Bitte sagen Sie Herrn Pater Przywara meinen herzlichen Dank für die schönen Gedichte, die er mir unlängst sandte, u. die mich sehr beschäftigten. Wie schön ist es auch, daß die große Arbeit Ihrer eigenen Übersetzungen nun doch noch den Weg in die Öffentlichkeit finden, das wird Claudel wie auch Ihnen viele dankbare Freunde bei uns erwerben!

Nun nehmen Sie noch Dank für die guten Wünsche, die Sie meiner eigenen Arbeit senden, die sich jetzt wirklich dem Ende naht, u. nehmen Sie auch vor allem viele Grüße aus Ihrem so schönen, gastlichen Heimatland, an dessen herrlicher Natur ich mich täglich erhebe!

Ihre Ihnen sehr ergebene

Gertrud le Fort.

[Brief Hans Urs von Balthasar an Gertrud von le Fort, München, 2. März 39]

Sehr verehrte Frau Baronin,

ich habe Ihren Durchschlag, den Sie mir so freundlich übergaben, viel länger behalten als nötig gewesen wäre. Er hat mich sehr interessiert; eine Nebenbemerkung hat mir den Verfasser (mit ziemlicher Wahrscheinlichkeit) enthüllt. Es macht nichts, ich werde im nächsten Sommer wohl Dillard selber treffen.

Ich hoffe, Ihre Frankreichreise ist gut verlaufen! Letzten Sommer sah ich Ihre Bücher so häufig in Pariser Schaufenstern, daß ich sicher bin, es war ein großer und nachhaltiger Erfolg.

Gestern las ich zum drittenmal die Opferflamme, ich gewinne sie mit jedemmale lieber: sie wird immer dichter. Die Bezüge und Fächer erweisen sich immer vielfältiger. Die Spiegelungen unendlich, und das Ganze doch sehr einfach.

Ich hoffe, Sie können Kösel bald die bleibenden Bücherschulden abzahlen und dann ganz für die Insel arbeiten.

Mit den ergebensten Grüßen auch von P. Przywara (der wieder krank war, aber jetzt besser geht)

Ihr

Hans Balthasar

[Brief Hans Urs von Balthasar an Gertrud von le Fort, Pullach, 16. Oktober 39]

Sehr verehrte Baronin,

da ich für den Winter wieder in Pullach wohne, bin ich Ihrer einsamen Klausur wieder näher gerückt und entsinne mich umso lebhafter Ihrer Einladung bei unserer letzten Zusammenkunft, Sie wieder zu besuchen. Ich würde mich sehr freuen, wenn ich einmal - am besten an einem Mittwoch (unserem freien Tag) - bei Ihnen anklopfen dürfte.

Ich erlaube mir bei dieser Gelegenheit, Ihnen die gerade erschienen Oden Claudels zu senden, an deren Übersetzung Sie damals so freundlich Anteil genommen hatten.

Ich bin in Christo Ihr ganz ergebener

P. Hans Balthasar S.J.

Pullach,
Buchmanskolleg

[Brief Hans Urs von Balthasar an Gertrud von le Fort, Basel, Herbergsgasse 7, den 2. Juni 42]

Sehr verehrte Frau le Fort,

nach langem Schweigen erlaube ich mir, mit einer Bitte zu Ihnen zu gelangen. Es ist eigentlich sogar eine Doppelbitte! Ich habe seit zwei Jahren hier in Basel eine kleine, der Inselbücherei gleichende Buchreihe begonnen, man hat sie Sammlung Klosterberg betitelt, in der schon eine hübsche Anzahl schöner Dinge aus der ganzen europäischen Literatur erschienen sind. Ich wags nicht, Ihnen in diesem Zeitpunkt die Bändchen zu senden, denn ich höre, daß das meiste an Buchsendungen nicht ankommt; sobald es aber möglich ist, schicke ich sie Ihnen zu. Es wäre mir nun eine sehr große Freude gewesen, auch Sie darin begrüßen zu dürfen - mit einer Novelle vielleicht oder einem Essay oder Romanfragment (der Umfang der Bändchen variiert von 60 bis 200 Seiten)... Vielleicht ist es für Sie eine Möglichkeit, etwas erscheinen zu lassen, was vielleicht sonst infolge Papierknappheit nicht erscheinen kann, - und für uns wäre es eine ganz große Freude!

Wir haben nun aber auch - und dies ist die zweite Hälfte der Bitte - die ›Schweizerische Rundschau‹ neu organisiert, ab Herbst erscheint sie in neuem Kleide und, literarischer und lustiger als bisher, auch in neuem Geiste. Vielleicht nun könnten Sie uns auch dafür einen willkommenen Beitrag, welcher Art immer, senden? Die Freude, die Sie damit der ganzen Schweiz bereiten, ist eine ganz gewisse und große!

Ich hoffe von Herzen, daß es Ihnen gut geht und daß Sie trotz allem Bedrückenden nach wie vor arbeiten können.
Wie oft dachte ich an die schönen Stunden im Isartal, und wie gerne würde ich, bei einer ersten Reise nach München, Sie begrüßen kommen! - Zusammen mit dem so vieles Schwere leidenden P. Erich.

Unterdessen vereint im Gebet

Ihr stets ergebener
Hans Urs von Balthasar

[Karte Hans Urs von Balthasar an Gertrud von le Fort, Basel, 25.XI. 1943]

Sehr verehrte Frau. Diesen Weihnachtsmorgen möchte ich benutzen, um Ihnen einen Gruß zu senden, und meine innigen Wünsche zum nächsten Jahr: möge es uns wieder zusammenführen! Ihre Karte war mir eine große Freude: von Ihnen zu hören und vielleicht gar Sie bald in einem Artikel oder Buch lesen zu können. Sowohl meine „Reihe" wie die von mir einigermaßen mitbestimmte Schw. Rundschau öffnen ihre Flügeltüren groß und weit für jedes Ihrer Kinder, das Sie uns schicken wollen oder können. – Wie ich hoffe, auf Wiedersehen im besseren Jahr.

Ihr ganz ergebener H. Balthasar
Herbergsgasse 7. Basel

[Brief Hans Urs von Balthasar an Gertrud von le Fort, Basel, den 25 II 46]

Haus der Katholischen Studenten

Sehr verehrte Baronin,

mein Verlag ist mit grosser Freude bereit, „Die letzte am Schafott" im Frühjahr herauszubringen, und ich selber möchte Sie nochmals von Herzen bitten, mir dieses wundervolle und sosehr geliebte Werk nicht vorzuenthalten. Es von Ihnen zu erhalten war freilich mehr, als ich mir erträumt hätte, aber warum sollen wir so schüchtern sein, dass wir die Träume, wenn sie selber Wirklichkeit werden wollen, ins Traumland zurückverweisen? Ein kurzes Wörtchen von Ihnen wäre mir sehr lieb, das mir das Erhoffte bestätigt.

Unterdessen hat sich noch etwas ereignet, das ich Ihnen telephonieren wollte, doch konnte ich Sie nicht erreichen. Ich erfahre nämlich, dass Freund Stocker in Luzern offenbar in sehr prekärer Lage sich befindet und nicht mehr zahlungsfähig ist. Die Druckerei bittet mich, eine grössere Rechnung direkt an sie, nicht über den Verleger zu bezahlen, weil dieser offenbar nicht mehr im Stande sei, zu zahlen. Ich wollte Ihnen dies mitteilen, damit Sie sich Stocker gegenüber auf keinen Fall binden. Ich selbst habe viele Bücher bei ihm und befürchte recht schlimme Dinge.

In Basel erwarten wir Sie mit Freuden am I6. Dezember; der Saal ist bereit, ein schöner alter, von Jakob Burckhardt, d.h. unter seiner Leitung gebauter, der nicht zu gross ist, sodass Sie sich nicht zusehr anzustrengen brauchen. Und das Zimmer bei Frau Prof. Kaegi ist auch bereit, sie freut sich sehr auf Ihren Besuch. Bleiben Sie so lange Sie es gerne tun, - so soll ich Ihnen ausrichten.

Ich wollte, es wäre nicht zu kurz, denn ich hätte noch gern so vieles mit Ihnen besprochen. Die Minuten in Zürich erscheinen mir wie eine Andeutung dessen, was ich mir oft in Gedanken ausgemalt hatte, nicht viel mehr.

Mögen Sie gute, nicht allzusehr von den Plagegeistern angefochtene Tage der Erholung haben.

Ihr
Hans Balthasar

[Brief Hans Urs von Balthasar an Gertrud von le Fort, Basel, den 20 12 46]

Haus der Katholischen Studenten

Sehr verehrte Baronin,

Ihr Besuch in Basel ist mir eine so große Freude gewesen. Gerade Ihnen etwas von der geheimen Welt zu zeigen - und auf Grund des wenigen Ihnen später mehr zeigen zu dürfen - das bedeutete für mich eine Bestätigung. Ich hoffe zuversichtlich, dass wir wirklich, wie Sie sagten, einmal mit dem geheilten Freund aus München hier zusammensitzen werden. Wollen Sie mithelfen, es zu erbitten?

Dank für Ihren wundervollen Vortrag; hier haben Sie ein kleines Echo davon in den Basler Nachrichten. Wer es geschrieben hat weiss ich nicht. Oluf Berntsen, Bankdirektor, ein glühender Katholik und ein Freund von Paul Petit, bat mich, Ihnen dieses Bild von ihm zu schicken, da Sie ihn gut gekannt hätten.

Schwabes Vertragsentwurf folgt nächstens. - Ich spreche am 25. abends im Radio; vielleicht hören Sie zu; das wäre eine Anfeuerung.
Auf baldiges Wiedersehen, und gute Festtage. Ihr

Hans Balthasar

[Brief Hans Urs von Balthasar an Gertrud von le Fort, Basel, den 31 I 47]

Haus der Katholischen Studenten

Sehr verehrte, liebe Baronin,

es ist gar nicht mehr zu sagen, was für ein Gewissen ich Ihnen gegenüber habe - wenn ich überhaupt noch das Recht habe, dieses edle Wort für mich in Anspruch zu nehmen. Längst hätte ich Ihnen in meinem und im Namen der Studenten danken sollen für die Stunden und Tage in Basel, die Sie uns geschenkt haben. Ich hätte Ihnen auf Ihren lieben Brief antworten sollen, mit dem Sie mir zuvorgekommen sind. Was soll ich sagen? Dass ein Sturm an Ereignissen in den letzten Wochen mich so völlig in Beschlag genommen hat, dass ich atemlos der Fülle an Geschenktem mich darbieten musste, einer Fülle, die so gross ist, dass sie deutlich genug die Zeichen ihres baldigen Endes an sich trägt; und so muss von der großen Ernte alles noch eingebracht werden, was in Scheunen zu bringen ist. Es ist das letzte Jahr der Ernte, und nachher kommt die lange und langsame Verarbeitung des stürmisch und in der Unordnung des Pfingstwirbels Eingebrachten...

Dann werde ich Ihnen vieles zeigen können, was Gott in seiner Güte mir vertraut hat, zu Verwaltung und Weitergeben. Und dann wird auch der lange und zähe Kampf mit jener Kirche beginnen, für die nur das wahr ist, was schon hergebracht und etabliert ist. Aber was für ein Katarakt von Einsichten, Leben, Glück könnte aus der Gnade, die hier aufgebrochen ist, in die Kirche einströmen! Helfen Sie mir beten, dass die Inokulation wirklich gelinge. Ob ich selber dabei zugrunde gehen muss, kümmert mich wenig; ist sogar gewissermassen wahrscheinlich, denn ein Preis muss doch gezahlt werden. Aber das Anvertraute muss zuerst ausgeführt sein.

Ein äusseres Faktum ist doch zu melden, ich wollte nicht eher schreiben, als bis ich es melden konnte: der neue Verlag ist gesichert. Und zwar machen wir eine Art Doppelverlag; der eine heisst Thomas-Morus, der andere Johannes-Verlag. Der erste gehört einem guten Bekannten von mir und ich werde ihn geistig beraten, als Lektor, der andere gehört mir (dem Namen nach einem sehr guten Freund von mir) und jener Bekannte wird das Geschäftliche auch für mich führen. So ist in einer Personalunion des Materiellen wie des Geistigen eine Einheit garantiert, und ich behalte trotzdem die Möglichkeit, in dem ganz kleinen Johannes-Verlag nur ein paar wenige Dinge herauszubringen, die meine Sendung und Aufgabe unmittelbar betreffen.

So glaube ich, dass ich Sie nun in aller Sicherheit einladen kann, zu uns zu kommen mit Ihren Büchern. Ist es Ihnen recht, wenn wir auf Herbst die beiden Romane und die Letzte am Schafott vorsehen würden? Nächstes Jahr könnten dann weitere Werke folgen, etwa die „Jungfrau" und andere Novellen, vor allem möchte ich die neuen Gedichte! Eigentlich bin ich nur für den „Papst" ein wenig bedenklich, weil die schweizerische Mentalität dazu ziemlich schwer Zugang findet. Darf ich also Ihre definitive Zusage erwarten, damit wir bald beginnen können mit der Herstellung der „Veronika" und des „Kranzes der Engel"? Es ist furchtbar schwer, in der Schweiz gute Druckereien zu finden, alles ist restlos überlastet. So ist es sehr wichtig, dass man ein bisschen zeitliche Spannweite hat, um disponieren zu können.

Wann kommen Sie aus dem Tessin zurück? Ich möchte Sie so gerne noch einmal ausführlich sehen und sprechen. - Gerade ist Dr. Dubler von der Ars Sacra aus meinem Zimmer hinaus; er geht zu P. Przywara und wird alles einsetzen, damit wir ihn bald hier haben. Sollten Sie ihm schreiben, so muntern Sie ihn doch auch ein wenig auf, herzukommen, sich herbringen zu lassen. Wie schön wäre es, wenn er und ich zusammen aufbauen könnten...!
Ihnen wünsche ich gute tessiner Tage, gute Ruhe und gute Arbeit und ein baldiges Wiedersehen mit Ihrem aufrichtig ergebenen

Hans Balthasar

[Brief Hans Urs von Balthasar an Gertrud von le Fort, Basel, den 21 2 47]

Haus der Katholischen Studenten

Verehrte Baronin,
heute spazierte ich in Zürich an Ihrem Hause vorbei, Sie waren nicht da. So vermute ich Sie immer noch in dem wohl nur auf Prospekten „südlichen“ Tessin. Ich hoffe nur, dass Sie ordentlich geheizt erhalten!
Ich schreibe heut in einem besonderen, Ihnen bekannten Anliegen. Mein Freund und ich möchten für den neuen Verlag des Herbstprogramm endgültig ins Reine bringen und Sie deshalb fragen, ob wir die beiden Romane „Veronika“ und „Engelskranz“ sowie die „Letzte am Schafott“ vorsehen und anzeigen dürfen. Wir haben damit so fest gerechnet, dass es für uns ein ganz dicker Strich durch die Rechnung wäre, wenn es nicht ginge. Das Unternehmen steht auf guten Füssen, sodass Sie keine Angst zu haben brauchen.

Ich wollte Sie bei dieser Gelegenheit nun anfragen, wie sich die Honorierung gestalten soll. Ist es Ihnen recht, wenn wir zum Beispiel 10% des Ladenpreises vom ungebundenen Exemplar vorsehen würden, wovon ein Drittel beim Erscheinen zahlbar? Das entspräche dem hier Landesüblichen und leider auch ein wenig der Vorsicht, die ich gerade am Anfang ein bisschen walten lassen muss.

Nach wie vor möchte ich einmal - bevor Sie die Schweiz verlassen - eine gute, nicht zu kurze Plauderstunde mit Ihnen verbringen. Es wäre so vieles zu sagen, Dinge, die Sie nicht gleichgültig lassen werden. Und auch von Ihnen möchte ich vieles hören. Es wird für mich ein hartes, stark belastetes Jahr werden, auch mit dem Schönsten, was mir vielleicht noch zu erleben bleibt; denn die letzten Jahre waren eine ständige Steigerung der Geschenke und Überraschungen Gottes, und diese Monate, die heute noch bleiben, werden die letzten sein, die Frau K. noch gewährt sind. Bitte helfen Sie mir beten, damit die grosse Ernte untergebracht wird, wie Gott es will, und viel Nahrung für die Kirche bereit wird für die kommenden mageren Jahre.

Darf ich in der Verlagsangelegenheit Ihren baldigen Bescheid erwarten?

Indessem grüsst Sie herzlich
Ihr ergebener Hans Balthasar

[Brief Hans Urs von Balthasar an Gertrud von le Fort, Basel, 6. März 47]

Verehrte Baronin,

in Ihrem letzten Brief stand so viel Liebes, für das ich Ihnen so dankbar bin, daß mich die harten Sätze am Ende umso unverständlicher waren und empfindlicher trafen. Sie können nur auf tiefen Mißverständnissen beruhen - oder sollte Sie jemand von Grund aus mißtrauisch gegen mich gestimmt haben?

Ich nehme das Schlimmste voraus: meine angebliche Unterschätzung des „Papstes aus dem Ghetto". Aber, verehrte Baronin, sehen Sie denn nicht, daß ich damit ja keineswegs eine Bewertung des mir so lieben Werkes aussprach, sondern lediglich eine Mutmaßung über den Absatz in der Schweiz? Und wenn Sie daraus schließen, daß ich mich für Ihre weiteren Bücher nicht voll einsetzen würde: Sie wissen ja doch, daß ich mit wenig beginnen muß, daß ich am Anfang mit großer Sorgfalt wirtschaften muß, daß dieser Verlag, den ich da beginnen (und der vorläufig noch secretum comminum ist) zu meiner exponierten, sehr einsamen Sendung gehört - und ich glaubte, Sie würden mir dabei eine Hand reichen? Nun denn, es muß nicht sein, ich habe Gottes Hand, die muß mir offenbar, bis Erfolg kommt, genügen. - Und endlich, sagten Sie mir nicht, Sie wollten Ihre Werke nicht alle dem gleichen Verlag anvertrauen - so daß ich annehmen mußte, eine Verteilung wäre Ihnen von vornherein recht?

Wie dem auch sei -, ich wäre nach wie vor sehr dankbar, wenn ich Ihre Letzte am Schafott und die 2 Romane herausgeben könnte. Mit Ihren Vorschlägen zur Honorierung wäre ich natürlich auch einverstanden; ich hatte den Vorschlag lediglich, weil er so üblich ist, gemacht und verstehe durchaus Ihre Gründe, ihn abzuändern. -

Ich wünsche Ihnen einen guten Aufenthalt und würde mich freuen, Sie in Zürich wiederzusehen.

Ihr

Hans Balthasar

PS. Die Anstrengungen von P.P. scheinen nun rasch in ein Stadium der Verwirklichung überzugehen. Im Sommer spätestens dürfte er hier sein.

[Ein eingeschobener Brief von Adrienne von Speyr an Gertrud von le Fort, Basel, den 23. I 47]

Verehrte, liebe Frau von le Fort,

bitte verzeihen Sie mir diese unglaubliche Verspätung; sie tut mir leid, und ich kann sie nicht anders zu entschuldigen versuchen, als indem ich die schlichte Wahrheit sage: ich hatte zu viel zu tun, und glaubte jeden Abend aufs Neue, der nächste Tag würde eine Erleichterung, eine dehnbarere Zeit mit sich bringen; aber die Zeit behält in solchen Dingen ihre eigenen Gesetze.

Ihr Brief, die Hymnen und die freundliche Widmung haben mir eine große Freude bereitet, für die ich Ihnen sehr herzlich danke. Die Tage Ihres Hierseins sind mir dadurch neu geschenkt worden. Und die Hymnen, die ich ja schon seit langer Zeit liebe, sind in einem Buch mit persönlicher Widmung auch mir näher.

Haben Sie Dank!

Und nun kennen Sie meine liebe Freundin, Frau Rudolph, mit der ich schon so vieles erleben durfte; ihr Haus ist für mich der Inbegriff der Stille; dort läßt sich arbeiten, der Alltag drängt mit seinen unübersehbaren Forderungen nicht in die verborgensten Winkel hinein, der Sonntag umfaßt die ganze Woche.

Ich freue mich auf die nächste Begegnung; der angebrochene Nescafé wartet geduldig; vielleicht entscheiden Sie sich wieder für richtigen Kaffee.

Mit der Bitte, auch die beiden Damen in Casina zu grüßen, bin ich in herzlicher Verbundenheit Ihre sehr ergebene

Adrienne Kaegi

[Brief Gertrud von le Fort an Hans Urs von Balthasar, Zürich, Ostbühlstraße 45, d. 3.12.46]

Hochwürdiger Herr!

Verzeihen Sie die Verzögerung meiner Antwort auf Ihre gütigen Zeilen! Es war mir erst gestern möglich, die Vertretung des Arche-Verlages - Herrn Rechtsanwalt Schifferli u. Fräulein Dr. Ruf - zu sprechen um wegen der „Letzten am Schafott" etwas für Sie zu erreichen. Ich hatte, wie ich Ihnen sagte, bei der ersten Unterredung mit Fräulein Dr. Ruf als ich Sie noch nicht gesprochen hatte, auf ihre Fragen, ob ich Lizenz für dieses Buch hätte, bejahend geantwortet. Gleichzeitig hatte die Arche auch den Wunsch nach meinem „Schweißtuch der Veronica" u. dem „Kranz der Engel" geäußert, zu dem dann bald noch der Wunsch nach meiner „Jungfrau von Barby" u. nach der eben von mir für die Insel vorbereiteten „Gesammelten Gedichte" kam. Ich glaubte daher bei dem gestrigen Gespräch mit der Arche keinen Schwierigkeiten zu begegnen, wenn ich sie darum bat, eines von diesen vielen Büchern, nähmlich die „Letzte am Schafott" mir zu lassen um es Ihnen zu geben. Ich führte dabei an, daß wir - Sie u. ich - schon während des Krieges einmal wegen einem Beitrag zu Ihrer Reihe korrespondiert hatten, u. daß ich Ihnen einen solchen zugesagt habe. Dieser aber würde am besten für Sie passen - ich finde das selbst. Leider begegnete ich nun aber heftiger Abwehr; man sagte mir, man lege auf dieses Buch besonderen Wert. Ich bin nicht sehr geschickt im geschäftlichen Verhandeln u. darum bitte ich Sie, mich doch im Kampf um dieses Buch zu unterstützen. Wäre es Ihnen nicht möglich, hochwürdiger Herr, daß Sie selbst deswegen an Herrn Schifferli in Davos schrieben u. ihm Ihren Wunsch aussprächen? Sie stehen doch dem Verlag nahe, u. ich nehme an, daß er Ihnen gerne Rücksicht erweist. Ich würde es dann zweifellos leichter haben. Natürlich besteht noch keinerlei Bindung von meiner Seite für die „Letzte am Schafott" gegenüber dem Archeverlag, aber man macht es mir schwer, diesen Standpunkt aufrecht zu erhalten. Bitte helfen Sie mir, denn ich möchte wirklich gern, daß Sie das Buch erhalten! Auch sollte die Arche nicht zu viele meiner Bücher bringen, meinen Sie nicht auch? Unsere frühere Korrespondenz wegen der Klosterbücherei gibt doch auch eine gewisse Unterlage dafür, daß ich Ihnen zu einem Beitrag verpflichtet bin. Mit dem Verlag Stocker habe ich keine Verhandlungen angeknüpft.

Auf unsre Wiederbegegnung in Basel freue ich mich sehr. Ich werde dann, wie Sie mir vorschlugen, schon am 16.12. kommen, telefoniere dann noch den Zug. Ich habe inzwischen Ihr Buch langsam in mich aufgenommen in seiner fast erschreckenden Tiefe, u. ich glaube zu wissen, daß es Dinge sagt, die uns allen heute sehr nötig sind. Wird die christliche Welt sie ertragen? Ich glaube, daran hängt so ziemlich alles, was wir noch hoffen dürfen.

Wollen Sie die Güte haben, den einliegenden Brief an Frau Professor Kaegi zu geben - ich weiß ihre Adresse nicht u. möchte ihr doch schon jetzt für ihre Gastlichkeit danken.

Mit dem Ausdruck der Verehrung

Ihre

Gertrud le Fort.

[Karte Gertrud von le Fort an Hans Urs von Balthasar, Am Heiligen Abend 1946]

Hochverehrter Herr Doktor!

Das Buch, das Sie mir zum Christfest sandten, ist eine große Freude für mich u. eine bleibende Erinnerung an die schönen u. tief erfüllten Stunden in Basel. Ich danke Ihnen herzlich. Ein längerer Brief folgt in den nächsten Tagen. Es grüßt Sie in der Freude dieses heiligen Festes

Ihre Ihnen stets

ergebene

Gertrud le Fort.

[Brief Gertrud von le Fort an Hans Urs von Balthasar, Zürich, den 27.12.46]

Hochverehrter Herr Dr. von Balthasar!

Durch meine kleine Weihnachtskarte wissen Sie bereits, welch' große Freude Sie mir durch Ihre Übertragung von Claudels „Verkündigung" gemacht haben. Ich bin glücklich, das Buch von Ihrer Hand u. mit Ihrer Widmung zu besitzen. Es hat mich wie eine sanfte u. doch starke Melodie durch diese Christfesttage begleitet. Wie dankbar muß man Ihnen sein, daß dieses einzige Werk nun endlich einen seiner würdigen Ausdruck in deutscher Sprache fand.

Tief bewegt hat mich auch das Photo, das Sie mir sandten. Ich besaß noch kein Bild von Paul Petit. Dieses gibt ihn sehr lebensvoll wieder. Es wird mir immer ein teures Besitztum bleiben, bitte sagen Sie es dem gütigen Geber.

Ich habe leider auch dieses Mal Ihren Vortrag nicht hören können. Wir haben keinen Radio im Hause, u. ich war die ganzen Feiertage durch eine häßliche Grippe eingesperrt, so daß ich wirklich nur innerlich Weihnachten feiern konnte! Umso mehr hat es mir bedeutet, daß ich Ihren wertvollen Marienaufsatz aus Basel mitnehmen durfte. Sie sehen auch hier alle Dinge „neu". - Auch sonst klingt alles in mir nach, was dort gesprochen wurde. Ja, es war schön, den Münchner Freund bald dort zu wissen. Er wird an allem, was Sie mir sagten u. zeigten, tiefen Anteil nehmen, vielleicht wird die Freude daran helfen, ihn zu heilen.

Mit der Verlagsangelegenheit habe ich es nun so gemacht: ich habe erklärt, den Vertrag erst dem Münchner Verleger zeigen zu müssen. Ich bin überzeugt, daß dieser ihn ablehnen wird, denn Sch. (RA Schifferli) verlangt einmal die Verlagsrechte für das Ausland auf 10 Jahre, u. ferner will er den „Kranz der Engel", der ganz auf die gegenwärtige Stunde geschrieben wurde, erst 1948 herausbringen. Auf beide Bedingungen kann der Beckstein-Verlag nicht eingehen, lehnt er sie ab, so ist aber der Weg frei. Nur besteht eine große Schwierigkeit, die Dinge mitzuteilen, weil geschäftliche Mitteilungen über die Grenzen nicht möglich sind. Die Zensur aber öffnet jeden Brief. Ich habe geschrieben, weiß aber nicht, wie weit ich verständlich schrieb. Es kam mir nun der Gedanke, ob Sie, wenn Sie in München sind, nicht einmal mit dem Beckstein-Verlag (Güllstraße 7) sprechen könnten u. ihn über gewisse Bedenken gegen den Züricher Verlag, die noch außer den Bedingungen bestehen, aufklären könnten. Es ist dies natürlich keine Bitte, die Sie belasten darf, sondern nur ein Vorschlag, eine Frage, die ich mir im Hinblick auf die Pläne wage, die Sie mir andeuteten. Durch eine klare Ablehnung des Verlagsentwurfes Sch. durch den Münchner Verlag würde sich alles am leichtesten lösen u. neu ordnen lassen. Bisher steht nähmlich Beckstein hinter Sch., er war es, der mich schon in München auf ihn hinwies, ich habe nur auf seinen Wunsch hin mit Sch. verhandelt, darum ist es so wichtig, daß er die Bedenken gegen diesen kennt.

Ich habe zum Schluß noch die Bitte, mir gelegentlich den Namen u. Wohnsitz des amerikanischen Herrn, den ich im Hause Kaegi traf, zu schreiben.

Nehmen Sie nochmals Dank für die schönen, erfüllten Tage in Basel. Möge all' Ihr Wirken im neuen Jahr gesegnet sein u. wachsen trotz allen (evtl. Schwierigkeiten?)

In aufrichtiger Verehrung Ihre

Gertrud le Fort.

[Brief Gertrud von le Fort an Hans Urs von Balthasar, Magliaso b. Lugano, Villa La Magliasina, d. 1.III.47]

Sehr verehrter Herr Dr. Von Balthasar!

Seien Sie mir, bitte, nicht böse, weil ich schwieg! Eine grippeartige Erkältung mit schwerer Bronchitis hat mich lange lahm gelegt.

Auch ich wünsche mir sehr, noch eine lange Unterredung mit Ihnen ehe ich die Schweiz verlasse. Dazu wird hinreichend Zeit sein, denn ich wollte sowieso bis in den Mai bleiben u. einstweilen ist auch, wie ich hörte, die Ausreise von hier ebenso unmöglich, wie die Einreise. So fürchte ich, werden wir auch auf das Kommen unseres gemeinsamen, verehrten Freundes aus München zunächst wieder verzichten müssen.

Ihre Sorge um Frau K. (= Adrienne von Speyr = Frau Kaegi) erschüttert mich sehr. Ich werde an sie u. ihre Mission so denken, wie Sie mich bitten - möge Gott gewähren, daß die Zeit, die Sie ihr glauben noch geben zu können, doch um einiges länger bemessen wird. Ich vertraue in solchen Fällen immer auf die Gewißheit, daß jedem Menschen so viel Zeit geschenkt wird, wie sein Werk, das ihm von Gott aufgetragen ist, braucht.

Wegen der Verlagsangelegenheiten muß ich Ihre Geduld noch ein wenig erbitten - da ja die Sache nicht allein von mir abhängt, d.h. es handelt sich um eine Lizenz-Ausgabe, in der ich für meinen deutschen Verlag zu Handeln ermächtigt bin, ihm gehören ja vertraglich die Rechte. Von ihm aus sind einige Punkte neuerlich zu klären. Ich werde Ihnen schreiben wann ich wieder in der Nordschweiz bin, es hängt weithin von der Beendigung der starken Kälte ab, der ich meine noch immer nicht überwundene Bronchitis nicht ohne weiteres aussetzen möchte.

Von mir aus möchte ich zu Ihrem Verlagsangebot sagen, daß mir die Berechnung des Honorars an sich richtig scheint, aber auf den Zahlungstermin - 1/3 bei Erscheinen der jeweiligen Bücher im Herbst - könnte ich nicht eingehen. Im Herbst bin ich in Deutschland u. Geld dorthin zu senden, ist wohl noch für lange unmöglich. Überdies besteht für mich die Notwendigkeit während meines Hierseins einiges Geld zu haben: ich mußte mich hier wegen verschiedener gesundheitlicher Störungen in ärztliche Behandlung geben, auch zum Augen- u. zum Zahnarzt muß ich noch, denn in Deutschland scheitern die meisten Behandlungen jetzt am fehlenden ärztlichen Medikament. Dazu kommt, daß die Zustände in Deutschland ernährungsmäßig immer schlimmer werden: ich bin überschwemmt mit den dringendsten Bitten meiner Angehörigen und Freunde, ihnen von hier zu Hilfe zu kommen. Können Sie sich vorstellen, wie schwer es für mich ist, diesen Bitten nicht entsprechen zu können? Ich muß es daher zur Grundbedingung machen, daß ich nicht erst bei Erscheinen der Bücher, sondern schon nach Unterzeichnung des Vertrags über einen Teilbetrag des Honorars verfügen kann. Es ist dies auch kein ungewöhnliches Verlangen, sondern eine Bedingung, die oft gestellt wird, doch begreife ich natürlich sehr wohl, wenn ein noch gar nicht in' s Leben gerufener Verlag nicht darauf eingehen kann.

Ferner hat mir noch eine Äußerung Bedenken gemacht: Sie schreiben mir, daß Sie den „Papst aus dem Ghetto" nicht übernehmen wollen, da er den Schweizer Lesern nicht läge. Nun ist dieses Buch ja sicherlich kein populäres u. wird es niemals sein, aber in literarisch hochstehenden Kreisen, wie den Ihren, wird es sonst als mein bedeutendstes angesehen. Der Insel-Verlag, der doch gewiß urteilsfähig ist, hat sich gerade um dieses Buch bemüht, das aber mein Münchner Verlag nicht hergab. Die Kritik hat es neben Stifters „Witiko" gestellt der außerordentlich strengen dichterischen Form wegen, die sich der historische Roman hier, wenn auch in ganz anderer Weise, geschaffen hat. Sie werden es mir gewiß nicht als Dichtereitelkeit auslegen wenn ich auf diese Tatsachen hinweise - ich tue es nur, weil ich die objektive Verpflichtung begründen möchte, die ich fühle, gerade für dieses Werk Sorge zu tragen. Darf ich Ihnen ganz freimütig sagen, daß mir nach Ihrer Ablehnung des „Papstes" doch die Frage kam, ob ich bei Ihnen am rechten Platz bin? Ich wünsche mir - u. ich weiß, auch mein deutscher Verlag wünscht sich - einen Verlag, der bereit ist, mein bedeutendstes Buch wenn es hier noch nicht anerkannt ist, durchzusetzen. Nicht die Anpassung an den Leser, sondern auch die Erziehung des Lesers scheint mir die Aufgabe des Verlegers zu sein. Im Dichterischen liegen die Dinge nach meiner Meinung eben genau so wie sie nach Ihrer Meinung im Kirchlichen liegen, wenn, wie Sie sagen, immer nur das „schon Eingebrachte" gilt.

Damit habe ich Ihnen meine Bedenken offen gesagt - bitte antworten Sie mir ebenso offen, denn das ist bei solchen Dingen das einzig richtige. Ich will darum auch nicht verschweigen, daß ich noch einige andere Verlagsangebote habe, daß ich mir aber einstweilen noch alle Entscheidungen vorbehalte.

Ich freue mich wenn Sie mir bei unserer Wiederbegegnung von dem sprechen, was nicht die nüchterne Verlagsfrage betrifft. Ihr Brief läßt mich Großes erwarten, woran teilzunehmen mir wohltun wird, denn glauben Sie mir, wir Deutschen sind in Gefahr unterzugehen in den nacktesten u. schaurigsten Fragen des Daseins, ganz gleich, ob wir diesseits oder jenseits der Grenze sind, denn jeder Brief von drüben atmet fast Verzweiflung. Darf auch ich Sie um Ihr Gebet bitten, wie Sie auch um das meine bitten - ein Gebet nicht für mich, aber für jene fast Untergehenden?

In Verehrung grüßt Sie, hochwürdiger Herr,

Ihre Gertrud le Fort.

[Brief Gertrud von le Fort an Hans Urs von Balthasar, Magliaso d. 15.III.47]

Hochverehrter Herr Dr. von Balthasar!

Es war mir Bedürfnis, einige Tage vergehen zu lassen, bevor ich Ihnen zu antworten wagte. Denn in der Tat, es hat, wie Sie schreiben, Mißverständnisse gegeben, die sich nicht wiederholen dürfen. Darum will ich auch lieber garnicht auf die befremdende Frage eingehen, ob mich jemand „von Grund aus mißtrauisch gegen Sie gestimmt hatte", u. auf den völlig abwegigen Schluß, ich könne denken, daß Sie sich nicht für meine Bücher einsetzen würden. Die Mißverständnisse liegen, so weit ich zu sehen vermag, nicht auf meiner Seite. Ich habe nähmlich bei meinen Bedenken wegen der Ausschließung des „Papstes aus dem Ghetto" nicht, wie Sie meinen, Ihre persönlichen Werturteile im Auge gehabt - solche stehen doch jedem Menschen frei - darüber würde ich nie ein Wort verlieren. Sondern es war mir um die aus Ihnen sprechende Stimme Ihres Verlags zu tun. Denn gewiß, ich dachte, wie Sie sich richtig erinnern, damals in Basel daran, eine Verteilung der Bücher auf verschiedene Verlage vorzunehmen, aber diese kann natürlich nicht so stattfinden, daß auf Seiten des einen Verlags die 4 gangbaren Bücher stehen, um die es Ihnen geht, u. für den anderen Verlag dann nur das wenigen zugängliche Papstbuch übrig bleibt. Und dies würde ja bei Ihrem Vorschlag die Situation sein, denn, vergessen Sie, bitte, nicht: ich hätte keine Zugabe für den „Papst", da ich ausschließlich über das Lizenzrecht dieser 5 Bücher verfüge. Für die anderen bei Kösel u. der Insel erschienenen - oder künftig erscheinenden - wollen diese Verleger ihre eigenen Pläne in der Schweiz verfolgen. Sie sehen, es waren wirklich nur sachliche u. sehr berechtigte Bedenken, die meinem Brief an Sie zu Grunde lagen. Ich meine, daß man solche einander ruhig u. offen sagen muß wenn man ein gemeinsames objektives Werk erwägt, ohne daß dabei ein „empfindlich Getroffensein" entsteht.

Das Ihre hängt, so viel ich sehe, damit zusammen, daß Sie die Verlagsfrage mit Ihrer „sehr exponierten, sehr einsamen Sendung" verknüpfen, von der Sie glaubten, ich würde Ihnen „dabei die Hand reichen". Sie wissen, verehrter Herr Dr., welchen inneren Anteil ich an dieser Ihrer Sendung nehme - dies bedarf keinerlei Versicherung. Aber Sie dürfen nicht vergessen, daß ich in der Verlagsfrage garnicht in der Lage bin, Ihnen völlig unabhängig „die Hand zu reichen". Denn die Verlagsrechte der Bücher gehören vertragsmäßig garnicht mehr mir, sondern meinem Münchner Verlag, der mir zwar Vollmacht für ihn zu handeln gab, von dem ich aber doch auch mit allerlei Vorschriften gebunden bin. Es war sein begreiflicher Wunsch, ich möge mich möglichst an ein schon gesichertes u. bekanntes Verlagshaus wenden. Das schließt natürlich nicht ganz aus, daß ich schließlich doch mit einem zweiten Verlag abschließen darf, aber geradezu unmöglich ist es, die Einwilligung in München zu erlangen, wenn dieser Verlag 1.) noch garnicht da ist, 2.) seine Gründung u. Ihr damit verbundener Anteil zunächst ein ausdrückliches Geheimnis bleiben soll, u. 3.) ich nicht einmal den Namen seines offiziellen Leiters (Ihres Freundes) kenne. Sie müssen billigerweise zugeben, daß die Einwilligung unter solchen Umständen für einen räumlich fernen Verleger, dem man zudem über die Grenzen nur auf indirektem Wege schreiben kann, wirklich sehr schwierig ist. Jede weitere Verhandlung würde zur Vorbedingung haben, daß ich Ihren Freund kennen, auch Ihren Namen sagen u. das Geheimnis brechen darf. Ich muß dem Münchner Verleger völlig reinen Wein über das Gesicht Ihres Verlags einschenken dürfen, sonst tut er nicht mit.

Es schien mir richtig, verehrter Herr Dr., dies alles ganz offen zu sagen. Wenn Sie noch persönlich mit mir sprechen wollen, so wird sich wahrscheinlich bald dazu in Zürich Gelegenheit bieten, denn ich hoffe demnächst dorthin zurück zu kehren. Doch würde, da dort sehr viel Beanspruchung auf mich wartet, eine genaue Verabredung nötig sein. Ich freue mich darauf Sie zu sehen.

Seien Sie in Verehrung gegrüßt

von Ihrer Gertrud le Fort,

die Sie sehr herzlich bittet, ihr ja nicht wieder zuzutrauen, daß sie Ihre viele Freundlichkeit für sie u. das Gemeinsame in der Tiefe vergißt.

Briefe von Hans Urs von Balthasar an Maria Eschbach

Basel, den 26.9.82

Sehr geehrte Frau Doktor,

verzeihen Sie, daß ich anstelle von Frau Dr. Gisi Ihr letztes Schreiben beantworte. Ich muß Ihnen gestehen, daß ich bis Jahresende unter einem erschreckenden Druck stehe, ich muß den Schlußband meiner „Dramatik" (der Anfang ist schon im Druck) fertigstellen und sehe kaum, wie ichs schaffen kann. Falls Ihr Anliegen nicht sehr dringend ist, hätte ich im Januar sehr gut Zeit für Sie - ist es aber dringend, so müßten wir halt etwas vorher verabreden. Nur hab ich bis Jahresende viele Unterbrechungen - Rom, München, Mannheim etc. - Bitte sagen Sie mir ganz aufrichtig, ob die Verschiebung nicht angeht.

Mit allen freundlichen Grüßen Ihr

Hans Balthasar

Basel, den 23.10.82

Sehr geehrte Frau Doktor,

endlich - nach vielerlei Reisereien - möchte ich Ihnen einen Vorschlag für den Termin Ihres Besuches bei uns machen: falls es Ihnen paßt das Wochenende vom 8.-9.Januar. Fällt das ungelegen, so bitte ich um kurzen Bericht.

Nun versuche ich, trotz viel Ablenkung, mit meiner „Dramatik" fertig zu werden, ich bitte dafür um ein kleines Memento.

Mit allen freundlichen Grüßen

Ihr

Hans Balthasar

Basel, den 2.11.82

Sehr geehrte Frau,

Dank für Ihren Brief. Vielleicht wäre es am besten, Sie kämen Sonntag, den 9.1. zum Abendessen, wo Sie die in Basel anwesenden Mitglieder sehen könnten, und wir könnten dann Montag morgen Ihr Anliegen besprechen.

Mit allen guten Wünschen bis zum Wiedersehen Ihr

Hans Balthasar

Basel, den 1.2.83

Sehr verehrte Frau,

von meinerseits nur Telegrammstil, da arg im Druck. Dank für den langen Brief. Alles läßt sich gut an. Nyssen werden Sie nach der Rückkehr sehen, Prälat Schnell wird wohl hilfreich sein.

Mit Frau Albrecht einfach, natürlich, distanziert sein, ich glaube kaum, daß sie ausweicht. Aber Schönstatt, das alles macht-voll an sich saugt, würde ich eher meiden.

Ihren Entwurf hätte ich gern weniger einsilbig und für viele damit kryptisch. Schlicht einladend in einfacher Sprache (nicht Ur- und auch lieber nicht Symbolkraft). Aber lassen Sies noch reifen, bis es ganz im Alltag „abholt".

Die Tagebücher Adriennes kann ich nicht publizieren, ohne mich selber ins Rampenlicht zu stellen. Geduld, bis ich tot bin! Und es ist so viel von ihr schon zu fassen, wenn die Leute nur dran wollten.

Gottes Segen für Ihre Einsamkeit. Ihr

Hans Balthasar
Habe Przywara nie in Hagen besucht.

Basel, den 21.2.83

Sehr verehrte Frau Eschbach,

Dank für Ihren langen Brief. Antworte nur kurz, da ich Freitag knock-out aus Köln zurück kam (Rede vor 500 „Künstlern", Kardinal, abends Konzert in eiskalter Ursulakirche - es war zuviel, dazu all die Besuche) - aber heute nachmittag beginnt ein Kurs mit 20 Priestern. Habe heuer wohl zu vieles angenommen und beneide Sie für Ihre Stille.

Meine Auswahl aus Luisa Jacques ist besser als die Gesamtausgabe (sie redet, bzw. schreibt zuviel, der Herr sagt es ihr).

C. Lubich? Wohlmeinend, aber was hat sie für einen Liebesrummel ausgelöst! Über die Hl. Clara weiß man wohl zu wenig, das Bild ist dem Himmel zugewendet.

Vielleicht wäre es am sinnvollsten, bei der Heimreise hier einen Zug zu überspringen, statt jetzt für kurz hierherzufahren.

Frl. Caprol läßt herzlich grüßen.

Immer herzlich im Herzen

Ihr

Hans Balthasar

Basel, 20.3.83

Sehr geehrte Frau, Dank für Ihren Brief. Ich bin Montag (Gestern abend zurück – hoffe die 2 Wochen durchzustehen – und erwarte Sie Dienstag früh (von 8 an bin ich an meinem Postberg). Morgen wieder Priesterexerzitien, die ich gern Ihrem Gebet empfehle, dazu diejenigen der Gemeinschaft. Vorgestern Priestereinkehrtag (25) in St. Peter. Ratzinger verlangt mir ein Schreiben über das Gebet (gegen „Zen" u. dgl.).

Gesegnete Ostern. Ihr

Hans Balthasar

Basel, den 3.11.83

Verehrte Frau,

für Ihre Nachrichten allerbesten Dank – es sind ja lauter erfreuliche (außer der Zahnbehandlung). Am 1. Nov. Hatte ich 8 deutsche junge Priester hier für die ersten Gelübde – es war sehr schön und hoffnungsvoll.

Ich rate sehr ab von einer Blitzreise nach Einsiedeln. Das Ganze erscheint im Druck bei Hescher (vermutlich Sommer 84), Sie können es dann in Gemütsruhe lesen. – Der Austritt von Elisabeth ist mir eine wahre Erleichterung (endogene Depression mit dem starren Willen, ohne Medikamente auszukommen).

Dank für Ihr Gedenken u. Glück für alle Unternehmungen. Ihr

Hans Balthasar

Basel, den 28.11.83

Sehr verehrte Frau,

Dank für Brief und Gedicht und das strahlende Haupt.
Aber ist das nicht ein Sturm im Wasserglas? Wenn diese Lady doch dauernd bei der Föderation abfährt, hat sie doch keine Chance? Natürlich sind die „Grundsätze" nagelfest, und daß fremde Spiritualitäten eingeschleust werden, wie Schönstatt (Achtung vor Barbara A.) oder verspätete Mechanismen (cf Herbstrith), scheint mir reichlich unwahrscheinlich. Außerdem ist Zeit bis 85.

Einsiedeln ist vorbei, Übermorgen Rom. Der arme Ratzinger allseits angegriffen (sogar vom Radio): ein Deutscher belehrt den Polen - und das in Italien!

Herzliche Grüße. Ihr

Hans Balthasar

Basel, 24.12.83

Verehrte Frau Eschbach,

Dank für die Grüße und das schöne Kalenderchen. Ich liebe solche Buchzeichen. Erschöpft von Schreiben von Karten und Briefen beginne ich am 26. Exerzitien für Priester - bitten wir ein Memento für diese jungen, die nichts von Müdigkeit wissen - wie wir sie kennen.

Im Herzen Ihr

Hans Balthasar

Basel, 2.2.84

Verehrte Frau, Dank für den Brief im Doppelkreuz (etwas nach den Spiritualen!). Freue mich, daß der Kurs gut verläuft. Mein Kalender war noch nie so vollgeschrieben, lauter Nötiges, aber ich komme mir vor wie ein Bauer mit einem riesigen Bündel Heu auf Kopf und Schulter. Nun, der Himmel wird balancieren helfen. Ein Flüeli wäre schön, ich empfehle mich jedenfalls für das stille Gebet daselbst.

Immer herzlich Ihr

Hans Balthasar

Basel, den 15.3.84

Sehr verehrte, liebe Frau Eschbach,

zwischen zwei Deutschland (u. Paris-) Reisen ein Wort als Dank für Ihren Brief mit dem herrlichen Kirchlein (wohl alles noch im Schuca). Besser jetzt nicht im Flüeli, nach Ostern wirds hoffentlich grün sein. Mich zieht es wenig ins wohlbekannte Pax-Montana, eine mir zu mondäne Wüste. Ich suche eher ein Kloster in Vogesen oder weiter weg.

Überlegen Sie nüchtern den Roman, es könnte (wie bei Erika Mitterer) durchaus Platz neben der Lyrik haben. Aber Bossle hat Unrecht. Ihre Verse, die ja mystagogisch sind, einfach als Lyrik abzutun.

Bis Sommer reise ich unentwegt, hauptsächlich zu Seminarien v. jungen Priestern, in den Sommerferien kommen die Seminaristen zu mir an den Rigi. Dann Kärnten, Laibach, Rom etc.

Alle guten Wünsche! Ihr

Hans Balthasar

Schreiben nach Honnef. Da keine Adresse in (Przywaras) Murnau.

Ostern 1984

Verehrte Frau, für Ihre so reiche Sendung kann ich nur ein Winkzeichen als Dank senden. Eben aus Exerzitien mit Seminaristen zurück (der Erzbischof hat mitgemacht, in St. Peter) gehts zu meinen Priestern (25) am Wochenende; es wächst fast zu schnell und mir über den Kopf. So bin ich doppelt dankbar für stärkendes Gebet. Es muß ja gelingen, das ist strikter Auftrag.

Für die Frauen hier ist es schwer - wirklich 40 Jahre durch die Wüste und für sie noch kein Land in Sicht.
Ich hoffe, Ihre Pläne (Schweizer Radio) gelingen, auch alles, was sich in Deutschland auftut, mitten in dieser Sündflut, der die Kirche wegzuschwemmen droht. Wirklich, es ist später als wir denken.

Gottes Segen Ihr

Hans Balthasar

Basel, den 10.5.84

Sehr geehrte Frau,

Dank für den Brief und die beiden vorzüglichen Gedichte, die 40 Tage gehen mir besonders ein. Sie nehmen so viel mehr teil am Leid der Zeit, der Seelen, als ich, dem so vergönnt ist, so oft Gruppen von Willigen, Mitgehenden zu begegnen. Die letzten Priestertreffen (Waldbreitbach, Gengenbach) waren beglückend, es wächst wirklich etwas - vielleicht noch Minimales im Verhältnis zum Zerfall -, aber es liegt Verheißung darin. Im Juni will ich den ganzen Plan dem Hl. Vater vorlegen und seinen Segen dafür erbitten. Ende Mai Düsseldorf u. Seminar Köln, den ganzen August junge Priester auf dem Rigi. Im Herbst Kärnten, Ljubljana, Rom (Theol. Komm.), Medjugorje (von den Franziskanern drängend eingeladen). Es wird recht schwierig, an meiner Logik zu arbeiten, da ich nebenher auch noch Augustinus Confessiones neu übersetze und einen Apokalypsenkommentar zu verfassen hatte.
Nehmen Sie diesen Trubel ein wenig in Ihre Stille hinein!

Herzlich verbunden Ihr

Hans Balthasar

Basel, 21.5.84

Sehr verehrte Frau, so schön Ihr Plan ist, ich kann leider keine Pausen machen. Wenn Samstag abend nicht mehr diskutiert wird, fahre ich abends nach Basel, sonst Sonntag früh, jedenfalls halte ich dort abends die hl. Messe. Himmelfahrt in Triest zur Communiotagung, bis Sonntag, dann Exerzitien unserer Gemeinschaft, dann Rom, dann Exerzitien für den Mailänder Klerus, oben am Splügenpaß. Juli-August 3 Kurse für Theologen, Sept. Kärnten u. Rom. Ein Stoßgebet für die Gehetzten, bitte. Der lichttragende Engel: Ist das Kunst? Wir sind bescheiden geworden. Herzlich Ihr

Hans Balthasar

Rigi, 20.7.84

Liebe Frau Eschbach, wenigstens einen Dankes-Wink für Brief, Verse und Formular. Gottes Segen für die Kurse. Ich erbitte ihn auch für die 3 Theologenkurse hier oben, die demnächst beginnen. Etwas baut sich wirklich auf, mitten im Chaos. Ich vertraue auf Medjugorje. Und jetzt noch ein paar Tage Verlagsarbeit, denn auch der muß leben.
Herzlich Ihr

Hans Balthasar

Rigi, 13.8.84

Verehrte, liebe Frau, auch diesmal nur ein Winkzeichen des Dankes, 4 h früh, meine Theologen schlafen noch. Aber bisher erfreuliche Leute, <u>etwas</u> wächst sicher, wenn auch allerlei Abfall entsteht. Der 2. Kurs geht zu Ende, der 3. beginnt. Immer schmal am Abgrund blühen die kostbaren Edelweiß. Gut ist, daß einsame Priester sich gegenseitig Mut machen. Sehr dankbar für jedes Gebetsgedenken, bete ich auch für Ihr beharrliches, still-fruchtbares Wirken. Immer Ihr

Hans Balthasar

Basel, den 14.10.84

Liebe Frau Eschbach,

Ihr langer Brief mit dem wundervollen Bild des Hl. Vaters kommt mir in schwierigstem Moment zu - zwischen 2 Wochen Reisen (Kärnten, Laibach, Rom) und Exerzitien Ende Monats soll ich die Confessiones-Ausgabe fertigstellen und einen versprochenen Artikel übersetzen + einen anderen schreiben. Wie soll ich da anständig antworten? Was Ihre Verse angeht (bedenken Sie aber, daß ich 80 bin, daß die Zukunft des Verlags ganz unsicher ist, daß Benziger Bankrott und einem dubiosen Dt. Verlag verkauft ist!): Ich schlage vor, Sie wählen einmal das Ihnen Passende aus, 70 S. oder so, und wir sehen es uns nachher an. Dank für das Geldangebot! Aber Sie wissen, daß „Johannes" Verse kaum verkauft - die Erfahrung lehrt es.

Im Übermaß von Verpflichtungen diesen gedämpften Gruß. Ihr

Hans Balthasar

Basel, den 7.1.85

Verehrte, liebe Frau,

herzlichen Dank für Ihren Brief. Was unser Treffen angeht, möchte ich zwei Gesichtspunkte äußern. Wenn die Besprechung nicht absolut dringend ist, wäre es nicht besser, statt in dieser klirrenden Kälte zu reisen, Ihre Fahrt ins Flüeli in Basel zu unterbrechen? Sodann etwas Egoistisches: die Zeit bis 15.2. ist die einzige in diesem Jahr, in der ich konzentriert am dritten Teil meiner „Trilogie" arbeiten kann, nach dem Irrsinn der Weihnachts- und Neujahrspost (mit 2-3 Tagungen dazu im Dezember). Am 15. Februar beginnt das merry-go-round der endlosen Exerzitien (sie nehmen dauernd zu), Tagungen, Vorträge, bis hin zur Augustwoche mit 3 Theologenkursen (= Ferien) und September mit dem römischen Triduum über Adrienne, (das zu organisieren sehr schwierig ist), anschließend Theologenkommission mit dazwischen diesen gräßlichen „Feiern" meines 80. Geburtstags. Aber zwischen den diversen Exerzitien gibt es immer ein paar Tage Luft; wenn Sie mir sagen wollten, wann Sie ungefähr ins Flüeli fahren, läßt sich sicher etwas einrichten.

Ich lege den Brief nach Aachen wieder bei. Ich weiß leider nichts von dieser Reliquie noch etwas von der Wallfahrt.

Cornelia sagte mir, Sie hätten so viel Mühe mit Verwandten aus der DDR; ich hoffe sehr, die Dinge regeln sich bald so, daß die Belastungen aufhören.

Mit allen guten Wünschen für Sie und alle Ihre Arbeit. Ihr

Hans Balthasar

Basel, den 13.1.85

Liebe Frau Eschbach,

herzlichen Dank für Ihren Brief und die Beilagen. Wenn Sie am Samstag 2.2. irgendwann vorbeikommen könnten, wäre es sehr gut – so daß Sie am abend ins Flüeli können – denn am Samstag abend kommen alle meine „Töchter", da wir am Sonntag eine gemeinsame Besprechung halten wollen. Sie müßten dann bloß Cornelia oder mir mitteilen, wann Sie am Samstag ankommen, damit man Sie abholen kann. Wir werden alles in Ruhe besprechen, was Ihnen wichtig erscheint!

Beste Wünsche Ihr

Hans Balthasar

Die „Aachenfahrt" behalte ich solange bei mir

Basel, den 15.1.85

Liebe Frau Doktor,

das Schicksal ist tückisch, auf den 2.2. Nachmittag hat sich ein ganz wichtiger Besuch angemeldet - es geht um ein Lebensschicksal.

Darf ich deshalb den folgenden Vorschlag machen: Sie wollten ja am 1.2. losfahren, übernachten Sie doch bei uns, so hätten wir den Vormittag des 2.2. für ein Gespräch frei. Ich hoffe sehr, daß Sie es so richten können. Für alle Fälle meine Rufnummer: (61 = Basel) 54 31 86.

Alle guten Wünsche. Ihr

Hans Balthasar

Basel, den 30.5.85

Liebe Frau Eschbach,

Dank für Ihren langen Brief. Ich muß kurz sein, heute nachmittag beginnen die Exerzitien in St. Peter (Priesterkandidaten) anschließend die der Gemeinschaft ebenda, bin Ostermontag abend zurück; Sie kommen Dienstag vorbei.

Was das Buch angeht, lassen Sie sich Zeit mit der Auswahl (mit oder ohne Sr. Petronia), die Einleitung stelle ich mir kurz vor (falls es überhaupt eine braucht: verstellt sie nicht den Zugang? Oder eher Nachwort? Siehe Goethe: Notizen zum „Divan"). Ich lese gern die abgeschlossene Auswahl, möchte aber nicht dazwischenfahren. Vielleicht könnten Sie mir (nach vollzogener Wahl) noch ein paar Stücke beilegen, von denen Sie das Gefühl haben, sie kämen eventuell in Frage. Mit der Distanzierung von Aachen bin ich voll einverstanden.

Ich habe persönliche Bedenken gegen den Begriff ›Seelenführung‹, ein erwachsener Christ kennt seinen Weg, hat sein zuverlässiges Gewissen. Sicher ist ein regelmäßiger Beichtvater wünschenswert, Sie müßten einen in Ihrem Raum (von Köln) ohne viel Schwierigkeit finden können.

Dank für das liebe Sarnerkindchen; ich kann Ihre Zuneigung verstehen, auch die sehr richtigen Assoziationen.

Ich hoffe, es öffnet sich in Honnef ein Weg für fruchtbare Arbeit: Suchende führen, beraten, Oberflächlichen die Tiefen öffnen. Das können Sie, das wird, so oder anders, Mitte bleiben.

Mit allen Segenswünschen für die Heiligen Tage. Ihr

Hans Balthasar

Basel, den 19.4.85

Sehr verehrte, liebe Frau,

für die wundervollen Karten lieben allerbesten Dank, es ist wirklich Schönstes dabei.
Mit den Gedichten lassen Sie sich Zeit, aber ohne skrupulantisch zu werden, es ist nichts auf Erden unübertrefflich. Hier vielerlei Umtrieb. Das Triduum gibt zu schaffen, der Aufbau des Priesterzweiges noch mehr. Doch wachsen die Dinge in Ordnung.

Herzlich dankbar Ihr

Hans Balthasar

Basel, den 6. Mai 85

Sehr verehrte, liebe Frau Doktor,

Martha Gisi hat mir einen langen Brief zu lesen gegeben, und da sie sehr beschäftigt ist, darf ich in ein paar Worten darauf antworten. Der Plan mit den Malthesern ist sehr freundlich ausgedacht, doch möchte ich lieber nicht darauf eingehen. Auch mir geht es nicht darum, jetzt, da die Dinge publik werden, eine Menge mehr oder weniger Neugierige anzuziehen - es wird wohl Anfragen regnen, wenn die Nachlaßbände gelesen werden - und keinesfalls sollten diese Leute mit den „Regeln“ anfangen, sondern sich zuerst langsam in die Werke und Ideen von A.v.Speyr einlesen, was Zeit, Kraft und Gebet erfordert.

Einstweilen wohnt alles - Referenten u. Gäste im ›Mediterraneo‹, bis dieses voll ist. Ich weiß leider nicht, ob dies schon der Fall ist, es scheint aber ein großes Volumen zu haben.

Über Herrn Thürkauf, der erstaunlich aktiv ist, dürfte der an der äußersten Rechten stehende Christianaverlag genug aussagen. Der Verlag hat mit allen Mitteln nach Adrienne geangelt, hat eine eher ruchlose Geschicklichkeit, sich moderne „Heilige", Armenseelenwunder u. dgl. sich zu ergattern. Thürkauf ist Physiker, ein geschickter Synthetiker von Nat.wiss. u. Mystik.

Alle guten Wünsche von Ihrem

Hans Balthasar

Dank für die schöne Karte!

Basel, den 5.6.85

Verehrte, liebe Frau Doktor,

Dank für Ihren guten Brief und die schöne Karte. Die Le Fort-Feier kann ich mir vorstellen, die geistige Szene ist trostlos, man muß in den Osten gehen, um etwas wie eine ›Christenheit‹ anzutreffen. - Von „Agnus Dei" habe ich nichts gehört (aber ich höre ja sehr wenig), doch scheint mir das Unternehmen beachtenswert, wenigstens ansehenswert. Vielleicht könnten Ihre Einsichten hier wirklich auf fruchtbaren Boden fallen. Ich möchte Sie aber zu nichts Unüberlegtem verführen! - Hier langsames voranarbeiten, viele Besuche, ehe ich mich Juli auf den Berg verziehe.

Alle guten Wünsche, auch von den übrigen!
Ihr

Hans Balthasar

Basel, den 4.7.85

Liebe Frau Doktor,

herzlichen Dank für den langen Brief mit den wunderschönen Karten. Dank auch für die Auskunft über ›Agnus Dei‹ (ich kenne ein wenig den ›Löwen von Juda‹, der wirklich stark vorkonziliar ist – ein Elend mit diesen wohlgemeinten aber schrägen Reformversuchen!).

Gerne erwarte ich auf dem Rigi Ihr (fertiges oder noch im Bau befindliches) Manuskript (Rigihüsli, 6356 Rigi-Kaltbach), aber kommen Sie doch nicht eigens herauf, da mein Häuschen voll ist von jungen Seminaristen und Kaplänen, mit denen ich Kurse halte – bis Ende August. Lieber sehe ich mir alles selber in Muße an und schicke Ihnen das Ms mit eventuellen Bemerkungen zurück (ins Flüeli – bis wann?). – Ich hoffe, Sie haben dort eine "gute Einsamkeit", fruchtbar für alles noch folgende Wirken. Alle herzlichen Grüße! Ihr

Hans Balthasar

Rigi, 5.8.85

Verehrte, liebe Frau Eschbach, Dank von hier oben (unter einem Trupp junger Theologen) für den so vielschichtigen Brief und das Turiner Tuch, das die Mitte trifft. Also Schonung und Beschränkung (Ingenbohl), es wird wohl Voraussetzung für inneres Sich-Ausfechten sein. Der Versband: wann Sie damit („ausgeruht") fertig sind.

Aber auch nicht endlos herumfrisieren. Ich sollte nach einem weiteren Kurs ca. 25.8. in Basel sein. Grüßen Sie Nyssen sehr herzlich und ebenso ihr neues Sarnerkindli. Dank für Glückwünsche u. Gedenken. Immer Ihnen verbunden

Hans Balthasar

Basel, den 25.9.85

Liebe Frau Eschbach,

eine rasche erste Durchsicht ist vollendet, alles Folgende sind nur Vorschläge.

1. Es sind zuviel Gedichte, manche konkurrenzieren sich gegenseitig. Weniger werden stärker sprechen.
2. Manche würden durch Kürzungen m.E. gewinnen. Ich habe Vorschläge gemacht, eher brutal!
3. Eine gewisse Gliederung würde hilfreich sein. Auch das Versuchte ist nur Vorschlag. Ebenso die Reihenfolge a) der Abschnitte, b) innerhalb der Abschnitte. Manches könnte in anderen Abschnitten stehen.
4. Mir scheint, die Titel der meisten Gedichte sind überflüssig und legen zu schnell fest. Manche sind freilich notwendig; z.B. Ranft, Aachen u. dgl.
5. Auslassungszeichen nicht mehr üblich, sie stören nur (hab, nicht: hab').
6. Eine Widmung an AvSpeyr genügt vollauf, die ganze Sache am Schluß der Einführung muß unbedingt weg.

Wenn es möglich ist, das Ganze bis Ende Oktober zu bereinigen, könnte das Buch im Frühjahr erscheinen. Ich müßte bloß (für die Nova-Vorschau) wissen, ob Sie das schaffen oder lieber längere Zeit zum überlegen haben möchten.

* Dank für das Ganzen. Schöne und herzliche Grüße. Ihr

Hans Balthasar

Nochmaliges Abschreibenlassen auch bei Korrekturen nicht notwendig!

Basel, den 12.10.85

Liebe Frau Doktor,

Ihr gütiges Entgegenkommen wälzt mir einen Stein vom Herzen. Denn solche chirurgischen Eingriffe könnten ja arge Schmerzen bereiten. Ich meine aber wirklich: so wird es gut, auch im Umfang zu bewältigen. Dank für die schönen Bilder! - Wir sind fest am Übersetzen der römischen „Akten"! Ich bin Anfang November hier, doch lieber nicht am 1., falls es vermeidbar ist.

Alle guten Wünsche. Ihr

Hans Balthasar

Basel, den 30.10.85

Sehr geehrte Frau Doktor,

Dank für das prächtige neue Manuskript und für den Brief. Da ich Montag vermutlich fort sein werde, würde ich Sie gern Dienstag gegen Abend erwarten (18 h. muß ich zur hl. Messe gehen), Sie könnten wenn Sie wollen, „teilnehmen" und anschließend am Schaffhauserrheinweg zu abend essen.

Alle guten Wünsche bis dann.

Hans Balthasar.

Basel, den 6.11.85

Liebe Frau Eschbach,

noch ein paar kleine Fragen zu den Geschichten.

1. „Wie der Vorhang": Skelett ist unmöglich in der Betonung, man stolpert unfehlbar.
2. „Kindlich Kleiner": wohl „Dimensionen".
3. „Samenkorn": schweigend? (statt schweigens)
4. „Wiesenabhang": „alles zählt wie einst der Klee" ist nicht klar.
5. „Ruheloses Kind": Noten? (sind gedruckt.) Klänge?
6. „Gehe nun": Der Vers „daß Vergängliches vergeht" überzeugt (dichterisch) nicht recht.

Dank für Ihren guten Besuch. Im Herzen

Ihr

Hans Balthasar

Basel, 10.11.85

Liebe Frau Eschbach, Dank für den langen sorgfältig bedachten Brief. Das Ms ist in der Druckerei, alles wird sich leicht auf den Fahnen korrigieren lassen. - Ich muß (als „Ehrenmitglied" der Synaric) wenigstens zur Eröffnung hinfahren (Strafkolonie - da überviel Arbeit auf dem Tisch).

Dank für Ihren Besuch.

Ihr

Hans Balthasar

Basel, 1.1.86

Liebe Frau Eschbach, Dank für Ihr Weihnachtsgeschenk. Als Neujahrs"Gabe" diese von mir so geliebte Madonna, von dieser Ecke unserer Theologenkommission in Rom, ich besuche sie als Trösterin in den Pausen. Das letzte Jahr hat viele Gnaden beschert, mögen sie sich im neuen ausbreiten als der unsichtbar gewordene weiße Mantel, unter den sich viele beugen mögen. – Die Post der letzten Wochen war tyrannischer als je. Daneben schrieb ich am ›Heiligen Geist‹ (Schluß der Trilogie). Nun kommt Paris, dann Erfurt…

Herzlichst Ihr

Hans Balthasar

16.1.86

Liebe Frau Eschbach, von Herzen wünsche ich Ihnen eine stille Festzeit, der Himmel ist zu den Herzen hin offen.

Ich freue mich, daß Ihr Buch bald erscheint, auch der fehlende Bogen ist gewiß jetzt bei Ihnen.

Wir alle gedenken Ihrer in der heiligen Nacht.

Ihr

Hans Balthasar

Basel, den 16.1.86

Liebe Frau Eschbach,

eben aus Paris zurück und vor einer Kette von neuen Besuchen nur ein ganz kurzes Wort.

Das Vorwort kommt an den Schluß, wir übernehmen die Kosten (bei Umbruch immer erheblich). Dagegen bitte ich mit dem Titel „Zur Deutung der Gedichte" einverstanden zu sein (kein Vergleich zu den Divan-Noten) und auch damit, daß ich nicht noch ein Empfehlungswort schreibe. Die Herausgabe spricht das schon aus.

Und nun dem Schifflein ›Glückliche Fahrt‹ und Ihnen die verdiente gute Erholung u. Kur!

Herzlich Ihr

Hans Balthasar

Basel, 4.3.86

Liebe Frau Eschbach, Dank für Ihr Schreiben; ich hoffe, Oberwaid hat wirklich geholfen und die „Nachkur" hilft weiter. Das Büchlein ist erfreulich und wird vielen helfen...

Ich bin natürlich sehr dankbar für alles, was Sie durch Lesungen dafür tun können. Im Verlag ist das Gröbste für Ostern überm Berg, aber schon drängen die Herbstbücher u. mein Schlußband ist eine harte Nuß. Sehr herzlich Ihr

Hans Balthasar

Basel, 25.6.86

Liebe Frau Eschbach, Dank für die lieben Grüße. Ich hoffe, das Gespräch mit dem völlig überlasteten Bischof von Aachen ging gut vor sich - und auch daß Sie jetzt einen vorläufigen Ort für Ausruhen u. Ausheilen gefunden haben. Lassen Sie den Rest in Ruhe auf sich zukommen - jedem Tag seine Plage. Jesus ist gegen alle Futurologie. Mein Sommer ist bewegt. Lugano (Bischofsweihe). Mecheln (Kardinal), Lüttich (Gemeinschaft), Trier 8 Tage, dann Basel 4 Tage, Rigi mit vielen Gästen. Im Herbst, so Gott will, Abschluß meiner „Trilogie". Und der letzte Schluß wird wohl nicht auf sich warten lassen!

Gottes Segen.

Ihr

Hans Balthasar

Rigi, 12.8.86

Liebe Frau Eschbach, Dank für den wunderbaren Überfluß an schönen Karten (einschließlich die Affen). Für die lieben Wünsche und besonders für die Nachricht (sichtbar!), daß die Hand wieder „tut". Die Wochen hier waren sehr bewegt. 1. Belgier, dann 3 Trierer, 2 Germaniker, 2 Schweizer, 2 Berliner, alles Priester, je ein paar Tage oder eine Woche. Daneben ein Haufen Druckbogen. Am 18. wieder Basel, aber auch Sept. u. Okt. sind ziemlich voll: Rom, nochmals Theologenkommission für 5 Jahre, Exerzitien etc. etc. Je älter, desto ausgenützter, solang man kann. Solls mir recht sein. Noch stehen ein paar Ereignisse bevor, von denen Sie hören werden, ein kirchliches und ein persönliches: für beide erbitte ich ein Memento, zumal das erste.

Alle herzlichen Wünsche!

Ihr

Hans Balthasar

Basel, 28.12.86

Verehrte, liebe Frau Eschbach,

der irrsinnige Trubel ließ mich nicht zum Antworten kommen - und in 2 Stunden muß ich zu meinen Kaplänen nach Gengenbach (dann Rom). Daher wieder nur ein Winkzeichen als großen Dank. Adrienne pflegt öfter so als „Ärztin" zu kommen. Es stimmt so. Ich freue mich, daß das weiße Kleid doch vielerlei Echo findet (von Köln darf man aber nie viel erwarten, Karneval oder nicht!). Die Wege von guten Büchern sind meist unterirdische, nicht selten postume.

Ich selber muß jetzt eilen, abzuschließen, um keine für die Nachfolgenden unvollendbare Ruinen zurückzulassen (was vor allem die Gestalt der Gemeinschaft angeht, in minderem Maß den Verlag). Weitere Bücher sind nicht mehr interessant. Ich darf Ihnen dieses zentrale Anliegen ein wenig ins Gebet empfehlen.

Ihnen den (spürbaren und unfaßbaren) Segen Gottes im Neuen Jahr für alles: innere und äußere Wege.

Ihr

Hans Balthasar

Basel, 3.2.87

Liebe Frau Eschbach, herzlichen Dank für Ihren Brief und die wunderschöne Karte. Sie ziehen heute, wo auch die Schwarzwaldsonne sich verbirgt, in unserm kleinen Wallfahrtsort um, weniger still und aussichtsreich, aber doch reizvoll mit der steilen Treppe zum Heiligtum. Dank für Ihr Gebet; meine Angelegenheiten schleppen sehr langsam sich dahin, nichts ist entschieden. Auch die Verlagsprobleme bummeln, hier sind die Schiffe verbrannt, aber die deutsche Flotte noch nicht gebaut. Dominus providebit. Sorge macht Cornelias Überarbeitung, ich sollte 2-3 Sekretärinnen haben, die nicht, wie sie, 70 werden. All Ihren Plänen ein gutes Gedeihen!

Ihr

Hans Balthasar

Basel, 8.2.87

Verehrte, liebe Frau Doktor,

was für Überraschungen Ihre Geschenksendungen immer bereiten. Dank für die Karten, die Worte und besonders für die Photokopie, die mir lieb und wertvoll ist. Hoffentlich ist der stille Ort für Sie ausruhend. – Ich bin auf dem Sprung nach Paris (2 Tage), anschließend eine Woche Tessin, dann ist Cornelia, die es dringend nötig hat, in Ferien. So wird ein Treffen diesmal leider schwierig sein.

Gedenken Sie unser bei der Mutter.

Immer Ihr

Hans Balthasar

Basel, 21.4.87

Liebe Frau Eschbach,

nach 2-3 Wochen Irrfahrten durch Deutschland (Predigten, Exerzitien: Gerleve, Trier, Mainau, Gengenbach) endlich in den Hafen eingelaufen, 100 Briefe. Darunter Ihr lieber mit den schönen Bildern und dem sehr erfreulichen Kölner Bericht. Die Saat geht auf und wächst „es weiß nicht wie“. Nur nicht wissen und verfolgen und „forcieren“ wollen, wie Goethe zu sagen liebt (die Eckermann-Gespräche haben mich begleitet, ich glaube, Nietzsche hat Recht, wenn er es das schönste deutsche Buch nennt).

Gottes Segen für die Osterzeit.

Ihr

Hans Balthasar
Im Sept. leider in Berlin (West u. Ost)

Basel, 21.6.87

Liebe Frau Eschbach, ich freue mich über die eindeutig gute Lösung im Ranft. - Die Leobuchhandlung entwickelt sich, wie die Basler u. andere, zur richtigen Totengräberin des ohnehin hoffnungslos kranken Schweizer Katholizismus. Man wird (nach der Verfolgung) von den Fundamenten auf neubauen müssen, falls noch Bauleute da sind. Ich denke, Lateinamerika könnte die Führung in der Kirche übernehmen; die Übertreibungen sind Jugendkrankheiten. Herzlichst Ihr

Hans Balthasar

Basel, 24.6.87

Liebe Frau Eschbach, nur ein sehr herzliches Dankwort für das liebe Gedenken und die herrliche Bildergalerie. Bin in der schwierigen Aufgabe, ein AvSp-Lesebuch zusammenzustellen. Das Auslassen ist eine Qual.

Ihnen gute Kur.

Ihr

Hans Balthasar

Rigi, 7.8.87

Liebe Frau Eschbach,

für Ihre reiche reizende Sendung allerbesten Dank. Seit 3 Wochen hier oben noch keinen schönen Tag erlebt: eisige Kälte, Regen, Nebel ununterbrochen, meine dt. u. belg. Gäste tun Buße mit mir zusammen. Da ich noch mehr Leute erwarte, muß ich dieses katastrophale Wetter (die Bauern!) aushalten.

Ihre Karten sind ein Segensgeschenk hier oben, herzlichsten Dank.

Schön, daß der 19.9. gut vorgesehen ist, ich bin dann leider (eine ganze Woche) in Berlin (Ost/West).

Ein gutes Buch über die Exerzitien kenne ich eigentlich nicht. Przywara ist gewiß grundgescheit, aber er kann es nicht lassen, den klaren Ignatius immer wieder auf den Kopf zu stellen. Eine diskrete Begleitung von Kursen kann ich mir durchaus vorstellen. Sie müßten bloß den rechten Pater finden, der wirklich Exerzitien (und nicht irgendwas Frommes) bietet, und der für Ihre Arbeit Verständnis hat.

Soweit mir Zeit bleibt, schreibe ich an einem Kreuzweg für den Hl. Vater (im Kolosseum 1988, wie jedes Jahr). 12 Betrachtungen für das Pastoralblatt sind nach Köln abgeschickt. Druckbögen jetzt aus Trier. Cornelia ist wohl ganz mit den Belgierinnen beschäftigt. Ich habe 2 Belgier hier, morgen kommen 2 Berliner dazu.

Dankbar und herzlich

Ihr

Hans Balthasar

Basel, 14.9.87

Liebe Frau Eschbach, eben auf der Abreise Berlin-Trier herzlichen Dank für die Worte und das Gedicht und Gottes Segen für die Lesung, die dieses Segens gewiß sein kann. Ich empfehle Ihnen die sehr anstrengenden, überfüllten Tage, die auf mich warten.

Im Herzen Ihr

Hans Balthasar

Basel, 23.12.87

Liebe Frau Eschbach, für Ihren so überschwenglichen bebilderten Gruß allerbesten Dank (ein Segen: meine Weihnachtskarten waren total am Ende). Die Cassetten werden meine Töchter mit Freude auf dem Rigi anhören, hier zu Tale habe ich keine dieser Maschinen. Besonderen Dank für die Novene: wie nötig hat sie unsere so fragile kleine Gruppe. An Ihr angedeutetes Anliegen denke ich im Gebet, möge Gott alles nach seinem Willen fügen! - Der Briefrummel war heute ärger als je, hat den stillen Advent in eine lärmende Bußzeit verwandelt, zumal auch für Cornelia. Gut, das Sie im schneeigen Windschatten verweilen dürfen. Der Ärger mit dem unfähigen Trier nimmt viel Zeit und Kraft in Anspruch. Aber Verdemütigung muß sein - warum nicht im Verlag? - Daß Sie Dominique François sahen, ist eine Freude - sie war glaube ich lange abwesend. Grüße wenn's geht.

Mit allen guten Wünschen für gesegnete Tage. Ihr

Hans Balthasar

Basel, den 14.2.88

Liebe Frau Eschbach,

Dank für Ihre schönen Karten. Nun haben Sie wohl schönste Sicht und dazu die erwünschte Ruhe, auch das rechte Klima nach den Honnefer Beschwerden.

Die jährlichen Exerzitien der Gemeinschaft, ohnehin ein Minimum, kann ich leider nicht öffnen, da es immer um die innere Belange geht, auch haben wir das Privileg, die Kartage bei den Gengenbacher Schwestern mitmachen zu dürfen, auch das muß ich einhalten. Es tut mir leid, hier absagen zu müssen.

Februar war ein Arbeitsmonat, März beginnen wieder viele Kurse.

Ihnen herzlich gute Erholung. Ihr

Hans Balthasar

Basel, den 7.4.88

Verehrte, liebe Frau Eschbach,

aus eher anstrengenden Exerzitien zurück finde ich Ihren überschwenglichen Karten-Gruß. Allerbesten Dank für die schönen, für mich nützlichen Geschenke.

Wir haben für später freilich einen Kreis von „Zugewandten" geplant - Anfänge wurden aber abgebrochen, weil wir zu wenige sind und einst im Innern konsolidieren müssen. Wir sind ja auch nicht einmal definitiv bischöflich approbiert: Die Regeln liegen in Rom. Darum bitte ich um Verständnis, wenn wir noch für einige Zeit keine „Expansion" vornehmen können.

Ich freue mich, daß Paderborn eine gute Sache war. Alles Herzliche von Ihrem

Hans Balthasar

Basel, den 16.5.88

Verehrte, liebe Frau Eschbach,

eben aus Spanien zurück (äußerst erschöpft) finde ich Ihren Brief. Ich denke, es ist sinnvoll die beiden Pläne Straßburg und Paderborn zu verfolgen - mehr kann ich dazu nicht sagen. In Straßburg wird es schwer sein, Ordensjugend anzusprechen, in Paderborn eher. Gottes Segen für alle Pläne und Aussichten.

Ihr

Hans Balthasar